Philippe Durant

LINO VENTURA

Aus dem Französischen übersetzt
von Sylvia Antz

BASTEI-LÜBBE-TASCHENBUCH
Band 61142

Deutsche Erstveröffentlichung
© by Pierre-Marcel Favre, Publi SA, CH-1002 Lausanne
© für die deutsche Ausgabe by Gustav Lübbe Verlag GmbH, Bergisch Gladbach
Printed in West Germany, Januar 1989
Einbandgestaltung: Roland Winkler
Titelbild: Collection Christophe L.
Satz: Fotosatz Böhm GmbH, Köln
Druck und Bindung: Ebner Ulm
ISBN 3-404-61142-X

Der Preis dieses Bandes versteht sich einschließlich der gesetzlichen Mehrwertsteuer

Inhalt

Der Entwurzelte	9
Der Schatten eines Giganten	23
Der Koloss	45
Der Clan der Unbeugsamen	67
Blicke und Lächeln	99
Der Bulle	123
Die Rückkehr	149
Auge in Auge	169
Valjean	187
Licht und Schatten	209
The Quiet Man	227
Ein Recht auf Leben	249
Ein Mann ging dahin	265
Epilog	285
Filmographie	287
Bibliographie	325
Bildquellennachweis	331

»Menschen höherer Art wissen alles, ohne je studiert zu haben.«

Molière: Die lächerlichen Preziösen

»Ein Star — ich liebe die amerikanische Definition — ist ein Mensch wie du und ich, mit *something else extra*. Dieses *something else extra* ist undefinierbar. Es liegt in der Macht der Faszination, die man auf das Publikum ausübt. Der Beruf des Schauspielers ist nicht erlernbar: Entweder ist man begabt, oder man ist es nicht. Lino Ventura zum Beispiel hat nie gelernt, wie man einen Text spricht, aber er spricht ihn besser als jeder andere.«

Jean-Pierre Melville

»Lino ist eine ängstliche Persönlichkeit, ein Besorgter, ein Perfektionist. Er stellt sich viele Fragen, er ist seinem Publikum sehr nahe, will seinem Publikum wirklich sein Bestes geben, den bestmöglichen Film. Er will die Leute nicht für dumm verkaufen. Er ist ernst, sehr genau, sehr pünktlich, und er kämpft für seinen Film. Er glaubt an das, was er macht.«

José Giovanni

Der Entwurzelte

»*Ich stamme aus einer bescheidenen Familie. Mein Vater hatte Italien aus halb politischen, halb finanziellen Gründen verlassen. Wir sind ihm hierher nach Frankreich gefolgt. Nicht lange darauf ist er gestorben.*«

Giovanni Ventura arbeitete im Import-Export. Er verließ Italien, als ein gewisser Benito Mussolini an die Macht kam. Seine Frau Luisa (eine geborene Borrini) zögerte nicht, ihrerseits die mehr als tausend Kilometer lange Reise zu unternehmen, die sie von Parma nach Paris führen sollte. Ihr einziges Kind nahm sie mit: Lino.

Angiolino Joseph Pascal Ventura wurde am 14. Juli 1919 in Parma geboren.

Aus dieser norditalienischen Stadt stammen seine ersten Erinnerungen, die vor allem von seinem Eintritt in das Schulleben geprägt sind.

»*Ich erinnere mich sehr gut, daß ich in der Vorschule eine Art Gesetz im Speisesaal einführte, weil ich jene abpaßte, die nicht viel zu essen pflegten, um ihren Anteil zu bekommen!*«

Der junge Lino mußte seinen Eltern folgen, war gezwungen, seine Heimat und seine Freunde zu verlassen und ein Land zu entdecken, das er nur dem Namen nach kannte.

»Ich erinnere mich auch, daß ich enttäuscht war, als wir nach Frankreich kamen — ich war damals sechs — und ich erfuhr, daß die Grenzen zwischen beiden Ländern nur als gestrichelte Linien auf der Landkarte existierten. Denn in meinem kleinen Kopf hatte ich mir vorgestellt, daß sich zwischen Italien und Frankreich eine riesengroße Mauer erhöbe, wie in China.«
In der ersten Zeit fand die Familie Ventura Unterkunft in Montreuil, wo italienische Einwanderer bereits einen hohen Anteil der Bevölkerung ausmachten; Luisa fand Arbeit in einer Konservenfabrik.
Obwohl Lino noch kein Französisch sprach, wurde er in die nächstgelegene Schule geschickt.
Es war eine harte Lehrzeit.
»Ich machte einen Vorstoß auf die Volksschule, der sich nach einiger Zeit als total gescheitert erwies. Meine einzige Erinnerung an die Klasse besteht darin, daß ich dem Lehrer ein Tintenfaß ins Gesicht warf!
Die Grausamkeit der Kinder gehört zu den schrecklichsten Dingen auf der Welt. Es ist erschreckend...
Ich war selten in der Klasse. Mit einem anderen kleinen Italiener war ich immer auf dem Schulhof. So haben wir die Tage herumgebracht, im Schulhof...
Bald darauf kam die Zeit, in der ich allein mit meiner Mutter zurückblieb, und so währten meine Studien nur kurze Zeit.«
Trotzdem bewahrte Lino Ventura einige Anekdoten im Gedächtnis, die er uns später lächelnd erzählen sollte:
»Eines Tages war ich bei der Verleihung der ›Ehrenkreuze‹. Ich weiß nicht, ob es auch heute noch so

ist, aber damals erhielt der beste Schüler jeder Klasse ein Kreuz. Ich schlug also dem Jungen, der in jenem Jahr gewonnen hatte, vor, mir sein Kreuz zu leihen. Ich wollte ihm etwas dafür geben, ich weiß nicht mehr, was es war... Murmeln... ich weiß es nicht mehr... jedenfalls etwas, das ich hatte! Ganz offensichtlich wollte er nicht! Ich habe ihm sein Kreuz trotzdem abgenommen und bin nach Hause gegangen.
Meine arme, fromme Mutter wußte nicht, was das war, und ich mußte ihr erklären, daß der Klassenbeste so etwas bekam. Da kamen ihr schreckliche Zweifel... Und während ich noch mit meiner Mutter im Hof des Hauses stand, wo wir wohnten, und ihr alles erklärte, sah ich den Balg heulend am Arm einer Dame, seiner Mutter, daherkommen. Er zeigte mit dem Finger auf mich: ›Das ist er!‹
Den Rest erzähle ich Ihnen nicht, denn ich habe eine Viertelstunde unter dem Bett zugebracht, um dem Besenstiel meiner Mutter zu entgehen!«

Nach dem Tod Giovanni Venturas blieben Luisa und Lino allein zurück.
Das Kind beobachtete die Welt mit immer größerem Desinteresse.
»*Mit der Schule und mir hat es nicht besonders gut geklappt. Damit will ich sagen, daß meine Studien nur von äußerst kurzer Dauer waren...*«
Dieses Desinteresse wurde noch durch einen erschreckenden Mangel an Verständnis von seiten der Schülerschaft verstärkt. Von heute auf morgen verließ Lino, der junge Einwanderer, die Schule. Sein Übergang ins Arbeitsleben verlief stillschweigend und reibungslos.

»*Als ich klein war, hatte ich keineswegs das Temperament, das man mir gerne zuschreibt. Ganz und gar nicht.*«

Ende der zwanziger Jahre war das Wirtschaftsleben der Welt von trügerischer Sorglosigkeit geprägt. Ein couragierter Junge konnte gegen geringen Lohn kleinere Jobs bekommen.

»*Ich habe also angefangen zu arbeiten, ich war noch sehr jung damals: gerade neun Jahre.*

Ich verkaufte Zeitungen, war Laufjunge in der Rue Lafayette, Mechaniker, ich war Auslieferer, ich war Vertreter... Ich habe sogar gelernt, Schlagzeug zu spielen!... Ich habe tausend Dinge gemacht, ohne jeden Erfolg übrigens, weil ich jedes Mal, wenn ich etwas Neues anpackte, ein schreckliches Durcheinander anrichtete! Ich machte den Job auf meine Art, und ich war ein bißchen wie ein kleines wildes Tier. Es war sehr schwer, mich zu zähmen und in den Griff zu bekommen. Ich machte alles, aber ich wollte es auf meine Art machen. Wenn es mir nicht gefiel, ging ich wieder! Das waren Zeiten, die übrigens keine geringen Spuren hinterlassen haben, aber ich empfinde keine Bitterkeit, ich bereue nichts. So ist eben das Leben. Ich bin ein Kind der Straße, und die Straße ist eine sehr gute Schule...

Ich finde, das ist eine phantastische Sache, weil sie einen Menschen auf besondere Weise formt. Wenn ich noch einmal von vorn anfangen müßte, würde ich wohl noch einmal dasselbe tun. Vielleicht hat mir das diesen Charakter der Unabhängigkeit gegeben, diesen ›kaputten‹ Charakter. Aber trotzdem habe ich mir einen ziemlich außergewöhnlichen Luxus in meinem Leben geleistet: ich habe immer das getan, was ich wollte.«

Für den jungen Lino Ventura brachte jeder Tag sein Quantum neuer Begegnungen, neuer Freuden und auch neuer Freunde.
Philippe Labro berichtet von einem »Zwischenfall«, den Lino ihm erzählt hatte:
»Er begleitete einen Kumpel, einen Holzfäller aus Kanada, der über nicht alltägliche Kraft verfügte, in eine Bar. Der Kanadier glaubte, einer der zehn Heringe an der Theke hätte sich seiner Frau gegenüber eine Frechheit herausgenommen. Gleich war der Teufel los. Der Kanadier griff nach den Tischen. Sie donnerten in Spiegel und Flaschen und streiften auf ihrem Weg jene unglücklichen Wesen, die die Dame gedemütigt hatten. Der junge Lino Ventura stand fasziniert ob dieses Orkans und sah zu, wie die Tische unter dem Geklirr zerbrechenden Glases landeten und sagte immer wieder vor sich hin: »Ich habe fliegende Tische gesehen!*...«
Da Lino Paris in allen Richtungen durchstreifte, lernte er mit den richtigen Straßenjungen die ganze Stadt kennen. Genauer gesagt ein ganzes Viertel von Paris.
»Es ist noch gar nicht so lange her, da habe ich eine Art Bilanz gezogen; der Square Montholon, der Square d'Anvers... meine ganze Jugend ist da. Ich war bekannt wie ein bunter Hund. Ich war Lino, der kleine italienische Auswanderer...
Das war in den dreißiger Jahren. Eine fabelhafte Zeit! Natürlich gab es auch Gewalt, das Leben war

---

* Philippe Labro: »Tous célèbres«, Ed. Denoël-Filipacchi, 1979.

schwierig. Aber die Leute waren offener, nicht so egoistisch...«

Was seine Freizeit anging, so zeigte der junge Mann eine deutliche Vorliebe für den Sport und das Kino.

»Mit zwölf Jahren setzte ich beim Laufen die Füße einwärts wie James Cagney. Außerdem hatte ich Bogarts Tick übernommen: den Daumen auf dem Mund. Und meine erste Krawatte mußte gelbe Punkte haben, wie Gabin in ›Pépé le moko‹ [Im Dunkel von Algier]. Damals gab es zwar noch keinen Farbfilm, aber die Phantasie machte das wett!

Ich bin stark geprägt worden von Leuten wie Gabin. Und genauso stark beeinflußte mich der amerikanische Vorkriegsfilm.

Ich bin ein begeisterter Kinofan, als Zuschauer, meine ich. Ich gehe oft ins Kino; das war schon immer so. Ich habe geradezu für das Kino geschwärmt, und ich kann mich noch gut daran erinnern, daß unsere ganze Clique, als wir noch jung waren, immer ins ›Apollo‹ in der Rue de Clichy, ins ›Studio 28‹, zu den ›Ursulines‹ oder den ›Agriculteurs‹ ging ... Und das waren alles Kinos, die den anderen immer etwas voraus waren.

Eines Tages habe ich sogar einen Rekord aufgestellt: ich habe mir an einem Tag acht Filme angeschaut!

Melville hat einmal etwas recht Ungewöhnliches zu mir gesagt: ›Du hast dein Metier im Apollo gelernt!‹ Denn auch er hatte zu dieser Clique gehört, die sich quasi von Filmen ernährte. Viele von uns haben an denselben Orten verkehrt, ohne daß wir uns damals kannten. Das haben wir erst später festgestellt.

Aber ich hatte keineswegs die Absicht, Schauspie-

ler zu werden. Absolut nicht. Auf diesen Gedanken bin ich nie gekommen...«

So vergingen Kindheit und Jugend von Lino Ventura. Dem italienischen Einwanderer war es gelungen, in der Hauptstadt heimisch zu werden.
Aber gerade, als er im blühenden Alter von zwanzig Jahren war, brach der Krieg aus...
Der Schauspieler hielt sich in seinen Äußerungen über diese lange, schwere Zeit immer äußerst zurück. Aufgrund seiner italienischen Staatsangehörigkeit, die er niemals aufgegeben hatte, hätte er nämlich in sein Heimatland zurückkehren und in die Armee Mussolinis eintreten müssen. Aber Lino, der im Herzen längst Franzose war, konnte sich nicht entschließen, gegen Frankreich zu kämpfen. Also flüchtete er sich ins Anjou, wo er *»den Hunger, die Kälte und die Angst im Bauch«* kennenlernte.
Mitten im Weltkrieg heiratete Ventura am 8. Januar 1942 Odette Lucienne Le Comte.
Er hatte sie kennengelernt, als er für den italienischen Fremdenverkehrsverein in Paris einige Übersetzungsarbeiten machte.
Leider verbreitete sich in jenen schrecklichen Jahren das Denunziantentum genauso rasch in den Straßen wie die Pest im Mittelalter. Auch Lino entging seinem furchtbaren Zugriff nicht: »gute Franzosen« — die wohlgemerkt anonym blieben — denunzierten ihn bei den Besatzern. Der Italiener mußte sich seinen Landsleuten anschließen und mit ihnen in Jugoslawien kämpfen...

Nach Kriegsende widmete sich Lino hauptsächlich

dem Sport. Er hatte immer schon gern Sport getrieben und fühlte sich dort auf mehreren Gebieten zuhause.

»Ich glaube, daß ich dem Sport viel verdanke, weil er mich vor einer Menge Dinge bewahrt hat. Und dann hatte ich durch den Sport Gelegenheit, außergewöhnliche Menschen kennenzulernen.

Mein Manager pflegte zu sagen: ›Mit Sport kann man alles erreichen, vorausgesetzt, man hört rechtzeitig auf!‹ Und er verändert den Charakter.«

Der Sport, den er und der ihn wählte, war Ringen im griechisch-römischen Stil, was damals sehr in Mode war.

Lino hatte bereits vor dem Krieg damit angefangen. So wurde er 1938 Mitglied der Ringer-Abteilung der »Association Sportive de la Bourse«. Auch in den ersten Monaten der deutschen Besatzung von Paris hatte er diesen Sport weiter ausgeübt.

»Wir besuchten denselben Trainingsraum im fünften Stock in der Rue Réaumur«, erinnert sich Gilbert Leduc, einer seiner Sportkameraden. »Unser Lehrer, Albert Arnaud, hatte uns miteinander bekannt gemacht. Wir sind sofort Freunde geworden. Damals lebte Lino in irregulären Verhältnissen: er war ein Illegaler ohne Papiere. Wegen der Kontrollen hatte er Angst, mit der Metro zu fahren. Oft ging er zu Fuß nach Hause in die Avenue de Versailles 196, wo er mit Frau und Tochter wohnte. Tagsüber blieb er in dem Trainingsstudio, das sich im gleichen Gebäude wie die Redaktion der deutschen ›Pariser Zeitung‹ befand. Das Haus war voller feindlicher Offiziere. Für ihn war dies das beste Versteck: niemand hätte ihn an diesem Ort kontrolliert!«

Als die Deutschen abgerückt waren und das Recht des Friedens wieder herrschte, erklomm Lino dank seiner massiven Gangart, die durch die Schule der Straße und der Trainingshallen gestählt war, rasch die Stufen der Leiter des Erfolges und nahm an internationalen Wettkämpfen teil.

»Wir fuhren oft mit einer Ringermannschaft nach Belgien. Sie hätten sehen müssen, wie diese Bande von Gorillas auf der Rückfahrt den Speisewagen überfiel! Sobald sich der Kellner näherte, nahmen wir ihm alle Teller weg: vierundzwanzig Portionen! Wir haben alles aufgefuttert! Für die anderen Fahrgäste blieb nichts mehr übrig! Und wenn wir alles leergegessen hatten, fragten wir den erschrockenen Kellner: ›Hätten Sie nicht noch eine Kleinigkeit? Ein Omelette, zum Beispiel?...‹

Wenn Sie mir in meiner Ringerzeit ein Huhn auf den Tisch gestellt hätten, hätten sie mich beleidigt! Ich aß fünf bis sechs Mahlzeiten am Tag. Ich aß dreiundzwanzig Schweinekoteletts hintereinander, Omelettes aus zwanzig Eiern, und wenn ich nachts nach Hause kam, gegen zwölf oder ein Uhr, dann hatte mir meine Mutter in der Küche eine kleine Zwischenmahlzeit hingestellt!«

»Von dem, was er einen kleinen Imbiß nannte, will ich erst gar nicht reden«, bestätigte der Ringer Roger Delaporte. »Ein Entrecôte, das mußte schon etwas Ernsteres, Dickeres sein. Fünfhundert Gramm ungefähr. Für ihn waren das gerade mal vier Bissen! Er schnitt es in vier Teile, und in seinen großen Händen sah die Gabel wie ein Kaffeelöffelchen aus. Er spießte sie auf, steckte sie in den Mund, und mit vier Bissen verschlang er das Entrecôte. Ich sehe noch das Gesicht des Wirts vor

mir. Danach pflegte er dann Lammkoteletts zu essen...
Er war stark wie ein Herkules, dieser Mensch. Ich kann Ihnen sagen: ich habe ein Häuschen auf dem Land. Dort mußte ich einmal Bäume fällen. Er hat sie mir an einem Tag gefällt, er allein, 72 Bäume!«
»*Ganz zu meinen Anfangszeiten ging ich immer in ein Dampfbad in der Rue Saint-Denis. Der Besitzer war ein erstaunlicher Mensch, er machte Hand- und Fußpflege zur gleichen Zeit. Alle starken Männer aus den Hallen gingen zu ihm, um ein paar Kilo abzuspecken. Dort gab es wahre Fleischberge, Riesen, Bestien! Dieses türkische Bad war auch das beste Restaurant in Paris, denn die starken Männer aus den Hallen aßen dort, und zwar gut! Sie schaufelten tonnenweise Innereien, bündelweise Haxen und ganze Fleischplatten in sich hinein. Und dann, vollgestopft wie sie waren, schlangen sie sich ein Handtuch um die Hüften und gingen ein bißchen schwitzen. Anstatt ein paar Gramm zu verlieren, hatten sie zehn Kilo zugenommen, aber sie waren glücklich! Sie hielten glückselig Siesta und schnarchten wie Dampfloks. Bei dem Wirt hatte ich Kredit, und häufig brauchte ich überhaupt nicht zu bezahlen, denn er konnte mich gut leiden. Mein Geld mußte ich mir damals sauer verdienen. So ist es immer...*
Einmal habe ich in der schönen Stadt Reims gekämpft. Da ist mir vor proppenvollem Haus mein Kampfanzug geplatzt und enthüllte die Rückseite meiner Wenigkeit. Ich mußte meinen Gegner loslassen und in die Umkleide laufen und mich umziehen! Und das unter dem Gelächter von dreitausend Zuschauern!«

»Es war auch ein komisches Leben für Odette«, stellt Gilbert Leduc fest. »Wie alle Ringer-Frauen wartete sie auf ihren Mann, wobei sie sich um ihren Babywäsche-Großhandel kümmerte, der sehr gut ging.«

Auch als er Profi-Catcher wurde, vernachlässigte Lino deswegen nicht seine andere Leidenschaft: das Kino.
Er stürzte sich häufig in das heiße Dunkel der Kinosäle. Dort sah er sich alle Arten Filme an: von denen, die in die Geschichte der siebten Kunst eingegangen sind, bis hin zu jenen ohne Rang und Namen, die manchmal zu Unrecht vergessen sind.
»Wie viele Werke sind verschwunden oder einfach vergessen? Skurriles wie Symphonie burlesque * ... *oder die ersten Western, die man sich mit verwegener Miene anschauen ging!«*
Im Ring änderte Lino Ventura seinen Familiennamen. Genauer gesagt nahm er den Mädchennamen seiner Mutter an und ersetzte »Lino« durch eine leichte Abänderung seines richtigen Vornamens Angiolino. So machte er sich als Angelo Borrini einen Namen.

Dieser Borrini wurde in Sportkreisen weithin bekannt. Fachleute sagten ihm, ohne dabei ein

---

* Es handelt sich hierbei um *Crazy House,* das 1948 in Frankreich unter dem Titel *Symphonie loufoque* erschien. Der Film war 1943 in den Vereinigten Staaten von Edward F. Cline gedreht worden und beruhte auf dem komischen Talent von Ole Olson und Chic Johnson, dem Star des zwei Jahre zuvor erschienenen, unbeschreiblich komischen *Helzapoppin.*

allzu großes Risiko einzugehen, eine brillante Karriere voraus. Er vereinte Technik und Kraft und ging an jede Begegnung wie an ein sportliches Match und nicht wie an einen Kampf heran.
»Etwas hat Lino ganz sicher in seiner Kampfzeit gelernt: und zwar Öffentlichkeit«, sagt der Drehbuchautor und Regisseur Francis Veber. »Denn die Zuschauer bei einem Fight sind unerbittlich. Und Lino hatte Kontakt mit dem Publikum wie nur wenige Filmschauspieler ihn haben können. Aber dann: direkt!«

Von Erfolg über Erfolg gelangte Angelo Borrini zu der Europameisterschaft im Ringen.
Im Jahre 1950 errang er diesen Titel.
Die Weihe. Den Gipfel.
Aber jede Medaille hat ihre Kehrseite. Jeder erfolgreiche Sportler muß regelmäßig seinen Titel aufs Spiel setzen. Daher ergibt sich die Vielzahl der Kämpfe. Auch Angelo konnte sich dieser Regel nicht entziehen. Alles ging gut, bis zu dem Tag...
Der Unfall.
Ein Kampf, der ihn Henri Cogan gegenüberstellte (der später ebenfalls Filme drehte).
»Ich kannte Lino seit langem«, erklärte Cogan. »Er war ein junger Mann, wie ich auch. Wir hatten uns in einem kleinen Club in der Rue Milton kennengelernt. Als wir uns zum ersten Mal sahen, haben wir zusammen die Handschuhe angezogen und uns geprügelt, das Ganze erinnerte mehr an eine Schlägerei auf der Straße! Und so ging es weiter, wir wurden Amateur-Kämpfer, dann Profis.«
Im Verlauf dieses Kampfes wurde Angelo ernstlich am Bein verletzt.

»Es war im Cirque d'Hiver, am 28. März 1950«, berichtet Gilbert Leduc. »Ich erinnere mich um so mehr daran, als ich an diesem Abend zum ersten Mal Weltmeister geworden bin und mein Sohn an jenem Tag geboren wurde. Lino kämpfte gegen seinen Freund Henri Cogan. Bei einem Rittlings-Aufsitzen hat er sich nicht richtig eingefädelt. Es gab ein unheimlich lautes Krachen. Er wand sich im Ring. Die Zuschauer schrien »Schauspieler!« Lino brüllte, Schienbein und Wadenbein waren gebrochen. Ich brachte ihn nach Lariboisière. Fünf Tage später kam er wieder heraus. Damals gab es noch keine Sozialversicherung, da blieb man keine Ewigkeit im Krankenhaus.«
Unfälle hatte der Ringer mehr als einen. Aber dieser war schwerer als die anderen. Die Ärzte brachten ihn wieder prima hin, aber sie verboten ihm, je wieder in den Ring zu steigen. Zu gefährlich.
Für Angelo Borrini stellte dieses Verbot eine richtige Strafe dar.
Der Ringkampf verlor eine seiner Größen.
»Er war ein sehr bekannter Catcher«, bestätigte der Catcher Roger Delaporte nach Venturas Tod. »Nach dem Krieg war er Champion, zu einer Zeit also, in der es unheimlich viele Ringer gab. Allein in Frankreich gab es damals zweihundert Ringer. Man mußte Amateurmeister im griechisch-römischen oder im Freistil gewesen sein, um in einem Ringer-Trainingsstudio zugelassen zu werden, das war sehr hart.
Er war ein großer Catcher, ein Stilist, wie man bei uns sagen würde, ein sehr wendiger Mann. Er war genauso, wie Sie ihn im Kino gesehen haben: sein Kopf bewegte sich nicht, so war er schon immer,

ich habe ihn immer so gekannt. Alle ehemaligen Catcher, die ihn gekannt haben, können von ihm sagen, daß er ein phantastischer Mann war. Und außerdem, wenn wir unterwegs waren, war er zum Schießen. Er fragte andauernd: ›Kennst du das schon? Kennst du den schon?‹ Er erzählte immer fabelhafte Geschichten. Er war ein sehr lustiger Typ.«

Lino weigerte sich entschlossen, diesen Sport, den er so liebte, ganz aufzugeben. Also wechselte er, wie nicht wenige andere bekannte Sportler auch, auf die andere Seite der Seile und arbeitete hinter den Kulissen.

Als er aufhörte, Akteur zu sein, wurde er Regisseur.

Immer noch unter dem Namen Angelo Borrini organisierte er so eine große Zahl von Kämpfen. Er kümmerte sich natürlich um das Ringen, aber auch um das Catchen. In dem unbestrittenen Allerheiligsten dieser beiden Disziplinen, dem Wagram, wahrte er seinen großen Bekanntheitsgrad, und alle waren sich darin einig, seine außerordentliche Professionalität anzuerkennen.

»Er ist Manager geworden, ›Match-Maker‹«, fuhr Delaporte fort. »Er war es, der die Programme im Wagram organisiert und zusammengestellt hat. Er hatte sogar die größte ›Gemeinde‹ in Paris. Er hatte fünfzig Kämpfer.«

Nebenbei half Lino seiner Frau in ihrem Geschäft für Babyausstattung.

1953 stellte sich ihm eine neue Aufgabe.

Der Schatten eines Giganten

1953 bereitete Jacques Becker, früherer Assistent von Jean Renoir und künftiger Spielfilm-Regisseur, einen neuen Film vor. Einen Krimi aus der Reihe der »films noirs«, mit deren Produktion in Frankreich damals erst begonnen wurde.
Becker war auf der Suche nach neuen Gesichtern, neuen breiten Schultern, speziell als Darsteller von Schurken. Er hatte vor, sich in Catcherkreisen umzusehen, die er schätzte. Sein Assistent Max Maurette (später Produktionsdirektor bei Gaumont) nahm Kontakt mit Lino Ventura auf.
»Becker kam zu mir, weil er einen Typen brauchte, der vom Format her soso-làlà sein sollte. Und da es sich um eine Koproduktion handelte — damals wurden viele Koproduktionen mit den Italienern gemacht — mußte er beide Sprachen können, Italienisch und Französisch. Da ich zweisprachig bin, paßte das wunderbar... Und eines Tages traf er einen meiner Kollegen, der ihm sagte: ›Ich kenne da einen Typen!‹. Becker darauf: ›Wo ist er?‹ — ›Hm, ich weiß nicht...‹ Und so haben sie sich auf die Suche nach mir gemacht...«
Als er Ventura ausfindig gemacht hatte, traf dieser sich mit Becker. Er war davon überzeugt, daß er ihm seine Schützlinge vorführen sollte — die Cat-

cher also, für die er Kämpfe organisierte, und deswegen brachte er einen ganzen Packen Fotos mit.
»Ich kam zu Becker wegen Touchez pas au grisbi [Wenn es Nacht wird in Paris], im Glauben, es handele sich um etwas ganz anderes, aber nicht um meine Person. Und dann hat er mich zu guter Letzt gefragt, ob ich keinen Film drehen wolle. Ich habe mit nein geantwortet!
Er ist wiedergekommen. Er hat mich überzeugt, und ich habe eingewilligt, es zu tun.«

Eines der Argumente, die der Filmemacher vorbrachte, um den Exringer zu überreden, war der Hauptdarsteller: Jean Gabin.
Der Auslöser...
Aus Bewunderung für Gabin willigte Ventura schließlich ein, in *Touchez pas au grisbi* mitzuwirken.
Françoise Fabian — die Jacques Becker 1958 heiratete — bestätigte die Sympathie, die der Filmemacher dem zukünftigen Schauspieler entgegenbrachte:
»Jacques fand Lino wunderbar. Er war ein Mensch, den er sehr mochte. Er liebte seine Persönlichkeit.
Jacques hatte ihn gesehen und großartig gefunden. Er suchte ein neues Gesicht mit starker Persönlichkeit neben Gabin und schlug Lino diesen Film vor.
Aber die Produzenten waren nicht ganz damit einverstanden. Sie versuchten sogar, Linos Gage zu drücken! Und Lino, der nun wirklich keine Filme machen mußte, um sich seinen Lebensunterhalt zu verdienen, hatte ihnen erwidert: ›Ich bekomme soundso viel! Basta! Wenn Ihnen das nicht paßt,

Wenn es Nacht wird in Paris (1953) mit Jeanne Moreau.

haben Sie Pech gehabt, dann lassen Sie mich, wo ich bin!‹ Die Produzenten konterten, daß Lino maßlose finanzielle Forderungen stelle, und Jacques sagte ihnen: ›Wir werden ihm so viel bezahlen, weil ich es so will! Wenn er so viel haben will, dann bekommt er es!‹ . . .«

Lino Ventura bekam die geforderte Gage. Ohne Jacques Beckers berechtigten Starrsinn hätte er wohl niemals einen Film machen können . . .

Er wollte keine zusätzlichen Komplikationen und verlangte als Newcomer in der siebten Kunst, daß sein Name Lino Ventura im Vorspann erschien. Zwar kannte ihn die sportlich interessierte Öffentlichkeit mehr unter dem Namen Angelo Borrini, unter dem er Europameister im Ringen geworden war, aber das gehörte der Vergangenheit an. Von nun an blieb er Lino Ventura.

Dieser Namenswechsel verwirrte eine ganze Menge Beobachter. Ein Großteil von ihnen war davon überzeugt, daß Ventura mehr oder weniger ein Pseudonym war und ließen diese Legende in die Ewigkeit eingehen. Sie irrten sich: Lino Ventura hieß wirklich Lino Ventura. Und wenn »Ventura« ein Pseudonym gewesen wäre, welch eine kluge Wahl wäre dies für einen kinobegeisterten Schauspieler gewesen: Ventura Boulevard ist eine der Hauptstraßen in Hollywood! Lino wurde also Schauspieler — für die Dauer eines Films.

»Als ich am ersten Drehtag mit meinem Koffer zum Studio aufbrach, sagte ich zu meiner Frau folgenden idiotischen Satz: ›Dem ersten, der mich nervt, haue ich eine in die Fresse, und dann komme ich auf der Stelle wieder heim!‹

Ich weiß nicht, warum ich das gesagt habe. Eine Art Selbstschutz. Ich wollte mich absichern. Es war wie eine Art Versicherung, die ich abschloß, ehe ich den Fuß in dieses Ding setzte...«
Bei den Dreharbeiten zu Touchez pas au grisbi lernte Lino Jean Gabin kennen... und wurde nicht enttäuscht.

»Ich kam also zum ersten Mal in meinem Leben in dieses Studio und hatte eine Art Vorurteil, das ich auch heute noch nicht recht analysieren kann. Ich war ein bißchen daneben, warum, weiß ich übrigens nicht.
Ich kam also mit meinen Köfferchen in die Studios in Boulogne. Kaum angekommen, verlangte ich, auf der Stelle Monsieur Gabin zu sehen, obwohl ich ihn noch nicht einmal kannte. Und man sagte zu mir:
›Sie werden ihn gleich sehen!‹
Ich antwortete:
›Nein, nein, ich will ihn jetzt sofort sehen!‹
Da niemand antwortete, fragte ich nach Gabins Garderobe. Man sagte mir, sie sei irgendwo da drüben, aber niemand wollte mich hinbringen. Und dann traf ich schließlich einen Typen, der zweifellos noch viel weniger Ahnung hatte als die anderen. Es handelte sich um Jean Becker, Jacques' Sohn, der als Volontär bei diesem Film arbeitete. Er brachte mich zur Garderobe.
Dort klopfte ich an und trat ein. Gabin hatte im Nebenzimmer zu tun. Seine Garderobiere ließ mich herein, und Gabin fragte:
›Wer ist das?‹
›Ein Herr möchte Sie sehen: Herr... Ventura!‹
Dabei war ich ihm noch nie begegnet. Aber er hatte

meine Probeaufnahmen gesehen. Er kam auf mich zu, reichte mir die Hand und sagte genau folgendes zu mir:
›Alles klar?‹
›Ja, alles klar.‹
›Dann bis gleich!‹
›Okay, bis gleich.‹
Er hat gleich verstanden, warum ich ihn sehen wollte. Ohne zu fragen, warum. Und deswegen bin ich zum Film gegangen. Wenn es nicht so gewesen wäre, ich glaube, ich wäre wieder heimgekehrt...
Jean nahm mich ein bißchen unter seine Fittiche, und er hat sofort gesehen, daß ich es zu etwas bringen könnte.
Um seine Schultern lag der gleiche Zauber wie bei einem John Garfield oder einem Bogart.
Lapidare Worte, prägten sich mir ins Gedächtnis ein, niemals große Reden... Gabin war für mich ein Beispiel für Pflichterfüllung und gute Arbeit.«
Schon in seiner ersten Szene wurde Ventura mit Gabin konfrontiert. Nicht mehr und weniger. Erstaunlicherweise benötigte Jacques Becker nur eine einzige Einstellung!
Und die verklärte Legende des Films besagt, daß Gabin, in der Überzeugung, er habe es mit einem absoluten Anfänger zu tun (was ja auch der Fall war), dem Filmemacher zurief:
»Willst du dich über mich lustig machen, oder was? Der Junge ist kein Amateur! Wo hast du ihn her?«
Lino hatte sein erstes Publikum erobert.
Auch ein unauffälliger Zeuge war erstaunt:
»Ich war ins Studio gekommen, um mir Gabin bei den Dreharbeiten zu *Touchez pas au grisbi* anzuse-

hen«, erzählt Michel Audiard, »und dann habe ich diesen Schauspieler gesehen, den keiner kannte. Er kam vom Catchen, Becker hatte ihn entdeckt. Und ich kenne diesen Typ Jungs... Ich habe Lino bei den Dreharbeiten gesehen. Das hat mich vor allem beeindruckt, weil er ja neben Gabin um so mehr Gewicht auf die Waagschale bringen mußte. Es ist übrigens ganz einfach: nach der Erstaufführung von *Grisbi* hieß es in der Szene immer: ›Sag doch mal, der Typ, der mit Gabin *Grisbi* gedreht hat, dieser Schrank da...‹ Niemand kannte seinen Namen, aber jedem war er aufgefallen!«

Eine ganze Zeit später sollte Jean Gabin auf diesen meisterhaften Einstand Lino Venturas im Kino zurückkommen: »Ich hatte seine Probeaufnahmen gesehen, und ich hatte diese Probeaufnahmen hervorragend gefunden. Ich fand, er hatte eine unglaubliche Präsenz, eine unheimliche Persönlichkeit. Als Becker ihn mir zeigte, habe ich zu ihm gesagt: ›Wo hast du nur diesen Jungen ausgegraben?‹ Und er erwiderte: ›Er ist ein Catcher!‹ Und ich: ›Mein lieber Alter, der hat ganz schön Charakter!‹ Seither sind wir sehr gute Freunde geblieben.

Die Präsenz im Film kann man nicht erklären. Sie können Leute haben, die sind hervorragend begabt, aber sie bringen leider weder Präsenz noch Charakter auf die Leinwand und werden nie so erfolgreich wie jemand, der beides vor allem anderen besitzt. Und das kann man nicht lernen!«

Für Lino, der nur eine Nebenrolle hatte, dauerte das Drehen nicht lange. Aber vom 21. September bis 5. Dezember 1953 versuchte er, so oft wie möglich als Zuschauer im Studio zu sein.

Touchez pas au grisbi (Wenn es Nacht wird in Paris) kam am 18. März 1954 in die Pariser Kinos. Es wurde sofort ein Erfolg. Es belebte die Welle der »films noirs«, aber auch die Karriere Jean Gabins von neuem, der nach einer schwierigen Durststrecke wieder zum Superstar wurde.

Lino Ventura »setzte sich also durch«, und zwar im wahrsten Sinn des Wortes gleich mit seinem ersten Film. Jedoch ließ seine Leistung in *Grisbi* keineswegs auf seine künftigen Rollen schließen. Jener Angelo Fraiser, den er darstellte, war nämlich ein ziemlicher fieser Typ. Er war nicht nur blutrünstig (bereit, drei Männer zu töten — aber nur gegen fünfzig Millionen in Gold!), sondern auch noch einen Rauschgifthändler.

Am wichtigsten war allerdings letzten Endes nicht die Rolle, die er spielte, sondern die Art, wie er sie interpretierte. Seine Natürlichkeit auf der Leinwand beeindruckte Kritiker und Zuschauer gleichermaßen. Er erklärte das ganz einfach dadurch, daß er kein Lampenfieber habe.

»Es tut mir unheimlich leid, aber ich habe kein Lampenfieber. Ich kann nichts dafür, ich habe einfach keins. In dieser Beziehung habe ich nie Ängste gehabt. Ich bin im Zweifel, ich möchte alles gut machen, ich will keine Fehler machen, aber ich habe keine Angst. Ich bin sozusagen mehr ein Schauspieler vom Instinkt her. Damit will ich nicht sagen, daß ich nicht arbeiten muß — das ist nicht wahr, so kann man das nicht sagen, das ist falsch — aber ich muß mich nicht quälen. Das bedeutet, daß ich gleich zu Beginn, wenn man mir eine Rolle vorschlägt, weiß, daß ich sie spielen kann, oder eben, daß ich es nicht kann, und dann mache ich es auch

nicht. Ich habe da meine eigenen Kriterien, die beruhen auf... ich weiß nicht... auf meinem Riecher. Aber man kann mich nicht zwingen, etwas zu tun, wozu ich keine Lust habe. Das ist unmöglich...«

Touchez pas au grisbi (Wenn es Nacht wird in Paris) war wohlgemerkt in mehr als einer Hinsicht wichtig für Lino Ventura. Mehr noch als die Filmerfahrung selbst waren es die menschlichen Kontakte, die ihn zum Filmen verführten. Mit Gabin, natürlich, aber auch mit Jacques Becker.

Lino verstand die Auffassung, die dieser Filmemacher von seiner Kunst und seinem Metier hatte, und mochte sie sogleich.

»In meinen Filmen«, erklärte der Cineast, »liegt das Interesse im allgemeinen mehr auf den Personen. Ich bin da vielleicht ein bißchen einseitig: der Film spielt in Frankreich, ich bin Franzose, ich arbeite über die Franzosen, ich betrachte die Franzosen, ich interessiere mich für die Franzosen. Aber ich interessiere mich aus einer ganzen Menge Blickwinkel heraus für die Charaktere, nicht nur aus jenen, die für die Handlung unentbehrlich sind. Max, der Lügner, in »Grisbi« zum Beispiel, ist ein Herr, der eben auch Schallplatten und Musik liebt, und vielleicht mag er auch Autos. Weil die Leute im Grund genommen so sind, glauben Sie nicht?«

Außerdem ging Becker auf eine Art und Weise an seine Arbeit heran, die Lino Ventura sehr gut gefiel:

»Ein paar Proben, Stichworte, und das ist alles«, erklärte Becker. »Dann sind wir schon soweit! Wenn man die Leute auseinanderlaufen läßt, begeistern sie sich nicht für das Unternehmen.«

In der Folge tat sich Lino Ventura manchmal schwer, sich nach dieser Schule der Schnelligkeit und Effizienz den Forderungen von Filmemachern zu beugen, die unzählige Einstellungen und immer wieder verfeinerte Wiederholungen bis zum Überdruß des Schauspielers verlangten. Er, Ventura, war am besten bei den ersten Probeaufnahmen, und seine Natürlichkeit ließ im Laufe der Aufnahmen nach. Es knackte dann einfach nicht mehr...

Als *Touchez pas au grisbi* (Wenn es Nacht wird in Paris) in die Kinos kam, war Lino bereits zu seinen Geschäften zurückgekehrt. Er hatte gesehen, was Filmen war, er hatte neben Gabin bestanden, er hatte Becker getroffen, kurz, er war hochzufrieden mit diesem unerwarteten Sprung auf die andere Seite der Leinwand. Es brachte nichts, auf eine Karriere in einem Beruf zu hoffen, in dem sich Hunderte von Anfängern gegenseitig die Zähne einschlugen. In ein paar Jahren würde er in seinem Sessel sitzen, Pfeife rauchen und seinen Enkeln von diesem erstaunlichen Abenteuer erzählen...

»*Als die Dreharbeiten zu* Grisbi *beendet waren, bin ich sofort wieder nach Hause gefahren. Ein Jahr danach habe ich* Razzia *gemacht. Und dann bin ich wieder ein Jahr lang nach Hause gefahren*...«

Tatsächlich ließ ihn der Film nicht mehr los. Fasziniert von seiner »Präsenz« auf der Leinwand, schickten ihm verschiedene Produzenten, Drehbuchautoren und Regisseure ihre Skripts, die in der Mehrzahl versuchten, mehr oder weniger ungeschickt an den Erfolg von *Touchez pas au grisbi* anzuknüpfen. Angesichts dieser stereotypen Rollen lehnte Lino Ventura ab — und zwar alles.

Razzia in Paris (1955) mit Jean Gabin, Magali Noel und Albert Rémy.

Dann, auf einmal, tauchte ein Projekt auf. Es war besser ausgearbeitet als die anderen, profitierte von der Handschrift Maurice Griffes, der bereits das Drehbuch zu *Grisbi* geschrieben hatte. Was den Regisseur betraf, so handelte es sich um einen ehemaligen Sportler, was ein Zeichen für Qualität bedeutete: Henri Decoin.
Am meisten wurde Lino Venturas Aufmerksamkeit jedoch von der Tatsache angezogen, daß an der Spitze der Darsteller Jean Gabin stand. Ein zweites Mal mit diesem »heiligen Ungeheuer« zu arbeiten, war ein Privileg, das man schlecht ablehnen konnte.

So machte sich Lino Ventura ein Jahr nach *Touchez pas au grisbi* auf den Weg in die Studios und spielte einen »Bösewicht« in *Razzia sur la chnouf* (Razzia in Paris).
Hinter seinem Anstrich als »film noir« verstand sich dieses Werk als Pamphlet gegen das Rauschgift. Es bot Lino die Gelegenheit zu einer anderen Gaunerrolle. Noch gefährlicher als der Angelo in *Grisbi* tötete Roger, der Katalane kaltblütig, teilte in Bausch und Bogen Prügel aus und vergewaltigte sogar eine Frau. Ohne sich wirklich darüber bewußt zu sein, war der Neuankömmling beim Film mit nur zwei Filmen ein »Bösewicht« geworden. Die Falle hatte sich über ihm geschlossen, unerbittlich...

Erneut ein Jahr lang Pause. Dann erschien Lino auf der Großleinwand in einer andere Krimiserie: *La loi des rues* (Das Gesetz der Straße). Ohne Gabin, aber mit Raymond Pellegrin.
Der Ex-Ringer begann, wirklich Geschmack am Filmen zu finden. Getreu den Ratschlägen von Gabin und Becker wählte er seine Skripts mit Überlegung aus und wußte sich wegen seines großen professionellen Bewußtseins Anerkennung zu sichern.
Der Film empfing Lino Ventura.
Mit sechsunddreißig Jahren begann er seine Karriere.
Dennoch nagten immer noch Zweifel in seinem Kopf. Er kannte die siebte Kunst zu gut, um objektiv hoffen zu können, dort eine lange Karriere zu machen. In diesem funkelnden Universum gibt es viele Meteoriten.
»Es dauerte fünf Jahre, bis ich diesen Beruf wirklich

ausübte. Man rief mich, ich drehte. Dann ging ich wieder nach Hause und machte etwas anderes. Ich glaubte nicht wirklich ans Filmemachen. Vielleicht bin ich zu schwierig...
Was ich getan hätte, wenn ich nicht zum Film gegangen wäre? Ich weiß nicht, ich hätte bestimmt irgendwelche Geschäfte weitergeführt.«
Auf *La loi des rues* (Das Gesetz der Straße) folgte *Crime et châtimenent* (Schuld und Sühne), bei dem Ventura wieder mit Gabin arbeiten konnte, aber es wurde ein kompletter Reinfall aus der Sicht der Kinohitliste.
In diesem Film spielte ein ganz junger Mann mit: Robert Hossein.
»Es war auch ein wenig Linos Debut«, sagte Hossein. »Er war äußerst gewissenhaft, hatte eine phantastische, profimäßige Einstellung, war anspruchsvoll und von außerordentlicher Strenge gegen sich selbst. Immer auf Empfang und auf der Lauer, voller Begeisterung, und man spürte an seiner kolossalen Präsenz und einer gewissen Authentizität, daß er jemand Bemerkenswertes werden würde.«
Dann kam *Le feu aux poudres* (Dem Satan ins Gesicht gespuckt), wo er mit Françoise Fabian arbeiten durfte.
»Wir drehten in der Nähe von Roquefort, in den Studios«, erinnert sich die Schauspielerin. »Um die Wahrheit zu sagen, war ich noch sehr jung, und es war das erste Mal, daß ich Lino Ventura begegnete. Und dort sind wir Freunde geworden, weil er mich so oft zum Lachen brachte. Er war komisch, er erzählte mir von seiner Vergangenheit als Ringerchampion mit den Tourneen und all dem, was

sich zwischen ihnen abspielte, ihre Tricks usw. Er ist jemand, der mich viel zum Lachen gebracht hat, sehr viel...

Ich war Anfängerin, um mich herum waren nur Typen, die älter waren als ich und mich verwöhnten, die mich beschützten. Das war eine sehr angenehme Umgebung... Raymond Pellegrin und Charles Vanel machten die Clowns... Wir wohnten alle in einem kleinen Hotel in Roquefort, und sie spielten sich gegenseitig Streiche. Raymond Pellegrin ist ein großer Witzbold.«

In dieser entspannten Atmosphäre entstanden zahlreiche Anekdoten. Pierre Louis, der in dem Film mitspielte, erzählt:

Dem Satan ins Gesicht gespuckt (1956).

»In *Le feu aux poudres,* den Henri Decoin 1956 drehte, unterzogen Lino Ventura und ich Charles Vanel einem dramatischen Verhör, und seine Augen sprühten derart Funken, daß wir kaum ernst bleiben konnten.
Am Tag zuvor, einem Sonntag, hatte Charles, der gerade einen wunderbaren amerikanischen Wagen bekommen hatte, uns beiden den Vorschlag gemacht, zusammen eine Tour in die Umgebung von Sète zu machen, um den Motor einzufahren. Wir saßen auf dem Rücksitz und spielten zwei arme Schlucker, die zum ersten Mal in einem so schönen Auto fahren und über alles und jedes in Entzücken ausbrechen. Um uns nicht nachzustehen, improvisierte Charles Vanel gleich einen ›reichen Emporkömmling mit gutem Herzen‹, der zwei armen, mittellosen Statisten die Freuden des Reichtums enthüllte.
In dem herablassenden Ton eines Mäzens und Führers kommentierte er uns den ganzen Nachmittag über die Schönheiten der Landschaft und die Geschichte historischer Denkmäler und lud uns schließlich zu einem lauwarmen Bier in eine armselige Kneipe ein. Auf der Rückfahrt bedankten wir uns tausendmal und küßten unserem Wohltäter die Hände, der nicht einen Moment lang aus seinem Phlegma aufgetaucht war. ›Danke, Herr Vanel, wir werden Ihnen diese Spazierfahrt niemals vergessen, es war einfach märchenhaft.‹
Um ihm unsere Dankbarkeit zu beweisen, bat Lino ihn, mit seinem starken Dodge an einer Tankstelle zu halten, und spendierte ihm ... fünf Liter!«*

* Pierre Louis, Mes bonnes fréquentations, Ed. France Empire, 1983

Trotz dieser entspannten Atmosphäre hatte *Le feu aux poudres* nichts von einer Komödie. Es war ein richtiger Kriminalfilm, in dem Lino keinen Gauner mehr spielte, sondern einen Bullen darstellen durfte. Der erste einer langen Serie...

Lino Ventura schwenkte über zu *Action immédiate* (Spione), *Le rouge est mis* (Die Nacht bricht an/Die unheimlichen Vier) (wo er Jean Gabin wiedertreffen durfte), *L'étrange M. Steve* (Auf schiefer Bahn), *Trois jours à vivre* (Du hast noch drei Tage), *Ces*

Die Nacht bricht an/Die unheimlichen Vier (1957) mit Jean Gabin.

dames préfèrent le mambo (Morphium, Mord und kesse Motten/Eddy küßt mit Blei). Alles Filme, die von den Zuschauern auf amerikanische Art ver-

schlungen wurden: wie Hamburgers, schnell gegessen, schnell vergessen in Erwartung des folgenden!
Aber es waren auch diese Filme, die ihn in der Rolle des »starken Mannes« konsolidierten und aus ihm einen Stammgast in Kriminalfilmen machten, und zwar meistens auf der anderen Seite des Gesetzes.
Aber vor allem konnte er durch diese Filme seine Bekanntschaften erneuern. So arbeitete er unter der Regie von Ralph Habib, Henri Decoin, Georges Lampin, Maurice Labro, Gilles Grangier, Raymond Bailly, Bernard Borderie und gab das Stichwort für so unterschiedliche Schauspieler wie Marina Vlady, Bernard Blier, Françoise Fabian, Dario Moreno, Henri Vidal, Annie Girardot, Jeanne Moreau, Daniel Gélin und Eddie Constantine.
Die meisten dieser Profis waren von der Persönlichkeit Lino Venturas überrascht.
Gilles Grangier, der in *Trois jours à vivre* Regie führte, erzählt von seiner ersten Begegnung mit dem ehemaligen Ringer.
»Schließlich kam ich zu dem Tisch im Hintergrund, an dem außer meinem Produzenten, Lucien Viard, und meinem Dialogschreiber, Michel Audiard, ein Schauspieler auf mich wartete, fast noch ein Anfänger, ein Typ mit der Figur eines Athleten, mit energischen Gesichtszügen, aber fast gelähmt vor lauter Schüchternheit, sich von so vielen berühmten Köpfen umgeben zu sehen. Wir sollten zusammen einen Film mit dem Titel *125 Rue Montmartre* (Tatort Paris) besprechen (in »Flash Back«, Presses de la Cité, 1977).
Das Projekt *125 Rue Montmartre* wurde zwei Jahre

lang verschoben, aber Grangier konnte dank *Trois jours à vivre* doch mit Ventura arbeiten. Er war der erste, der von ihm fasziniert war.

»Er ist eine Naturgewalt«, sagte er. »Er hat den besten Appetit im ganzen französischen Film. Lino ist ein ›Gewinner‹, er verfolgt seine Karriere, wie Jean Gabin es zwischen 1930 und 1939 getan hat. Vorsichtig und intelligent. Ein großer Mann — und ein Mann mit Herz!«

In den meisten dieser Filme blieb Lino Ventura ein »Bösewicht« mit den charakteristischen Zügen dieses Genres. So verkörperte er in *Le rouge est mis* (Die Nacht bricht an/Die unheimlichen Vier) eine

Herrin der Welt (1960) von William Dieterle.

wahre Killermaschine. Gleich zu Beginn des Films massakriert er um ein Haar, bewaffnet mit einer Maschinenpistole, eine Familie mit zwei kleinen Kindern. Dann, bei der Schlußeinstellung, schießt er praktisch auf alles, was sich bewegt. Die Maschinenpistole war übrigens nicht sein einziges Spielzeug: er bewies sich als ein As mit dem Messer. Ein wahrhaft sympathischer Typ!

Trotz des Talents, das man ihm zuerkannte, und des Vergnügens, den Techniker und seine Partner hatten, wenn sie mit ihm im Studio drehten, wurden Lino immer wieder »harte« Rollen vorgeschlagen.
»*Nach* Grisbi *hat man mich nacheinander auf die Rollen von ›harten Männern‹ und Bullen angesetzt. Das war gut und schön, solange die Leute nicht glaubten, daß ich mit einem Colt unter dem Kopfkissen und einer Maschinenpistole im Schrank schlafe. Wenn ich ins Studio kam, spürte ich sie, jene Zurückhaltung, die ein Hüne oder Mafioso auferlegt. Das hat mich amüsiert... oder geärgert.*«
In drei Jahren drehte Lino Ventura zehn Filme dieser Serie der »films noirs«. Wie seine Karriere angefangen hatte, hätte sie auch weitergehen können, so sehr begeisterte der Krimi die Zuschauer. Er gehörte so sehr zu der Ausstattung eines Kriminalfilms, daß es nur wenige Leute gab, die ernsthaft daran dachten, eine Krimiserie zu drehen, ohne ihm eine Rolle anzubieten...
Doch interessierten sich auch andere Filmemacher für Ventura, die ihm ermöglichten, andere Aspekte seiner Persönlichkeit zu nutzen.
So zum Beispiel Louis Malle.

Dieser junge Regisseur um die zwanzig war bereits durch seine Mitarbeit an *Monde du silence* (Die Welt des Schweigens) aufgefallen und stürzte sich nun in fiktive Spielfilme. Um nicht mit den Gewohnheiten der damaligen Zeit zu brechen, orientierte auch er sich am Kriminalfilm. Aber im Unterschied zu seinen Vorgängern beleuchtete er seinen Film unter einem neuen Licht, indem er ihn mehr vom reinen Drama her inszenierte. So war die Figur des Polizeiinspektors, die Lino Ventura zufiel, ganz und gar nicht konventionell. Der Schauspieler nahm nicht mehr seine Muskeln zu Hilfe, noch nicht einmal seine Korpulenz, sondern seine Sturheit, seine Gelassenheit und seine Geschicklichkeit. Mit einem Mal begannen der Berufsstand und das Publikum ihn unter einem anderen Licht zu sehen...

Ascenseur pour l'échafaud (Fahrstuhl zum Schafott), der 1957 den Prix Louis Delluc erhielt, gab Lino Ventura abermals die Gelegenheit, neue Schauspieler kennenzulernen. Unter ihnen war Maurice Ronet:

»Bei Lino Ventura war es zweifellos Liebe auf den ersten Blick [zum Film], und er hat beschlossen, weiterzumachen. Aber man muß dazu sagen, daß er jahrelang schrecklich sparsam gearbeitet hat. Er verirrte sich nicht in Bereiche, wo er nichts zu suchen hatte. Er hat offenbar ganz genau begriffen, wo seine Grenzen lagen. Er brauchte lange, ehe er sich entschied, das zu versuchen, was für ihn ein großes Abenteuer war. Und er ließ sich erst darauf ein, als er sich wirklich sicher war, die Komödie spielen oder seinen Humor äußern zu können.

Fahrstuhl zum Schafott (1957) von Louis Malle.

Es gibt nur einige wenige andere Schauspieler dieses Schlags. Aber Lino Ventura profitierte auch von seiner Gestalt, die den Charakter seiner Personen unterstrich. Es bedeutet keineswegs eine Schmälerung seines Talents, einzugestehen, daß Becker ihn gerade wegen seines Äußeren für *Touchez pas au grisbi* engagiert hat. Wie hätte es auch anders sein können, da er niemals zuvor auf der Bühne gestanden noch die kleinste Rolle in einem Studio gedreht hatte? Nun ist es offensichtlich, daß Lino Ventura lange Zeit die Forderung nach seinem Äußeren akzeptieren mußte, und auch einen großen Teil des Zweifels und der Sorge. Ich bewundere ihn, denn er war zuerst eine Persönlichkeit, ehe er Schauspieler wurde.«*

Nach Louis Malle bot Jacques Becker, der Lino Ventura gut kannte, ihm eine ganz andere Rolle an. Er nahm ein Projekt auf, das ursprünglich Max Ophüls zugedacht gewesen war, und ließ Lino neben Gérard Philipe spielen. So gab der »Bösewicht« aus *Touchez pas au grisbi* dem romantischsten Schauspieler jener Zeit das Stichwort. Für Becker war es ein gewagtes Spiel, aber er wußte, daß er gewinnen würde. In der Tat bewunderte mehr als ein Kritiker Lino Venturas Leistung in *Montparnasse 19* (Montparnasse 19). Zwar erschien er erst in den letzten Szenen, im Moment der Erniedrigung Modiglianis, der von Philipe dargestellt wurde, aber seine Präsenz war wesentlich für den Schluß und die Moral der Geschichte. Seine nüchterne Darbietung unterschied sich deutlich von dem pathetischen Elend Gérard Philipes...
Anfangs war Ventura leicht beunruhigt bei dem Gedanken, das Genre zu wechseln, aber er nahm die Rolle aus Freundschaft zu Becker an, in den er sein ganzes Vertrauen setzte. Dies gestattete ihm, der großartigen Arbeit Gérard Philipes beizuwohnen. Lino bereicherte bei diesem Kontakt seine Kenntnisse des Metiers und lernte, was »Sensibilität« auf der Leinwand bedeutete...
Aber deshalb kehrte Lino Ventura dem Kriminalfilm noch lange nicht den Rücken.

---

* Maurice Ronet, *Le métier de comédien*, Ed. France Empire, 1977

Der Koloss

Im Jahre 1958 legte der Produzent Raoul Ploquin Lino Ventura ein Skript vor, das ihm zu allseitiger Bekanntheit verhelfen sollte.
Seit 1953/54 war der französische Kriminalfilm in zwei Tendenzen geteilt; die eine »nüchtern«, symbolisiert durch Jean Gabin und herauskristallisiert durch *Touchez pas au grisbi;* die andere »parodistischer«, vertreten durch Eddie Constantine und gekennzeichnet durch *Cet homme est dangereux* (Dieser Mann ist gefährlich) und ganz allgemein durch die *Lemmy-Caution*-Serie.
Unter der Regie von Männern wie Bernard Borderie und John Berry war Constantine sehr populär geworden. In seine Filmographie reihten sich Titel wie *Ça va barder, Je suis un sentimental* (Küsse, Kugeln und Kanaillen), *Les femmes s'en balancent* (Serenade für zwei Pistolen), *Ces dames préfèrent le mambo* (Morphium, Mord und kesse Motten/ Eddy küßt mit Blei), in dem Lino Ventura mitgespielt hatte. *La môme vert-de-gris* (Im Banne des blonden Satans) ...
Aber für Raoul Ploquin war es an der Zeit, neue Pfründe zu suchen, also einen ebenso harten, ebenso starken, ebenso sympathischen Helden zu finden wie diesen Lemmy Caution.

Die Kriminalliteratur wimmelte nur so von Typen dieser Sorte. Aber nur ein einziger erfüllte alle Kriterien: Georges Paquet, genannt »der Gorilla«!
Bernard Borderie, Fachmann auf diesem Gebiet, wurde gebeten, die Abenteuer dieses Geheimagenten auf die Leinwand zu bringen. Lino Ventura nahm die Rolle an.
Entgegen allem Anschein fiel die Wahl nicht sofort auf diesen Darsteller. Nach mehrmaligem Zögern wurden sich jedoch alle über seinen Namen einig, und der Vater des »Gorilla«, Antoine L. Dominique, gefiel sich in der Aussage:
»Wir haben endlich einen Darsteller ausgewählt: Lino Ventura, diesen exzellenten, rauhen Schauspieler, den man seit einigen Jahren häufig neben Jean Gabin sehen kann. Er besitzt genau die ruhige Gewalt Géo Paquets und dessen Kaliber. Außerdem hat er mir versprochen, zehn Kilo zuzunehmen!«
In dem Film steigerte der »Gorilla« seine körperlichen Heldentaten noch um ein Vielfaches. Die Zuschauer durften ihn bewundern, wie er einen 203 umkippte und einen Mann mit ausgestrecktem Arm hochhob! Als Ex-Fallschirmspringer stellte er einen Mann dar, der nicht den Maßstäben des bürgerlichen Lebens entsprach und ein Kampfgewicht von zweihundert Pfund auf die Waage brachte, »sommers wie winters« ...
Le Gorille vous salue bien (Der Gorilla läßt schön grüßen) kam am 3. September 1958 in die Kinos.
Venturas massive Gestalt prangte, von einem nicht allzu phantasievollen Zeichner beträchtlich retuschiert, an den Fassaden einer ganzen Menge Kinos. Die Nummer Eins des französischen

Geheimdienstes, Géo Paquet, wurde zum Publikumsliebling.
Denn anstatt ein unechtes Desinteresse im Stil Eddie Constantines alias Lemmy Caution an den Tag zu legen, war Lino vollkommen in die Person Paquets geschlüpft und hatte sich in die Muskelprotzrolle ebenso eingebracht wie in die gelösteren Szenen.
Lino Ventura symbolisierte dermaßen den »Gorilla«, daß dieser Umstand ihm einige Überraschungen einbrachte...
»Ich erinnere mich noch sehr gut, es war vor ein

Die Schüler (1959).

paar Jahren, in München, im Flur eines Hotels, in dem gerade ein Raub stattgefunden hatte. Der Gorilla war kurz zuvor gelaufen, und ich sah zwei Typen aus einer Ecke des Flurs herauskommen, und ich weiß nicht, inwieweit sie mich mit dem Gorilla identifizierten, es dauerte nur Bruchteile von Sekunden; jedenfalls zogen sie ihre Waffen! Ich sagte: ›Immer mit der Ruhe!‹ da haben sie gemerkt, daß in ihren Köpfen etwas durcheinandergegangen war, daß sie mich mit einem Geheimagenten in einen Topf geworfen hatten!«

Der Gorilla brachte großen Erfolg, größer noch als die vorhergehenden *Lemmy-Caution*-Filme. Er war sogar derart erfolgreich, daß bereits 1958 nicht wenige Leute glaubten, die Serie würde bis ins Jahr 2000 fortgesetzt werden. Mindestens.

Dieselben Leute sagten sich, daß Lino Ventura sich um seine weitere Karriere keine Sorgen mehr zu machen brauchte. Er würde unzählige *Gorillas* drehen können, die ihm Ruhm einbringen und eine Art Rente fürs Leben darstellen würden. Ein neuer Eddie Constantine, irgendwie.

Keine Sorgen mehr?

Abwarten?

Lino Ventura war nicht von gestern. Sein großes Wissen über den Film hatte ihn gelehrt, daß es sowohl in Frankreich als auch in den USA nur ganz wenige Schauspieler gab, die mit der Popularität eines allzu oft wieder aufgegriffenen Helden »überlebt« hatten. Stets kam irgendwann der Zeitpunkt, in dem das Publikum überdrüssig wurde, seine Sympathie anderen Helden zuwandte und den Schauspieler allein und ohne die Chance zurückließ, etwas Neues zu machen, weil er zu sehr abgestempelt war. So wurden zum Beispiel alle Tarzan-Darsteller ihr Leben lang als Tarzan betrachtet!

»Wenn ein Film sehr gut läuft, will man den Erfolg schnell wiederholen. Nach dem Erfolg des Gorilla *haben die Produzenten mir gleich vorgeschlagen, eine Fortsetzung zu drehen. Aber ich bin nicht James Bond und habe abgelehnt.*

Sie haben heute noch nicht begriffen, wieso. Mich in eine Persönlichkeit einschließen zu lassen, ein Etikett zu tragen, das war mir zu wenig!«

Und so spielte Lino Ventura nur ein einziges Mal den »Gorilla« *

Trotzdem gehörten wohl die meisten Filme, die ihm angeboten wurden in das Genre der Kriminal- oder Spionagefilme.

In der zweiten Hälfte des Jahres 1958 spielte er in drei Filmen des gleichen Kalibers mit: *Le fauve est lâché* (Das Raubtier rechnet ab) von Maurice Labro, *Sursis pour un vivant* (Guten Tag, ich bin Ihr Mörder) von Victor Merenda und *Douze heures d'horloge* (Ihr Verbrechen war Liebe/... auch Tote zahlen den vollen Preis) von Geza Radvanyi.

Diese Werke kennzeichneten in der Tat das Ende einer Epoche in Lino Venturas Filmographie. Die monolithischen Personen der »harten Männer«, die den Anfang seiner Karriere geprägt hatten, sollten

---

* *Der Gorilla* erfuhr dennoch eine kurze Fortsetzung im Kino. 1959 drehte Bernard Borderie *La valse du gorille*. Es fanden sich hier wieder die gleichen Drehbuchautoren und Charles Vanel in der Rolle des »Alten« zusammen. Ventura jedoch wurde durch Roger Hanin ersetzt. Dann erschien 1961 eine letzte Episode dieser Serie: *Le gorille a mordu l'archevêque*, mit Roger Hanin. Maurice Labro führte diesmal Regie. Zur Besetzung gehörten Pierre Dac und Jean Louis Poulain.

Rollen Platz machen, in denen der psychologische Background mehr und mehr entwickelt wurde. Er sollte von nun an Männer der Straße in komplexen und unerwarteten Situationen verkörpern, Gangster mit deutlich ausgedrückten Motivationen, in der Mehrzahl der Fälle mit einem ausgeprägten menschlichen Hintergrund.

Von dem Schläge verteilenden Brutalo ging er zu soliden, aber gestörten Männern über.

Das war besonders der Fall bei *Le fauve est lâché* (Das Raubtier rechnet ab), wo er einen Geheimagenten spielte, der nur wenig Neigung zeigt, wieder mit Muskelpaket-Action anzuknüpfen. Lino bewies damit, daß er kein zweiter Eddie Constantine »à la française« werden wollte, und visierte die Spuren Jean Gabins an, was den Kritikern sofort auffiel. Fünf Jahre nach *Touchez pas au grisbi* erntete Lino Ventura somit die Früchte seiner Arbeit. Sein Talent war anerkannt, sein Name stand für Qualität.

»Ich wäre unfähig, einen blutrünstigen Mörder zu spielen, einen vor Grausamkeit versteinerten mentalen Krüppel, einen Kindsmörder. Ich weiß: man sagt, ein Schauspieler muß alles können. Aber es gibt Filme, die bleiben sauber, bis in den tiefsten ›film noir‹ hinein: dort gelten trotz allem die Werte von Gut und Böse, und die Zuschauer lassen sich nicht täuschen.«

Welche Rolle er auch zu spielen hatte, Lino Ventura ging immer mit dem gleichen Professionalismus an sie heran, mit der gleichen Liebe zu guter handwerklicher Arbeit.

François Chaumette, sein Partner in *Le fauve est lâché*, erinnert sich:

Das Raubtier rechnet ab (1958).

»Ich erinnere mich noch genau... Ich hatte mit Lino unter sehr guten Umständen zu tun. Man spürte, daß Lino damals als Schauspieler stark im Kommen war und sehr professionell und ernsthaft an seine Arbeit heranging. Er gehörte zu denen, die im Studio nie Witze machten und wirklich tun, was von ihnen verlangt wird, nämlich einen Film auf ihren Schultern zu tragen.
Ich erinnere mich, daß wir ein Team waren, und alle verhielten sich wirklich solidarisch. Auch wenn wir nicht den Eindruck hatten, ein Meisterwerk zu vollbringen; auch wenn wir nicht glaubten, daß dies ein Film war, der in die Annalen der Filmgeschichte eingehen würde; wir drehten mit enormem professionellem Ernst.
Ich erinnere mich vor allem an eine Szene, die ich mit ihm drehte und die ziemlich lange an einem Bistrotisch spielt. Sie wurde kontinuierlich mit zwei Kameras gedreht, wie im Theater. Wir haben sie ein Dutzend Mal gemacht, und ich muß sagen, daß wir beide, Lino und ich, an jenem Tag einen herzlichen Kontakt hatten, weil wir wußten, daß wir ganz voneinander abhängig waren. Ich wußte, daß ich absolut von ihm abhing, und er wußte, daß er, wenn ich ihn hängen ließ, nichts dagegen tun konnte. Wir haben also mit gegenseitigem Verständnis und Sympathie gearbeitet.
Ich bewahre daran eine sehr gute Erinnerung.«

Indem Lino Ventura sich immer mehr von jenen »kolossalen« Rollen entfernte, die seine Anfänge gekennzeichnet hatten, näherte er sich durch sein Spiel unmerklich der Manier Jean Gabins. So notierten es zumindest verschiedene Kritiker:

»Durch seine Nüchternheit und seine Wirkung hat sein Spiel in bestimmten Momenten etwas von Jean Gabin.« (Jean de Baroncelli, »Le Monde«, über *Le fauve est lâché.*)
»Vor allem muß man Lino Ventura herausstellen, dessen Präsenz ein bißchen an Jean Gabin in seinen Filmen mit den schweren Jungs erinnert.« *

Dieser Vergleich störte Lino Ventura nicht übermäßig:
»Ich glaube, daß man irgendwo immer der ›Neue‹ ist. Ich weiß nicht warum, aber es ist halt so. Aber danach klappt es, das geht schnell vorbei. Überlegen Sie mal, es ist doch sehr schmeichelhaft, daß man mich mit Gabin vergleicht.«
Erstaunlicherweise stellte sich dieser Vergleich Gabin/Ventura als ziemlich langlebig heraus. Er tauchte nämlich einige Jahre lang immer wieder an verschiedenen Stellen der Karriere Venturas auf.
»Die Ähnlichkeit seines Spiels mit dem Gabins geht wohl nicht ganz auf sein Konto, da die Stichworte, die Michel Audiard ihm in den Mund legt, bereits, wenn ich so sagen darf, stark ›gabinisiert‹ sind.« — Jean de Baroncelli, »Le Monde«, 1962 über *Le bateau d'Emile* (Madeleine und der Seemann).
»Seine Nummer in Gabins Register erweist sich als beispielhaft.« — Gilbert Salachas, »Télérama«, über *Le bateau d'Emile.*
»Lino Ventura wäre besser, wenn er etwas weniger ›gabinisierte‹.« — Jean de Baroncelli, »Le Monde«,

---

* Georges Marescaux, »L'Humanité«, über *Douze heures d'horloge.*

1963, über *Tontons flingueurs* (Mein Onkel, der Gangster).
In all diesen Fällen bestätigte sich, daß Lino Ventura mit seinen Rollen seinen Stil geändert hatte.

Durch Julien Duvivier konnte Lino Ventura noch mehr Abstand zu seinen »Gorilla«-Typen bekommen.
Dieser Filmemacher hatte auf der Aktivseite seiner Schaffensbilanz eine ganze Reihe Filme, die es ihm gestattet hatten, über die meisten großen Namen

Marie-Octobre (1959) mit Danièle Darrieux und Paul Guers.

des französischen Films Regie zu führen. Er hatte die Erfolge *Le petit monde de Don Camillo* (Don Camillo und Peppone) und *Pot Bouille* (Immer, wenn das Licht ausgeht) hinter sich, als er *Marie Octobre* (Marie Octobre) inszenierte, die filmische Umsetzung eines Romans, der sich im wesentlichen in einer kleinen in sich geschlossenen Welt abspielte.

Um den Eindruck »verfilmten Theaters« zu vermeiden, was im Kino immer einschläfernd wirkt, blieben ihm nicht allzu viele Möglichkeiten: er mußte seine Darsteller geschickt auswählen. So engagierte er Danielle Darrieux, Bernard Blier, Paul Meurisse, Serge Reggiani, Paul Frankeur, Robert Dalban, Paul Guers, Noël Roquevert, Daniel Ivernel, Jeanne Fusier-Gir und, natürlich, Lino Ventura.

»*Marie Octobre* gehört zu den Filmen, an die ich mich gerne erinnere«, schrieb Paul Meurisse.

»Danielle Darrieux, Lino Ventura, Bernard Blier, Serge Reggiani gehörten zur Besetzung. Das war schon etwas. Wir spielten in allen, oder fast allen Szenen zusammen, jeder dann, wenn er an der Reihe war, im Beisein der anderen. Es war einschüchternd und stimulierend zugleich — ein Anreiz, sein Bestes zu geben.

Wenn dies das Ziel war, das Julien Duvivier erreichen wollte, so ist ihm das vollkommen gelungen.

Die Dreharbeiten waren sehr angenehm, und der Film hatte großen Erfolg. Diese beiden Dinge gehen nicht immer Hand in Hand. Das muß schon besonders hervorgehoben werden.« [*]

---

[*] Paul Meurisse, »Les éperons de la liberté«, Ed. Robert Laffont, 1979.

Da der Film chronologisch nach den Szenen im Drehbuch gedreht wurde, konnte sich Lino mit neuen Arbeitsmethoden vertraut machen, die denen im Theater ziemlich nahe kamen. Neben ihm spielten einige bühnenerfahrene Darsteller, von deren Ratschlägen er profitieren konnte.
Hätte ihn nicht der Gedanke gereizt, auf der Bühne zu stehen?
»Ich glaube nicht, daß ich für das Theater gemacht bin. Und im Augenblick beschränke ich mich aufs Kino. Ich fühle mich dort sehr wohl.
Ich betrachte mich nicht als ein Theaterschauspieler. Das Theater ist eine unbekannte Welt für mich. Ich glaube, es ist ein ganz anderes Metier als das Kino, ein richtiger Beruf, den man lernen muß.
Und irgendwie spielt auch ein bißchen eine große Trägheit eine Rolle. Mir geht es sehr gut da, wo ich jetzt bin, nämlich in einem Filmstudio, und ich habe keine Lust, mich auf einer Theaterbühne abzuquälen.
Freunde wie Paul Meurisse und Kritiker wie François Chalais haben mich oft bearbeitet, daß ich zum Theater gehen sollte. Sie wollten unbedingt, daß ich auf die Bretter steige... Wir werden sehen... Man darf nie ›nie‹ sagen. Vielleicht begegnet mir eines Tages eine Rolle, von der ich mich verführen lasse.«

»Eines bedaure ich«, sagte Françoise Fabian. »Aber davor hat er Angst... Ich bedaure, daß Lino nicht Theater spielt. Wenn er Theater spielen würde, so wäre das auf jeden Fall ein Ereignis, weil ich mir sicher bin, daß er es könnte... Aber wie viele Schauspieler, die mit dem Film begonnen haben, hat er Angst vor dem Theater, er hat Angst, im

Theater den Kredit aufs Spiel zu setzen, den er im Film hat. Ich finde das etwas schade, weil Lino auf der Bühne großartige Rollen bekäme. Ich bin sicher, wenn er es einmal versuchte, dann würde es ihm auch gefallen...

Nach *Marie Octobre* folgten zwei Kriminalfilme neuen Stils. In dem einen *(Un témoin dans la ville* [Der Mörder kam um Mitternacht] von Edouard Molinaro) verkörperte Lino Ventura einen verfolgten Mörder, in dem anderen *(125, rue Montmartre* [Tatort Paris] von Gilles Grangier) einen Zeitungsverkäufer, der Opfer dunkler Machenschaften wird.

Tatort Paris (1959).

Dann traf der Schauspieler zum ersten Mal mit Bourvil und Alain Delon anläßlich des Films *Chemin des écoliers* (Die Schüler) von Michel Boisrond zusammen.

Danach ein Wiedersehen als Gangster, aber einem Gangster, der am Ende des Rennens von all seinen Freunden verlassen wird, in *Classe tous risques* (Der Panther wird gehetzt), gedreht von einem Claude Sautet, der noch nicht mit Romy Schneider und Michel Piccoli gefilmt hatte.

Sautet hatte selbst noch keinen Spielfilm gemacht, jedoch eine lange Karriere als Regieassistent hinter sich, während der er insbesondere mit Lino Ventura hatte arbeiten können. Beinahe hätte er bei *Le fauve est lâché* Regie geführt, lehnte jedoch im letzten Moment ab.

»Eines Abends«, erklärte Sautet, »rief Lino mich an und sagte: ›Willst du nun einen Film drehen oder nicht?‹ ›Ich weiß nicht, es kommt darauf an.‹ ›Komm her, ich habe ein Buch für dich.‹ Ich bin zu ihm gegangen. ›Lies das heute nacht und sag mir morgen früh, ob ja oder nein.‹ Ich habe zwei Kapitel gelesen und ja gesagt! Es war *Classe tous risques*...«

Bei diesem Film lernte Lino Ventura Jean Paul Belmondo kennen.

Und Ventura war nicht wenig ausschlaggebend am Mitwirken des jungen Belmondo in diesem Film.

»Wie immer«, erzählte Sautet, »wollten die Produzenten bekannte Namen. Terzieff, Delon, Blain wurden genannt, aber entweder konnte ich sie mir nicht in dieser Rolle vorstellen, oder sie wollten die Rolle nicht übernehmen. Plötzlich erinnerte ich mich an einen Typen, den ich in einem Café in

Saint-Germain-des-Prés getroffen hatte, und den Jean-Marie Rivière mir vorgestellt hatte. Ich wußte nicht mehr, wie er hieß, aber ich erinnerte mich, ihn in *Les Tricheurs* (Die sich selbst betrügen) gesehen zu haben. Drei Wochen lang fragte ich alle möglichen Leute nach ihm, aber niemand wußte, wen ich meinte. Man muß dazu sagen, daß damals *A bout de souffle* (Außer Atem) noch nicht erschienen war. Erst als ich eines Tages mit Pascal Jardin an dem Drehbuch des Films arbeitete, sagte dieser zu mir: ›Das muß Belmondo sein!‹

Eine Stunde später war Paul da. Er war ziemlich schüchtern und zurückhaltend, blickte ein bißchen kurzsichtig drein, und was mich damals vor allem überraschte, war seine kleine, schmale Gestalt und

Der Mörder kam um Mitternacht (1959) von Edouard Molinaro.

seine Einfachheit. Er las das Buch und war sofort einverstanden. Nur die Produzenten waren es nicht! Einer der Produzenten sagte zu mir: ›Nimm ihn nicht, der bringt es nicht.‹ Sogar mein eigener Agent versicherte mir: ›Du hast ein gutes Sujet, aber wenn du Belmondo nimmst, ist das der Fehler des Films.‹ Der Druck war so groß, daß ich zu zweifeln begann und mich fragte, ob er nicht tatsächlich zu jung und unerfahren sei... Schließlich habe ich in Boulogne ein Treffen mit Jean-Paul und Lino organisiert, um seine Meinung zu erfahren. Als wir uns ein paar Minuten unterhalten hatten, sagte er zu mir: ›Er ist großartig. Nimm ihn!‹ Und so ist es also zum Großteil Venturas Verdienst, daß ich Jean-Paul für den Film engagiert habe.«
Denn Lino Ventura hatte die großen Qualitäten Jean-Paul Belmondos sofort gesehen.
»Wenn man, wie ich, viel Sport macht, fällt einem etwas auf: ob in einer Halle, einem Stadion oder anderswo, wie ein Typ auf ein Fahrrad steigt oder eine Kugel stößt, man merkt sofort, ob er das gewisse Etwas hat, das ihn zu einem Rennpferd macht. Nun, und Jean-Paul war eins.«
»Kaum fingen wir zusammen zu drehen an«, erinnert sich Jean-Paul Belmondo, »als wir auch schon Freunde waren. Bei den Dreharbeiten sind wir Kumpel geworden. Wir drehten in Nizza und waren praktisch immer zusammen. Ich habe einen großartigen Mann kennengelernt... Ich kannte ihn damals, so wie alle ihn kannten, vom *Le Gorille*, und er war sehr populär. Aber trotz dieser Popularität war ich überrascht, weil er allen gegenüber so unkompliziert war. Es war eine Lust für jeden Schauspieler, mit ihm zu spielen.«

An *Classe tous risques* lag Lino Ventura besonders. Nie zuvor hatte er sich so sehr in einen Film eingebracht. Er war bei der Geburt des Projekts seit der Lektüre des Buches von Giovanni mit dabei gewesen und hatte Sautet veranlaßt, die Regie zu übernehmen.
Es war jedoch weder ein klassischer Kriminalfilm noch ein leicht zu interpretierender Film.
»Die Person des Abel«, erklärte Sautet, »befindet sich im Zustand des Verfalls. Und in bestimmten Momenten fiel es Lino schwer, einzusehen, daß er zum Beispiel keinen Wutanfall kriegen durfte, sondern ruhig sein mußte.«
Leider hatte *Classe tous risques* trotz seiner zahlreichen Qualitäten bei der Erstaufführung 1960 keinen Erfolg.
»Als der Film herauskam«, bestätigte Sautet, »ist er überhaupt nicht gegangen, und Lino machte sich deswegen Vorwürfe. Da er einer der Urheber des Projektes war, war er sehr verletzt, weil der Film nicht gleich Erfolg hatte. Später nahm er es sich dann zur Lehre: er wollte keine Filme mehr machen, in denen die Helden auf dem absteigenden Ast sind.«
Classe tous risques wurde 1962 bei einer neuen Verleihung in den Kinos zu einem der »großen Klassiker« des Kriminalfilms.
»Dieser Film hat die Perspektiven des Kriminalfilms verändert. Er wurde von einem hochbegabten Cineasten gedreht, von Claude Sautet. Der Angriff auf die beiden Kassierer zu Beginn des Films wurde morgens um neun Uhr mitten auf der Straße in Mailand gedreht, ohne daß jemand etwas davon wußte. Die Kameras waren in der Nacht versteckt aufge-

Der Panther wird gehetzt (1959) von Claude Sautet.

baut worden. Ein Pfarrer bekam sogar einen Herzanfall! Wir waren in der Panik dabei, der totalen Panik im ganzen Viertel: Busse und Straßenbahnen hielten, und ich lief sofort in ein Café, in dem man gleich die Tür hinter mir verrammelt hat, weil ich Angst hatte, gelyncht zu werden! Die Leute glaubten, daß auch ein Polizist in Zivil in der Menge sei und schießen würde!«

Anfang der sechziger Jahre spielte Lino Ventura hauptsächlich in großen Produktionen, wo er ein

Star unter anderen war, oder in italienischen Filmen.

So sahen ihn die Zuschauer in *Herrin der Welt* von William Dieterle, *La fille dans la vitrine* (Mädchen in Schaufenstern) von Luciano Emmer, *Il Re di Poggioreale* (in Deutschland nicht gelaufen) von Duilio Coletti, *Les petits matins* (Wir bitten zu Bett) von Jacqueline Audry, *Il Giudizio Universale* (Das Jüngste Gericht findet nicht statt) von Vittorio de Sica, *Le diable et les dix commandements* (Der Teufel und die Zehn Gebote) von Julien Duvivier, *Die Dreigroschenoper* von Wolfgang Staudte und *Carmen 63* (in Deutschland nicht gelaufen) von Carmine Gallone.

Mädchen in Schaufenstern (1960) mit Magali Noël.

Im Laufe der Zeit fügte er seiner langen Galerie von Charakteren neue Archetypen von »Bösewichten« hinzu. So verkörperte er in *Le diable et les dix commandements* einen Gauner, der mit Mord, Drogenhandel und Prostitution Verheerungen anrichtet und im Text als »Maschinerie des Bösen« beschrieben wird! Im übrigen tötete er einen Mann, der ihn von hinten herausfordern wollte...
In der *Dreigroschenoper* dagegen war er ein Polizist in der Uniform der Jahrhundertwende, mit drei schweren Medaillen auf der linken Brust, glänzenden Epauletten, einem für ihn fast zu kleinen

Mädchen in Schaufenstern. (1960)

Helm, mit dichtem, dunklem Schnurrbart und einem schwarzen Monokel. Des weiteren trug er eine derart inquisitorische Miene zur Schau, daß man hätte vergessen können, daß er neben vielen Kollegen in dieser Komödie brillierte...
Einige dieser Filme waren jedoch weit davon entfernt, in das Pantheon filmischer Meisterwerke einzugehen.
»*Wenn ich etwas mache, dann, weil ich davon überzeugt bin, daß es gut ist. Ich habe mich manchmal geirrt, aber ich habe wenigstens das Vergnügen, mich in aller Ruhe vor dem Spiegel rasieren zu können, weil ich bei meinem Job nur mit mir selbst abrechnen muß.*«

Madeleine und der Seemann (1961) mit Annie Girardot.

Der Clan der Unbeugsamen

Außer den unterschiedlichsten Produktionen, an denen Lino Ventura in den sechziger Jahren mitgewirkt hatte, wußte er sich in dieser Zeit auch starke Rollen in erfolgreichen Filmen auszusuchen. Dazu gehörten zum Beispiel *Les lions sont lâchés* (Vor Salonlöwen wird gewarnt) von Henri Verneuil, *Le bateau d'Emile* (Madeleine und der Seemann) von Denys de la Patellière und vor allen Dingen *Un taxi pour Tobrouk* (Taxi nach Tobruk), ebenfalls von Denys de la Patellière.
Diese drei Filme, mit denen es Ventura gelang, ein ganz neues Publikum zu gewinnen und zu einem der meistgeschätzten Schauspieler zu werden, hatten einen wesentlichen Punkt gemeinsam: die Dialoge stammten von Michel Audiard.
Letzterer schrieb virtuos, aber für einen Schauspieler war es nicht immer einfach, seine Stichworte vor der Kamera gut wiederzugeben. Lino Ventura ließ sich sofort auf diese Dialoge ein. Er nahm ihnen nichts von ihrer Frische und wurde eines der besten »Sprachrohre« Audiards, ebenso wie Jean-Paul Belmondo, Bernard Blier und André Pousse.
Einige von Audiard ausgebrüteten Repliken wurden zu echten »Zitaten«, wie die folgenden Passagen aus *Un taxi pour Tobrouk:*

— Zwei sitzende Intellektuelle gehen nicht so weit wie ein laufender Dummkopf!
— Wenn man so bekloppt ist wie du, dann sollte man sich ein Schild umhängen!
— Ich denke nicht zurück, das überlasse ich den Krebsen!
— Kratzen Sie an einem Boxer, und ein Philosoph kommt zum Vorschein.
— Im Krankenhause nennt man so jemanden einen Paranoiker, bei den Soldaten: einen Brigadier!
— Im Krieg müßte man die Leute umbringen, ehe man sie kennenlernt.

In der Tat hat sich Lino Ventura bereits mit seinen ersten Filmen für Audiards Schwung geformt. Damals zeichneten für die Dialoge Auguste Le Breton oder Albert Simonin, aber sie flossen aus der gleichen Ader wie jene des berühmten Drehbuchautors.

»Audiard und Simonin leisteten einen wohltuenden Beitrag zum (Kriminal-) Genre«, schrieb ein Kritiker dazu. »Man denke zum Beispiel nur an *Les tontons flingueurs* (Mein Onkel, der Gangster) oder an ein etwas verkanntes Werk wie *La métamorphose des cloportes* (Ganoven rechnen ab) mit seiner Galerie lächerlicher und gemeiner Personen. Die meisten dieser Filme sprechen eine präzise Sprache, die seinerzeit einer bestimmten Realität entsprach, einer Art des Ausdrucks, einer Verhaltensweise. Sicher, in schlechten Zeiten grenzten jene Filme an Poujadismus. Vor allem kann man ihnen vorwerfen, daß sie sich auf ein einziges Milieu beschränken, beinahe ohne überhaupt zu versuchen, den Themenkreis zu erweitern und zu politischen Lösungen überzugehen. Aber ihr Kassenerfolg gibt uns

Mein Onkel, der Gangster (1963) mit Bernard Blier.

immerhin eine Art Röntgenbild von diesem Teil Frankreichs.« *
Ventura und Audiard wurden Freunde. Sie arbeiteten sehr oft zusammen, in Filmen, die insgesamt sehr viel differenzierter waren, als es beim ersten Überfliegen den Anschein hat.
»Michel kannte mich unheimlich gut. Jedes Mal fand er etwas anderes, das genau meinem Charak-

---

* Bernard Tavernier, »Les Cahiers de la Cinémathèque«.

ter, meiner Art, die Dinge zu sagen, meiner Art, sie zu interpretieren entsprach. Es muß für einen Schriftsteller sehr schwierig sein, für jemanden zu schreiben, den er nicht gut kennt. Nun, Michel wußte sehr gut, wie er mich manche Dinge sagen lassen mußte. Er wußte genau, daß ich manches nicht gesagt oder zumindest nicht so getan hätte.

Es gab immer Diskussionen zwischen uns, aber Diskussionen sind notwendig. Es gab nie Probleme, nie einen Bruch zwischen uns, niemals Ärger oder schlechte Laune, nichts dergleichen. Manchmal machte ich ihm vielleicht das Leben schwer durch meine Ansprüche, aber das geschah immer auf eine sehr freundschaftliche Weise.

Ich glaube, er hatte den Mut zu sagen, was alle insgeheim dachten. Nur sagte er es mit seinem Geist, seiner Brillanz. Er war nie gehässig.

Aber glauben Sie nur nicht, daß er einfach aus dem Leben geschöpft hätte, das ist nicht wahr. Sagen wir, er ließ alles durch seinen Filter fließen. Denn es ist immer dasselbe: Kunst ist, den Eindruck von Leichtigkeit zu erwecken. Viele wollen ihn nachahmen, und das bis heute...

Wovon niemand spricht und was nur wenige wissen, ist, daß Michel über eine immense Bildung auf dem Gebiet der französischen Literatur vefügte. Und seine Bescheidenheit ehrt ihn, denn er hängte sie nie an die große Glocke.

Taxi nach Tobruk (1961) von Denys de la Patellière.

Sogar in den entspanntesten Augenblicken, in den Witzen die er erzählte, war Michel Audiard meiner Meinung nach in keiner Sekunde vulgär, und das ist nicht einfach!«

Unterstützt durch die Dialoge von Michel Audiard und die Präsenz von Schauspielern wie Lino Ventura, Charles Aznavour und Maurice Biraud, konnte ein Film wie *Un taxi pour Tobrouk* beträchtlichen Erfolg erzielen. Im Jahr seines Erscheinens (1961) belegte er in Frankreich den dritten Platz in der Kino-Hitliste hinter »Les canons de Navarone« *(The guns of Navarone*/Die Kanonen von Navarone) von Jack Lee Thompson und *La belle américaine* (Tolle Amerikaner) von Robert Dhéry.
Nichtsdestotrotz hatte Lino Ventura zuerst einige Vorbehalte gegen diesen Film.
»Für Lino empfinde ich deswegen mehr als Sympathie, ja Freundschaft«, erklärte Charles Aznavour, »weil er Kriterien entspricht, die ich sehr mag: er ist diskret, er besitzt Zartgefühl, und er ist grundanständig. Ich werde Ihnen ein Beispiel für diese Anständigkeit geben.
Sie wissen ja, daß die Leute niemals einen Schritt zurück machen; sie geben nicht zu, daß sie sich geirrt haben. Nun, Lino gibt es zu. Er gibt es zwar brummig zu, weil das eben seine Art ist, aber er gibt es zu... So hat er *Un taxi pour Tobrouk* nicht angesehen. Er ging nicht hinein, er war dagegen, er dachte, der Film sei nicht so geworden, wie er es sich vorgestellt hatte. Und fünf Jahre später habe ich ihn mir geschnappt! Er kam zu uns zum Essen, und ich sagte zu ihm: ›Jetzt sehen wir uns den Film an.‹ Wir haben uns also den Film ange-

100 000 Dollar in der Sonne (1964) von Henri Verneuil.

schaut, und als er ging, war er sehr berührt. Er sagte zu mir: ›Es ist trotzdem ein guter Film!‹ Ich erwiderte: ›Siehst du, wie blöd du bist — erst wolltest du den Film nicht sehen, aber jetzt gibst du zu, daß er gut ist!‹ Und dann, zu guter Letzt, hat er mich eines Abends angerufen und gesagt: ›Ich habe gestern *Un taxi pour Tobrouk* im Fernsehen gesehen, und er ist überhaupt nicht alt geworden!‹...
Und das ist etwas sehr Seltenes in unserem Metier und im Leben ganz allgemein. Die Leute gestehen selten einen Irrtum ein...«

Die Dreigroschenoper (1962) von Wolfgang Staudte.

Während der ganzen ersten Hälfte der sechziger Jahre fügten Ventura und Audiard ihrer Filmographie schöne Erfolge hinzu: *Les tontons flingueurs* (Mein Onkel, der Gangster), *Cent mille dollars au soleil* (100 000 Dollar in der Sonne), *Les barbouzes* (Mordrezepte der Barbouzes), *Ne nous fâchons pas* (Nimm's leicht — nimm Dynamit) und *La métamorphose des cloportes* (Ganoven rechnen ab).

Über die Dreharbeiten zu *Cent mille dollars au soleil* mit Jean-Paul Belmondo war er hochzufrieden.

»Die letzte Einstellung des Films zeigt, wie Lino und Jean-Paul bei einer Prügelei in den Swimming-

Pool fallen«, erklärte Regisseur Verneuil. »Ich stand oben drüber, auf einer Hebebühne. Wir haben die Szene vierzehnmal gedreht! Und sie haben es mit einer wahren Engelsgeduld vierzehnmal wiederholt. Und dann habe ich gesagt: ›Schnitt! Die ist gut.‹ Als ich runterkam, nahmen sie mich am Schwimmbad beiseite und fragten: ›Jetzt sag aber mal, was hat nicht gestimmt?‹ Gerade, als ich ihnen erklären wollte, woran es gelegen hatte, fühlte ich mich hochgehoben und ins Schwimmbad geworfen. So haben wir *Cent mille dollars au soleil* beendet!«

Dank dieser Filme schlug Lino Ventura erfolgreich den Weg der Parodie ein, zu deren Hauptvertretern

Ganoven rechnen ab (1965) von Pierre Granier-Deferre.

der Regisseur Georges Lautner zählte. Er etablierte sich im eng begrenzten Clan der Stars sowohl in der Kategorie »Drama« als auch in der Kategorie »Komödie«.

»Für mich ist Lino einer jener Menschen, deren Gedanken man nie einfach so erraten kann«, erklärte Pierre Granier-Deferre bei der Erstaufführung von *La métamorphose des cloportes*. Außerdem hat er einen brummigen Zug. Aber wenn er sich zu einem Lächeln durchringt, das ist wunderbar... Ventura ist unwahrscheinlich begabt, was Komödien betrifft. Seine geringsten Gesten scheinen — selbst wenn er sie zum ersten Mal macht — echt zu sein.«

Seinen Humor behielt Lino selbst in den »delikatesten« Szenen:

»Ich habe mit ihm Liebesszenen gedreht, in denen ich nackt in einem Bett lag und er angezogen war«, berichtete Mireille Darc nach dem Tod des Schauspielers. »Und wir mußten manchmal wie verrückt lachen in diesen Augenblicken, es war furchtbar. Gerade weil er immer so zurückwich, als wolle er sagen: ›Aber so etwas kann man doch nicht machen!‹

Bei Dreharbeiten war er immer absolut geistesgegenwärtig. Er war da, verstand seine Kollegen. Er nahm immer alles an, reagierte auf alles, was man machte. Und er konnte sich auch ganz schön aufregen. Von Zeit zu Zeit bekam er fürchterliche Wutanfälle, aber das gehörte eben zu Lino.«

Der Humor paßte ebenso zu ihm wie die Gewalt, von der er bei seinem Debut Zeugnis ablegen mußte. Aber das Publikum faszinierte er am meisten, wenn er den »großen harten Mann« mimte

Cordoba (1962) von Carlos Saura.

und voll verhaltener Wut die Stichworte Audiard'schen Grolls herausschleuderte.
So wie in »Mein Onkel, der Gangster«:
— Patricia, Kleines, ich möchte dir nicht altmodisch und schon gar nicht grob erscheinen — der Mann aus la Pampa ist zwar manchmal rauh, bleibt jedoch immer höflich — aber die Wahrheit zwingt mich, dir zu sagen: dein Antoine fängt an, mir auf die Nerven zu gehen!

1963 wirkte Lino Ventura in dem verkanntesten und irreführendsten Film seiner ganzen Karriere mit: *Llanto por un bandito* (Cordoba).

Unter der Regie von Carlos Saura erzählte er die Geschichte von Revolutionären im Andalusien des 19. Jahrhunderts. Lino hatte darin nur eine ziemlich kurze Rolle (er verschwand nach zwanzig Filmminuten), aber was für eine Rolle! Er trug riesige Schmachtlocken und eine Kopfbedeckung, die gleichzeitig eine Mischung aus Hut, Baskenmütze und Jakobinermütze war; der Schauspieler triefte vor selten erlebter Bosheit, gepaart mit beträchtli-

Mordrezepte der Barbouzes (1964) mit Mireille Darc.

cher Gemeinheit. Kurz, er symbolisierte »den Bösen« in all seinem Glanz!
Sein Tod blieb zudem einer der starken Punkte dieses Films. In der Tat war das Duell, das ihn dem Schauspieler Francisco Rabal gegenüberstellte, von besonderem Tenor: die beiden Männer standen bis zum Oberkörper eingegraben Auge in Auge einander gegenüber. In weniger als zwei Meter Abstand hieben sie mit Stöcken aufeinander ein wie Marionetten in einem blutrünstigen Kaspertheater.
Nota bene: *Llanto por un bandito* war keine Komödie, wirklich nicht!

In den sechziger Jahren wurde Lino Ventura zu dem, was man einen »großen Star« nennt. Seine Leistungen auf Breitwand zogen systematisch ein breites Publikum an. Zudem ließ er sich nicht auf die brillanten Komödien von Lautner-Audiard beschränken, sondern wirkte in den »härtesten« Dramen mit.
So spielte er nach *Les barbouzes* (Mordrezepte der Barbouzes) in *L'arme à gauche* (Schieß, solange du kannst) und nach *La métamorphose des cloportes* (Ganoven rechnen ab) in *Les grandes gueules* (Die großen Schnauzen/Einer bleibt auf der Strecke).
L'arme à gauche war sein zweiter Film mit Claude Sautet.
»Als Lino Ventura das Drehbuch las«, berichtete Sautet, »stellte er sich Fragen nach der Persönlichkeit seiner Figur. Wer war er? Warum handelte er so? Ich antwortete ihm, daß ich es nicht genau wüßte, aber daß er einen Anker mehr als fünfzig Meter weit unter Wasser zu tragen hätte, und daß es, wie man so schön sagt, einfach sein mußte! ...

Schieß, solange du kannst (1965) von Claude Sautet.

Ich glaube, daß das, was Linos Charme ausmachte, ein gewisser Ernst war, der ihm eigen war. Es war die außerordentlich mächtige körperliche Beschaffenheit, die etwas Ernstes und Sanftes zugleich in sich barg.«
Im Unterschied zu vielen seiner früheren Rollen führte Lino Ventura in *L'arme à gauche* nie die Handlung, er ließ sie über sich ergehen!
Les grandes gueules profitierte, was Ventura betraf, vor allem von der Mitarbeit José Giovannis, des Drehbuchautors von *Classe tous risques* (Der Panther wird gehetzt).

Seit jenem Film hatte sich zwischen Giovanni und Ventura eine großartige Freundschaft entwickelt. Da sie beide den gleichen Geschmack an menschlichen Abenteuern, d. h. Abenteuern von Individualisten, fanden, hatten sie über Jahre hinweg nie aufgehört, Erinnerungen auszutauschen, ihre Wünsche und somit ihren Ehrgeiz zu verschmelzen. Sie wurden so vertraut, daß sie gemeinsame Projekte ausarbeiteten.
1962 hatte Giovanni bereits sechs Romane veröffentlicht (die alle als Basis für Filme dienten). Da legte er seinem Freund ein Manuskript vor, das

Der Teufel und die zehn Gebote (1962)
mit Charles Aznavour.

von Holzfällern handelte, einem Beruf, den er selbst einmal ausgeübt hatte. Lino Ventura war buchstäblich hingerissen und riet dem Schriftsteller, das, was damals noch eine reine Novelle war, in ein Drehbuch umzuwandeln. Und so geschah es.

Leider fand dieses zweifellos etwas zu innovatorische Projekt keinen Produzenten. Giovanni überarbeitete sein Geschriebenes noch einmal und machte daraus ein Buch, das 1962 unter dem Titel »Le Haut Fer« erschien.

Mit dem Buch unter dem Arm machte Ventura sich erneut auf, um einen Produzenten zu gewinnen. In drei Jahren hatte er noch mehr Gewicht erlangt und Erfolge gesammelt. Sein Urteil war gut, sein Talent auch, man konnte ihm vertrauen.

Das Projekt wurde ausgearbeitet. Nachdem lange Zeit die Namen Jean Becker und Claude Sautet gehandelt wurden, entschied man sich schließlich für Robert Enrico als Regisseur. *Les grandes gueules* wurde sein erster Spielfilm.

Als Darsteller nahm man Ventura — wen sonst? — und erstaunlicherweise Bourvil.

»Der Gedanke, Bourvil zu nehmen, war verführerisch«, gab Enrico zu. »Ein Abenteurer hat nicht immer die Schnauze von John Wayne! Er hatte gerade *Corniaud* (Scharfe Sachen für Monsieur/Louis, das Schlitzohr) gemacht, und er war begeistert, endlich eine harte Rolle, einen starken Mann spielen zu können.

»Bei Lino war es beinahe umgekehrt. Von ihm wurde Sanftheit verlangt: ein Charakter, der im Grunde sehr dem ähnelte, was er in Wirklichkeit war: männlich, natürlich, aber sensibel, komisch,

charmant, kein Klotz vom Geheimdienst! Und dann Marie Dubois, ganz blond, ganz frisch, mit ihr konnten wir die traditionelle Ordnung etwas verändern. Wenn man Lino mit einer atemberaubenden Puppe sieht, dann immer nur ›hinterher‹. Es war immer schon vorbei. Er mußte sich erklären und wußte nicht wie, er fand keine Worte, Lino eingeschüchtert, empfindsam, Lino schüchtern, Bourvil hart, Natur überall und die Sträflinge gegen die Dörfler, kurz, es hieß, ich sei verrückt! ...
Als wir *Les grandes gueules* drehten, regnete es in Strömen, und wir flüchteten uns in die Baracken

Wir bitten zu Bett (1962) von Jaqueline Audry.

der Holzfäller. Wir organisierten Spiele, damit die Leute ruhig und bei Laune blieben. Und schließlich fand Lino eine Beschäftigung: die Lokomotive lief nicht mehr, weil sie zu feucht war. Und er wurde zum Mechaniker für die Lok, die die Holzstämme zog. Er ließ sie jeden Morgen laufen. Sein Dienstplan begann nicht mit dem Schminken, sondern eine Stunde vorher, um die Lokomotive in Gang zu bringen!...

Abends fuhren wir ins Hotel zurück, da war der Teufel los: der Produzent raufte sich die Haare, weil wir in Verzug geraten würden, und Lino gab es ihm zurück und machte ein ganz schönes Tamtam mit Gläsern und Flaschen!«

Trotz seiner sanften Szenen, war *Les grandes gueules,* wie schon der Titel sagt, ein Männerfilm. Mehr noch: ein ›men in action‹-Film. Manche Szenen stellten die Schauspieler auf eine harte Probe, und Lino Ventura war zuerst überrascht, den stillen Bourvil derartige ›Faustschläge‹ austeilen zu sehen:

»Ich hatte nicht geglaubt, daß er so stark ist! Ich habe den Film humpelnd zu Ende gedreht. Er tat nicht nur so, als ob — er hat mich wirklich gewaltig zu Boden geschickt: dabei habe ich mir den Knöchel verstaucht.«

Worauf Bourvil erwiderte:

»Darum brauche ich ihn nicht zu beneiden. Ich habe noch die Spuren eines Schlags am Ohr, den er mir verpaßt hat. Aber wir sind uns nicht böse: Prügel festigen die Freundschaft!«

Nach *Les grandes gueules* Rückkehr zur Komödie mit *Ne nous fâchons pas* (Nimm's leicht — nimm Dynamit). Linos Partner war hier ein Schauspieler, der schon in *Les grandes gueules* mitgewirkt hatte: Michel Constantin.

»Wir sind in etwa den gleichen Weg gegangen«, erklärte Constantin, »er kam vom Ringen und ich vom Volleyball. Ich kannte ihn übrigens schon als Ringer, in ›L'Equipe‹ machte ich oft die Reportagen über diese Disziplin fertig. Lino war ein bemerkenswerter Kämpfer.«

In *Ne nous fâchons pas* ließ sich Michel Audiard von einem Erlebnis Lino Venturas zu einer komischen Szene inspirieren. Im Film wird Lino Ventura

Nimm's leicht — nimm Dynamit (1965).

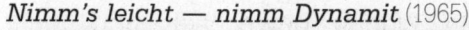

als jähzorniger Autofahrer von einem ungläubigen Kommissar verhört, weil er gegen drei Leute handgreiflich wurde.

— Ich fuhr ganz ruhig und gemütlich auf meiner rechten Spur, da kommt dieser Mann, überfährt das Stopschild und haut mir eine runter. Ich mache höflich auf den Verstoß aufmerksam, ich steige aus, als dieser Irre mir einen ganzen Haufen Schimpfwörter an den Kopf wirft, die ich Ihnen gar nicht zu wiederholen wage, Herr Kommissar. Gut, ich hätte ihn vielleicht nicht an seinem Schlips in mein Kabrio ziehen sollen, aber das war auch alles, Herr Kommissar.

— Und dabei haben Sie ihm die Kopfhaut aufgerissen und die Augenbrauen aufgeschlitzt?

— Ich hatte den Wagen gewechselt und nicht mehr dran gedacht, daß ich ja gar nicht mehr im Cabrio saß!

— Und die beiden anderen, die Zeugen?

— Aber die haben mich doch brutal genannt, Herr Kommissar!

»Ich komme mit Lino und seiner Frau zur Place Saint-Germain-des-Prés«, erzählte Michel Audiard. »Zwei Typen wollen auf ein und denselben Parkplatz fahren und schnauzen sich gegenseitig an. Lino will sie beruhigen. Als einer der beiden Typen ihm eine runterhauen will, weicht Lino aus, aber seine Pfeife kriegt einen Schlag ab und fällt zu Boden. Während Lino sich bückt, um sie aufzuheben, beginnt der Idiot, seine Frau zu beschimpfen. Da wurde Papa Lino aber sauer! Und zum ersten Mal in meinem Leben habe ich einen Burschen wie eine Dampflock schnaufend um die Place Saint-Germain-des-Prés rennen sehen!«

Die Haut des anderen (1966) mit Jean Servais.

In *Avec la peau des autres* (Die Haut des anderen), der anschließend gedreht wurde, begegnen wir Lino Ventura wieder als hartem Helden, vollkommen in sich verschlossen, hart wie Granit und ohne das geringste Quentchen Humor. Der unmißverständliche Blick war an die Stelle des warmen Lächelns getreten...

1965 begegnet Lino Ventura Jean-Pierre Melville.
»*Jean-Pierre, das ist etwas ganz anderes, ich würde ihn beinahe abseits von den anderen sehen, mit seinem eigenen Universum, jener unbändigen Liebe, die er zu ›seinem‹ Film und übrigens auch zum Kino allgemein hatte.*
Wenn man mit Jean-Pierre Melville arbeitet, betritt man ein ganz eigenartiges Universum. Jean-Pierre war ein Vogel der Nacht. Er liebte es, die Nacht zu erleben. Der amerikanische Film hatte ihn total geprägt, er vereinnahmte dich sofort mit Haut und Haaren. Es lag ihm viel daran, einen die ganze Zeit über um sich zu haben.«
Aus dieser Begegnung entstand *Le deuxième souffle* (Der zweite Atem), nach einem Drehbuch von José Giovanni.
»*José ist ein Junge, mit dem ich viel zusammengearbeitet habe. Wir sind ein langes Stück Wegs gemeinsam gegangen. Ein Schriftsteller wie er gehört zu einer bestimmten Welt; niemand kann besser als er von dieser Welt erzählen. Seine Personen haben alle einen gemeinsamen Nenner. Zudem ist* Le deuxième souffle *eine wahre Geschichte, die José aufgeschrieben hat; die Geschichte von ›Gu‹, Gustave Minda, einem Gangster, der als Gefahr für die Öffentlichkeit betrachtet wurde, aus dem*

Gefängnis ausbricht und einen großen Coup organisiert. Was mich daran interessierte, war, den Mythos um diese Gangster zu zerstören. Es liegt mir nicht daran, die Geschichte eines Killers zu drehen. In diesen Filmen gab es menschliche Probleme; José hat einen sehr persönlichen Stil, wie man ihn von Malern her kennt.
José kennt mich sehr gut und sehr lange. Wir sind wie Brüder. Wir haben zusammen mit Classe tous risques *angefangen, und dieser Film des Leidens hat die Mannschaft ganz schön zusammengeschweißt. Seither haben wir uns nie aus den Augen verloren. Er hat viel für mich gearbeitet, und wir sind ein ganzes Stück Wegs zusammen gegangen.«*

Obwohl erst Mitte der sechziger Jahre gedreht, war die Idee zu *Le deuxième souffle* bereits lange zuvor in Melvilles Kopf gekeimt.

»Ich sollte diesen Film mit dem Produzenten von *L'aîné des Ferchaux*« (Millionen eines Gehetzten) machen«, erklärte der Filmemacher. »Serge Reggiani war Gu; Simone Signoret — Manouche; Lino Ventura — Blot; Roger Hanin — Jo Ricci; Georges Marchal — Orloff; Raymond Pellegrin — Paul Ricci... Alle Verträge waren unterzeichnet, aber die Sache fiel ins Wasser. Ich habe deswegen sogar mit Gott und der Welt prozessiert. Das war eine sehr komplizierte Geschichte...«

Aber Melville hielt an seinem Film fest, selbst als schon andere Regisseure sich dafür interessierten, wie Denys de la Patellière, der die Rolle des Gu mit Jean Gabin und Kommissar Blot mit Lino Ventura besetzen wollte.

Schließlich gelang es Melville doch, *Le deuxième souffle* auf die Beine zu stellen. Er behielt mehrere

Der zweite Atem (1966) von Jean-Pierre Melville.

Darsteller aus seinem ursprünglichen Projekt bei, bat jedoch Ventura, entgegen aller Erwartungen, nicht mehr den Bullen sondern den Gangster zu spielen: Gu.

Er spielte ihn großartig, brachte die tragische, pathetische und menschliche Seite dieses gefährlichen Verbrechers vorzüglich heraus.

Nur hatte der echte Gu — ein aus dem Gefängnis entflohener Vorbestrafter — ganz und gar nicht seine Figur.

»Ich glaube, daß ich in *Le deuxième souffle,* obwohl ich ein persönlicher Freund des alten Gu war, sein Aussehen niemals vollständig beschrieben habe«, stellte José Giovanni fest. »Daher gibt es Leute, die sich ihn groß, stark und all so was vorstellen. In Wahrheit ähnelte Gu mehr Pierre Fresnay denn Lino Ventura. Er hatte die blasse Erscheinung eines Kleinbürgers.«

Mit *Le deuxième souffle* fügte Lino Ventura somit seiner Personengalerie ein neues Gangsterportrait hinzu.
»Die Leute sagten zu mir: ›Sie spielen gute Verbrecher!‹ Ja, okay, aber ich bin kein Gangster, ich war nie ein Gangster! Ich habe niemals einen Menschen getötet und werde wahrscheinlich niemals jemanden umbringen. Zumindest hoffe ich das! Damit will ich sagen, daß ich einen Horror vor Waffen habe, vor dem Töten, ich bin kein Jäger, ich könnte kein Kaninchen umbringen! Aber in den Gangsterthemen, die ich gedreht habe, die ich akzeptiert habe und die mir gefallen haben, habe ich menschliche Probleme gefunden.
Nichts stört mich mehr als die Eigenschaften von ›Übermenschen‹. Wenn ich in einer Zeitung lese, daß ich, wenn ich einen Schrank aufmache, gleich die ganze Tür in der Hand habe, dann kommt mir das falsch, lächerlich und uninteressant zugleich vor!«

War *Le deuxième souffle* das konkrete Ergebnis der Begegnung Melville-Vetura, so konkretisierte sich die Begegnung Delon-Ventura durch *Les Aventuriers* (Die Abenteurer) unter der Regie von Robert Enrico.
»Wir versuchten, aus Delon einen etwas verrücktzärtlichen Charakter zu machen«, erklärte der Filmemacher. »Wir versuchten Ventura italienischer als in Wirklichkeit und weniger monolithisch als

gewöhnlich zu machen. Wir wollten eine starke, feste Freundschaft zwischen den beiden erzählen, ohne Kleinlichkeit und Schund, und wir haben eine dritte Person eingeführt, an der mir sehr lag: eine Frau.«

»Ventura und Delon hätten es sicher vorgezogen, dieses Abenteuer mit noch einem Mann zu bestehen«, meint der Drehbuchschreiber Pierre Pelegri, »weil für sie ein ›Männerfilm‹ ein Film ohne Frauen ist. Enrico hat bewiesen, daß man einen Männer-

Die Abenteurer (1967) mit Alain Delon.

film mit einer Frau machen kann. Delon war ziemlich gegen das Drehbuch eingenommen, aber nachdem er die ersten Schnitte des Films gesehen hat, hat er die Waffen gestreckt.«
»Wir brauchten keine Worte, um einander zu verstehen«, sagt Delon über seinen Partner und Freund. »Wir stammen aus demselben Guß. Wir waren Kinder der Straße. Er aus der Vorstadt von Parma, ich aus Paris. Alle beide Autodidakten. Beide Zufallskomödianten.«
Für Lino Ventura markierte *Les Aventuriers* eine beinahe entscheidende Etappe. Er schlüpfte nicht nur in die Haut eines eigens für ihn geschriebenen Charakters, sondern begann zudem, seine eigene Persönlichkeit auf der Leinwand zu enthüllen...
Die Drehbuchautoren — Robert Enrico und Pierre Pelegri — hielten sich so nah an die Wirklichkeit ihrer Darsteller, daß sie aus Lino Ventura einen Sportwagenfan machten, was er auch tatsächlich war.

»Motoren sind meine Leidenschaft! Ich hatte drei Jaguars und drei Ferraris. Ah, man muß gefühlt haben, wie sie unter dem Hintern anspringen. Jetzt habe ich nur noch einen Golf GTI. Man muß auf die Tube drücken. Er ist aber trotzdem ein kleiner Bomber! Als ich noch ein kleiner Junge war, in Parma, die Durchfahrt der ›Mille Miglia‹, der Geruch nach Benzin, Caracciola, Campari mit seinem dicken Bauch, und all die anderen... Das sind Erinnerungen!
Ich habe auch Ferrari kennengelernt, den Commandatore. Ich habe ihn besucht. Er hat ein riesiges Büro mit einem einzigen Bild an der Wand, ein Portrait seines Sohnes Dino. Sonst nichts. Und die

Werkstatt? Man hätte glauben können, man ist in einer Klinik, so sauber ist es da!«

Zwei Jahre nach *Le deuxième souffle* engagierte Jean-Pierre Melville Lino Ventura (der inzwischen auch in *Le rapace* (Im Dreck verreckt) mitgespielt hatte, dem ersten Film seines Freundes José Giovanni, für einen der größten Filme, die jemals über die Résistance gedreht wurden: *L'armée des ombres* (Armee im Schatten)
Wie bei den meisten seiner Werke hatte Melville die Idee zu *L'armée des ombres* lange mit sich herumgetragen, ehe er sie realisieren konnte. Er hatte

Armee im Schatten (1969) von Jean-Pierre Melville.

also häufig Gelegenheit, über seine Hauptperson nachzudenken: Philippe Gerbier. Zeitweise dachte er an Delon, aber der lehnte das Angebot ab. Melville wandte sich also an Ventura... der seinerseits ablehnte.
»*Zu Anfang war ich nicht sehr begeistert, weil schon genug Filme über diese Zeit gedreht worden waren. Aber das, wovon ich mich dann überreden ließ, war die Art, wie Melville diesen Film machen wollte, die Form.*
Und wie Sie wissen, war Jean-Pierre Melville sehr überzeugend. Er hatte ein erstaunliches Talent, einen zu überreden. Er war irgendwie eine Art Schlangenbeschwörer. Und so haben wir schließlich L'armée des ombres *gemacht.*«
Trotz der gegenseitigen Bewunderung, die sich der Filmemacher und der Schauspieler entgegenbrachten, verliefen die Dreharbeiten ziemlich gespannt, was letztendlich vielleicht der Rolle des Gerbier nicht einmal abträglich war.
Simone Signoret schrieb in ihrer Autobiographie:
»Ich könnte allerhand von dem Film erzählen, von Melville, von Lino, der sich gleich zu Beginn der Dreharbeiten mit Melville gestritten hat: sie haben drei Monate lang nicht miteinander gesprochen, was, glaube ich, ein Segen für den Film war. Insofern, als die Einsamkeit jenes Mannes, den Lino spielt, gegenüber seiner Verantwortung unheimlich glaubwürdig ist, weil er ein Mann war, der im Studio ganz allein war...«[*]

---

[*] Simone Signoret, »La nostalgie n'est plus ce qu'elle était«, Ed. du Seuil, 1965.

In der Tat verlieh Lino Venturas Darstellung eines Widerstandskämpfers, der dem bewundernden Gehorsam seines »Vorgesetzten« und der Notwendigkeit, Schweigen zu bewahren, ausgesetzt ist, dem Film eine wahrhaft pathetische Dimension. Mit zugleich traurigem und bestimmtem Gesicht, einem vor absolutem Willen funkelnden Blick, dominierte der Schauspieler die ganze Besetzung und machte nur manchmal Simone Signoret Platz. Und so ließ Ventura mit perfekter Nüchternheit alle Kritiker auf seine Fahne schwören.

In der Spanne einiger Jahre hatte er in harten Kriminalfilmen, Komödien und Dramen geglänzt. Die sechziger Jahre hatten ihm die Möglichkeit gebracht, sein Talent unter Beweis zu stellen. Sie endeten in einer Apotheose.

Am 5. Dezember 1969 kam *Le clan des Siciliens* in die Kinos, wofür Henri Verneuil ein »schockierendes« Trio vereint hatte: Gabin — Delon — Ventura. Es wurde ein enormer Erfolg, was die außergewöhnliche Popularität dieser drei Darsteller bestätigte.

»Die Mischung hat guten Anklang gefunden«, stellte Alain Delon fest. »Zunächst einmal, weil Henri außergewöhnlich gut manipulieren und die Effekte mit dem Fingerspitzengefühl, das seine große Stärke ist, genau dosieren kann. Und es ist nicht selbstverständlich, Gabin, Ventura und mich gleichzeitig zu bekommen. Alle waren glücklich: Gabin war zufrieden, mit ›dem Lino‹, wie er ihn nannte, und dem ›Jungen‹, wie er mich nannte, drehen zu können, Lino war selig vor lauter Bewunderung für den ›patron‹, und ich genauso für Gabin, den Maestro, Patriarchen und unser aller

Der Clan der Sizilianer (1969) mit Alain Delon und Jean Gabin.

Meister, und dies alles trug dazu bei, daß es wunderbar lief. Es gab keine Affronts, weil alles auf der Basis gegenseitigen Respekts vonstatten ging. Wir waren in der Tat drei Generationen, und ich, der aus der jüngsten kam, empfand bereits Respekt und Bewunderung für Lino, der mein großer Bruder war, und für Gabin, der wie mein geistiger und beruflicher Vater war. Es konnte also gar keine Konflikte geben, um so weniger als Lino ja praktisch dank Gabin zum Film gekommen war...
Gabin behandelte uns, Lino und mich, wie seine

Söhne. Alle drei waren wir Komplizen gegen Verneuil, der bei unseren Streichen der Sündenbock war. Gabin brüllte durchs Studio: »He, Malachian, bist du soweit?« oder »Hey, Achod, wie geht's?«*
Und Lino fühlte sich wieder wie der kleine Italiener aus Parma und ich wie der Halbstarke aus der Vorstadt. Wir fühlten uns wohl zusammen. Die reinste Idylle!«

Im Studio kam Gabin kurz auf seinen Freund Lino Ventura zu sprechen:
»Ich schätze ihn unheimlich hoch als Menschen, weil er im Leben ein aufrichtiger, loyaler Mann ist, ein Ehrenmann, und auch im Privatleben ein sehr, sehr guter Mensch ist.«

Le clan des Siciliens sollte leider auch der letzte gemeinsame Film von Jean Gabin und Lino Ventura sein...

* Achod Malachian ist der richtige Name von Henri Verneuil.

Blicke und Lächeln

Für Lino Ventura war der Anfang der siebziger Jahre durch einen Kriminalfilm gekennzeichnet: *Dernier domicile connu* (Der Kommissar und sein Lockvogel) von José Giovanni.
Ein Krimi, der absolut nicht auf Muskel-Action auf-

Der Kommissar und sein Lockvogel (1969) mit Marlène Jobert.

baute und in dem der Schauspieler einen müden aber hartnäckigen Inspektor darstellte, der durch Ermittlung kleinster Details zur Lösung gelangt. Selbst seine Polizistenrollen spielte Ventura nie zweimal auf die gleiche Weise...
Seine Partnerin in *Dernier domicile connu* war Marlène Jobert.
»Ich lernte ihn während der Dreharbeiten zu *Dernier domicile connu* kennen«, sagte sie. »Ich kam nach Paris, hatte praktisch noch nichts gemacht. Ich war unheimlich schüchtern und stand jemandem gegenüber, der genauso schüchtern war wie ich. Das hat mich berührt. Vor mir stand einer, der kein Star war, der auch Probleme hatte, anderen näherzukommen, und das hat uns irgendwie ein bißchen nähergebracht.«
Mehr noch als ein Krimi schien *Dernier domicile connu* ein Film über die Polizei zu sein. Giovanni versuchte nicht, aus seinem Helden einen Superbullen mit todbringender Magnum zu machen. Der Polizist wurde letztendlich in seiner alltäglichen Banalität gezeigt.
Dann kam eine total verrückte Komödie: *Fantasia chez les ploucs* (Die Filzlaus kehrt zurück) mit Jean Yanne, danach *Boulevard du Rhum* (Die Rum-Straße), das trotz des Mitwirkens von Brigitte Bardot nicht den erwarteten Erfolg einbrachte.
Als er den Film inszenierte, träumte Robert Enrico von einer Besetzung der Hauptrollen à la Victor McLaglen und Marilyn Monroe.
»Ich habe versucht, auf europäischer Ebene ein Äquivalent für diese beiden Helden zu finden«, bestätigte er. »Nur die Bardot konnte einen Stummfilmstar mit ihrer Aura, ihrem Mythos ver-

Fantasia chez les ploucs (1970) mit Jean Yanne.

körpern. Und die Zeit um 1925 paßte zu ihr wie eine zweite Haut. Und der Ventura aus *Les Aventuriers* war der Idealpartner für BB.

Lino ist ganz der Alte. Ich verstehe nicht, wie er sich immer noch weiterentwickeln kann. Ich habe geglaubt, er sei schon perfekt. Mit Brigitte Bardot zusammen bildet er ein erstaunliches Paar. Die Beziehungen zwischen dem Hollywoodstar und dem vierundfünfzigjährigen Freibeuter sind ein verdammt gutes Filmthema. Mit ihnen, durch sie bekommt das Klischee der Schönen und des Gauners eine andere Dimension. Ich bin entzückt, daß ich durch *Boulevard du rhum* einen Lino Ventura zeigen konnte, der seiner wahren Natur näher kommt, nämlich einen Mann von großer menschlicher Wärme.«

Brigitte Bardot, die zum ersten Mal mit Lino Ventura konfrontiert wurde, verkündete begeistert:

»Lino Ventura ist großartig. Das ist ein echter Schauspieler. Er ist unheimlich nett. Im Leben wie im Film. Und genauso habe ich ihn gefunden: genauso echt, genauso sympathisch.«

Ein Kuriosum besaß dieser Film: besoffen wie zehn Mann schmetterte Lino ein Liedchen.

1971 kam *L'aventure c'est l'aventure* (Die Entführer lassen grüßen).

Diese Superproduktion von zehn Millionen Francs führte das gesamte Team auf die Karibischen Inseln, in die Vereinigten Staaten, nach Italien und Afrika, und überall war sie Anlaß für improvisierte Gags. So, als sich die fünf Hauptdarsteller im Palais des Sports unter die Menge mischten, um sich ein Konzert Johnny Hallydays anzuhören.

»*Noch nie habe ich mich bei Dreharbeiten so amüsiert. Letztes Jahr habe ich Lelouch noch ›Junge‹ genannt, heute habe ich ihm den Namen ›Monster‹ gegeben. Er benutzt ziemlich unorthodoxe Arbeitsmethoden, aber sie sind unheimlich wirksam!*«
»Ich glaube, mit Lino verbinden sich meine ulkigsten Erinnerungen«, sagte Lelouch. »Ich weiß noch, daß wir bei den Dreharbeiten zu *L'aventure c'est l'aventure* mit Aldo Maccione und Jacques Brel eine Nacht in Rom verbrachten, und sie die ganze Nacht lang Geschichten erzählten. Und ich glaube, so unheimlich gelacht habe ich noch nie in meinem Leben. Sechs Stunden lang haben wir wie die Verrückten gelacht! Ich war total erschöpft, so sehr habe ich gelacht. Wenn Lino um sich herum eine Atmosphäre des Vertrauens spürte, konnte er sich gehen lassen, und dann war er der beste Kumpel der Welt.«
L'aventure c'est l'aventure belegte mit seinen drei Millionen Zuschauern auf französischem Boden Platz vier der Erfolgskala des Jahres (Hinter *Mourir d'aimer* (Aus Liebe sterben), *Tout le monde il est beau, Les fous du stade*). Ein schöner Erfolg!
Außerdem war *L'aventure c'est l'aventure* für Lino Ventura insofern wichtig, da er ihm — abgesehen von der Tatsache, daß er im Genre der ausgelassenen Komödie ein Riesenhit wurde — Gelegenheit gab, mit Claude Lelouch zu arbeiten und diesen schätzen zu lernen. Außerdem begegnete er Jacques Brel, mit dem ihn eine treue Freundschaft verbinden sollte.
Lelouch sagte über Ventura:
»Mit Lino ist alles möglich. Er ist einfach wie ein Formel-I-Motor. Die Maschinen dort behandelt man

nicht wie andere Autos. Der geringste Fahrfehler, und man baut einen Unfall. Dafür kann man ihnen das Höchste abverlangen. Mit dem richtigen Mann am Steuer gewinnen sie!«
Und Ventura sagte über die Freundschaft:
Montaigne wurde einmal gefragt, warum er so gut mit La Boétie befreundet sei, und er hat nur geantwortet: ›Weil er er ist und ich ich.‹ Ich glaube, das ist die schönste Antwort, die man auf die Frage nach der Freundschaft geben kann, und das war's auch schon, sonst gibt es nichts mehr dazu zu sagen. Ich glaube, daß Freundschaft nicht der Worte bedarf...
Ich glaube, Freundschaft ist etwas sehr Wichtiges. Für mich zumindest. Sie ist unentbehrlich für mein Leben. Sie kann nicht erklärt werden. Sie beweist sich eher durch Gesten, Blicke, Dasein... Sie ist in meinem Leben notwendig, und ich glaube, daß ich in dieser Hinsicht sehr reich bin. Ich schmeichle mir damit, Freunde zu haben, und darüber bin ich sehr glücklich. Ich glaube, ich wäre sehr unglücklich, wenn ich morgen das Gefühl haben müßte, ohne Freunde dazustehen.
Der Kreis meiner Freunde reicht vom einfachen Fischer bis zu Kessel. Über Jacques Brel, Georges Brassens und bis zu Jean Saussac mit seiner Philosophie, seinem Dorf, seiner Liebe zu den Menschen... Für mich ist das alles phantastisch. Ich glaube, daß Männer wie diese echte Begegnungen sind... Jacques Brel, Brassens... für einen Mann

Im Dreck verreckt (1967) von José Giovanni.

zählt das! Man kann das nicht analysieren, das sind geheimnisvolle Bande.
Wir brauchen keine großen Worte, um uns zu verstehen, wir erraten auch so alles. Es sind Leute, mit denen ich immer gern zusammen war: solide, begeisterte, großzügige, ganze Menschen. Sie akzeptieren mich, wie ich bin, mit meinen guten Eigenschaften und meinen Fehlern. Ich weiß, daß ich mich auf sie verlassen kann, genauso wie sie sich auf mich verlassen können. Wir waren ganz einfache Freunde, und das mußte nicht jedes Mal wieder gesagt werden, wenn wir uns sahen!
Ich habe großartige Freunde beim Film. Nicht viele, denn ich kenne nur wenige Leute beim Film und habe meine Freunde aus der Zeit vor den Filmen behalten, und diese sind mir sozusagen unentbehrlich.«
In dieser Männerwelt fanden nur ein paar Frauen ihren Platz.
»Ich glaube, mir hat er immer einen Platz eingeräumt«, sagte Mireille Darc, »einen ausgewählten Platz voller Zärtlichkeit. Es stimmt schon, daß wir uns viel anschnauzten, aber immer lachend und mit außergewöhnlichem Humor.«
»Lino ist ein Dickschädel«, erklärte Françoise Fabian. »Er erinnert mich immer ein wenig an Gabin. Entweder findet er einen unheimlich sympathisch, und dann gibt es keine Probleme mit ihm, dann ist er sehr kooperativ, sehr sanft, sehr freundlich, sehr amüsant. Oder die Leute gefallen ihm nicht, und er ignoriert sie, er übersieht sie tatsächlich. Entweder er kann einen riechen oder nicht.«
»Ich kann nicht behaupten, man merke es nicht,

wenn ich jemanden nicht mag, aber es ist ein Märchen, daß ich mich unausweichlich mit solchen Typen schlage! Ich habe einen Horror vor Schlägereien, und wenn mir dann so etwas passiert ist, beruhige ich mich wieder... obwohl von Zeit zu Zeit...«

Dieser »Freundschaftskult«, der bei Lino Ventura sehr ausgeprägt ist, fand sich in mehreren seiner Filme wieder, darunter *Les grandes gueules* und *Les Aventuriers*, die beide von Robert Enrico gedreht wurden. Durch ihn konnte der Schauspieler sich unter einem noch wärmeren Licht zeigen, indem er der Freundschaft so starke Bedeutung verlieh, daß sie bis zum Opfer gehen konnte.

Und er war ein Anlaß für Venturas Mitwirken bei verschiedenen Filmen, die 1973 herauskamen.

Bereits 1964 hatte er sich damit amüsiert, aus Freundschaft zu Georges Lautner und Paul Meurisse in *Le monocle rit jaune* aufzutauchen. Dieses Mal bewies er seine Treue durch seinen Auftritt in *La raison du plus fou* von und für Raymond Devos und *Le Far West* von Jacques Brel (beide in Deutschland nicht gelaufen)...

Freundschaft im Film und Freundschaft im Leben...

»Ich weiß, daß ich Geselligkeit liebe, ich habe gerne Freunde um mich herum. Mit Freunden zu essen macht mir riesige Freude. Und für sie zu kochen auch!«

Die Küche!

Die Liebe, die Ventura der Küche entgegenbringt, ist eng verbunden mit seinem Freundschaftskult. Diese Liebe ist Bestandteil seiner Persönlichkeit,

*Die **Rum-Straße**(1971) mit Brigitte Bardot.*

seines täglichen Lebens, und führt ihn zu wirklichen Freuden, denn dadurch kann er teilen und somit schenken. Ganz einfach.
»*Ich esse sehr gern, das stimmt. Aber der Wert, den ich der Tischrunde beimesse, hat nichts mit Materialismus zu tun, wie es manchmal heißt. Das, was ich liebe, was vor allem anderen zählt, ist jener Augenblick des Einverständnisses, jene nicht alltäg-*

liche Wärme, die von einer Mahlzeit ausgeht, die man mit Freunden teilt. Es ist ein Moment der Gemeinschaft, der Gastlichkeit, und das ist sehr schön.
Wenn ich mit Kumpeln an einem Tisch sitze, und wir eine Fresserei veranstalten, das ist etwas ganz anderes, eine ganz andere Atmosphäre...
Wenn ich koche, dann schneide ich selbst auf und serviere, dann will ich nichts anderes als meine Zeremonie haben, die nichts mit dem üblichen Begriff des Servierens zu tun hat. Das ist meine italienische Seite: aufschneiden und den Teller des Freundes füllen. Ich gestatte nicht, daß irgend jemand anders außer mir das macht.
Ich liebe die Zubereitung eines Gerichts. Ich finde den Markt wunderbar. Das ist ein Ort, an dem ich mich wohlfühle, ich habe den Eindruck, als befände ich mich im Bauch der Stadt, in ihrer Realität. Ich bin ein schwieriger Kunde. Ich liebe es, alles zu betasten, auszuwählen. Meinen Metzger terrorisiere ich: ich möchte dieses Stück und kein anderes. Ich bin ein alter, sehr anspruchsvoller Kauz. Aber anspruchsvoll auch mir selbst gegenüber...
Ich koche nicht raffiniert, auch keine Haute Cuisine, das überlasse ich den Profis. Ich koche sehr einfach, meistens Schmorbraten. Eine rustikale Küche!
Es ist schon schwierig, zwei Eier auf den Teller zu bringen. Sie können phantastisch werden oder ungenießbar, je nachdem, ob man mit dem Herzen dabei ist oder nicht.
Wenn ich am Herd stehe, kommen alle in die Küche; wir essen auch dort! Das ist einfacher und echter.
Was meinen Keller betrifft, so habe ich ihn jetzt vor dreißig Jahren angelegt, und es stimmt schon, daß

ich vor Stolz platze, wenn ich einen Magnum Pétrus 61 heraufholen kann, um ihn mit meinen Freunden zusammen zu trinken...
Schließlich bin ich dafür prädestiniert, gut zu essen: ich habe die Tochter eines der großen Küchenchefs Frankreichs geheiratet, und meine älteste Tochter hat Lasserres Sohn geheiratet. Wie sollte ich da Ihrer Meinung nach nicht gut essen?«
»Es gibt noch einen anderen Lino, den nur seine Freunde kennen, die mit ihm essen«, berichtet Jean-Loup Dabadie. »Die Abende bei ihm erinnern mich an ein Wiedersehen mit den großen italienischen Drehbuchautoren, wie zum Beispiel Ettore Scola. Wie wir üben sie sich ständig in Sticheleien, verstehen sich aber ausgezeichnet. Wenn wir uns treffen, wird Lino zu einem Dirigenten, der keinen Taktstock braucht.«
»Wenn er Gäste empfängt«, fuhr Claude Pinoteau fort, »biegt sich der Tisch. Im ›Michelin‹ bekäme er vier Sterne. Seine Spezialität sind frische Nudeln nach italienischer Art.
Er kontrolliert alle Teller. Er achtet pingelig auf die Qualität der Lebensmittel, er versäumt es nie, das Fleisch, das die Köchin gekauft hat, zu inspizieren. Wenn es ihm nicht gefällt, dann muß sie es zum Metzger zurücktragen, und der gibt nicht nur keine Widerworte, sondern packt ihr gleich ein anderes Stück ein.
Als Weinkenner zieht er einen Pétrus 76 allen anderen Sorten vor. Aber sein Keller birgt noch viel ältere Schätze. Er wählt sie liebevoll direkt bei den Weinhändlern in der Gegend von Bordeaux aus, die ihn kennen und ihm Jahrhundertweine reservieren. So darf man, wenn er einen seiner Weine

serviert, vor allem nicht versäumen, ihn schlückchenweise zu kosten und wortreich zu preisen. Nichts macht ihn glücklicher als ein Gast, der aus einem Gericht, das er von langer Hand vorbereitet hat, das Basilikum herausschmeckt, das er in die Sauce getan hat...«

»Lino ist jemand, der stundenlang in seiner Ecke sitzen kann, ohne ein Wort zu sagen«, bezeugt auch Françoise Fabian. »Aber er ist auch ein Mensch, der, wenn er einen zu sich nach Hause einlädt, ein sehr brillanter, amüsanter Gesellschafter sein kann. Er ist der Persönlichkeit Gabins sehr ähnlich, der ein reizender Mann sein konnte und gleichzeitig sehr ungesellig war.«

»Für mich«, bekräftigt schließlich Michel Audiard, »macht Lino die besten Meeresfrüchte in ganz Europa. Er gibt sich viel Mühe mit ihrer Zubereitung — er kauft sie nicht fix und fertig! Er geht morgens auf den Markt, geht in die Hallen, kauft seine Muscheln... das ganze Trara. Er nimmt frische Nudeln, er macht sie extra für uns. Das bedeutet drei oder vier Stunden Arbeit. Es ist eine Zeremonie, aber es ist ziemlich außergewöhnlich!«

»Bei ihm zu essen war ein Fest, weil er seine Freunde wie ein Grandseigneur empfing«, erinnert sich Raymond Devos. »Zusammen zu essen, war eine wichtige Angelegenheit. Er kochte meistens selbst, und er bediente uns auch. Verstehen Sie diese Geste? Das war typisch Lino, diese Großzügigkeit des Herzens.«

Aber Vorsicht — wenn Lino ein ausgezeichneter Koch war, so war er auch sehr eifersüchtig auf seine Vorrechte.

»Wir waren immer am Diskutieren, um zu erfahren,

wer von uns die besten Pasta machte«, erzählt César. »Er fand, daß er sie besser machte als ich, und ich fand, daß meine besser waren. Es war ein Spiel.«
Der Produzent Norbert Saada erklärt: »Ich koche auch selbst. Ich hatte die Frechheit, Nudeln selbst machen zu wollen. Eines Tages hatte Audiard Nudeln bei mir gegessen und war danach zu ihm gegangen. Unglücklicherweise sagte er zu ihm: ›Weißt du, ich glaube, Norbert macht fast so gute Nudeln wie du!‹ Und Lino kam zu mir, als ich gerade dabei war, Tomatensauce zu machen. Er hat mich dermaßen verärgert angesehen und gesagt: ›Bleib bei deinem Couscous!‹«
Und wenn man Lino in einigen Filmen, in denen er mitgewirkt hat, kochen sah, so war das nie ein Zufall, sondern eine Hommage des Drehbuchautors oder des Regisseurs für den Freund...

Nach *L'aventure c'est l'aventure* drang Lino Ventura 1972 dank *Cosa Nostra* (Die Valachi-Papiere) von Terence Young auf den amerikanischen und italienischen Markt vor. Als Erbe des »Paten *(The Godfather)* ruhte dieses — von Dino de Laurentiis produzierte — Werk ebenfalls auf den Schultern von einem nicht nur jenseits des Atlantiks sehr populären Schauspieler namens Charles Bronson.
»Mr. Ventura hat sehr großen Eindruck auf mich gemacht«, gestand Bronson. »Zunächst einmal war er in Cinecittà bekannter als ich, und jeder wollte ihn treffen! Aber vor allem hat mich seine dramatische Ausdruckskraft beeindruckt. Man hatte mir gesagt: ›Du wirst dem französischen Charles Bronson gegenüberstehen.‹ Das ist falsch. Ich stand

Die Valachi-Papiere (1972) mit Charles Bronson.

einem Schauspieler gegenüber, der sehr viel besser spielen konnte als ich! Ich habe immer gehofft, ihn in Hollywood wieder zu treffen, aber ich glaube, er wollte nicht allzu gern dorthin.«
Lino Ventura dagegen war von Bronson ein wenig »außer Fassung gebracht«.
»Ich habe mich immer gut mit meinen Partnern verstanden. Manchmal jedoch gibt es kein Einverständnis zwischen den Leuten, und das ist traurig. Das ist mir einmal passiert, mit Charles Bronson... Ich muß sagen, daß er nicht gerade mitteilsam ist!«
Cosa Nostra erzielte in den Vereinigten Staaten

einen schönen Erfolg, und Dino de Laurentiis schlug Lino Ventura vor, seinen Durchbruch in Amerika durch italo-amerikanische Filme zu untermauern.
Aber der Schauspieler war bereits nach Frankreich zurückgekehrt und zeigte wenig Neigung, sich auf diese Art von Eroberung einzulassen. Namentlich lehnte er *Chino* von John Sturges mit Charles Bronson ab (seine Rolle wurde von Marcel Bozzuffi übernommen) und *Three days of the Condor* (Die drei Tage des Condor) von Sydney Pollack mit Robert Redford (Max von Sydow spielte seinen Part).
Seine Ablehnung war jedoch andererseits auch durch die Tatsache begründet, daß er in Frankreich weiterhin schöne Rollen bekam. Dies war insbesondere der Fall bei *Le Silencieux* (Ich — die Nummer Eins) von Claude Pinoteau.

Obwohl *Le Silencieux* Pinoteaus erster Spielfilm war, hatten die beiden Männer bereits Gelegenheit gehabt, einander kennen und schätzen zu lernen.
»Lino besitzt eine derart gefestigte Persönlichkeit, daß er nie eine Rolle annehmen würde, die ihm nicht voll und ganz liegt«, stellte der Filmemacher fest. »Er ist ein Schauspieler vom Instinkt her. Er muß sich wohlfühlen können. Er macht keine Kompromisse mit seinem Charakter. Entweder lehnt er einen Film — oder eine Rolle — ab, oder wenn er sie annimmt, dann muß es eine Affinität zwischen ihm und der Rolle geben, selbst über den Film hinaus. Affinitäten, die sich beinahe von selbst im Zusammenhang mit der Strenge einstellen, die Lino selbst in seinem Leben praktiziert. Das heißt,

Lino ist ein sehr rigoroser Mensch, und diese Strenge findet sich in der Wahl seiner Rollen wieder. Sie müssen mit einer bestimmten Philosophie seines Lebens übereinstimmen.«
Die Tatsache, daß Pinoteau Ventura kannte, gestattete ihm deswegen noch lange nicht, das kleine »Ritual« zu übergehen, das die Vorlage eines Skripts bei Lino Ventura darstellte. Die Szene spielte sich unverändert im Hause des Schauspielers ab.
»Man wird gebeten, auf dem Sofa Platz zu nehmen, bedacht von allen Zuvorkommenheiten eines Ventura, der Ihnen Kaffee, Zigarren und freundschaftliche Wärme anbietet«, berichtet Claude Pinoteau. »Er selbst setzt sich dann in seinen Sessel, ins Gegenlicht, was sicher unbewußt geschieht. Dort stopfte er seine Dunhill und beginnt zu qualmen. Ihm gegenüber, Auge in Auge, verflüchtigen sich alle Ideen, wenn sie nicht gut sind. Man begreift sofort, ob das ein Film für ihn ist oder nicht. Er sagt es Ihnen ohne Umschweife, denn er stellt immer höhere Ansprüche, lehnt viele Projekte ab und macht keine Konzessionen in dieser Hinsicht.«
Sobald diese Lektüresitzung einmal beendet ist, und Lino Ventura den Film akzeptiert hat, stürzt er sich in die Ausarbeitung des Films.
»Wenn ich diskutiere, dann nie wegen mir, sondern im Interesse des Films. Ich kontrolliere viele Filmdialoge. Ich nehme sie übrigens nicht selten auseinander, zur großen Verzweiflung der Dialogschreiber. Die Kunst des Films besteht nicht im Reden.
Ich diskutiere viel in dem Sinne, daß ich, wenn von einer Story die Rede ist, an den Gesprächen teil-

nehme, die zur Ausarbeitung dieser Geschichte geführt werden, und dann, wenn die Autoren ein gutes Stück im Fortgang der Geschichte weitergekommen sind, trifft man sich, redet darüber, diskutiert. Ich sage: ›Ich hätte das so und so gesehen.‹ Es ist eine Diskussion, die frei von allen gebilligt wird, eine vollkommen konstruktive Diskussion. Jeder versucht ein Steinchen zu dem Bauwerk beizutragen, das der Film am Ende sein wird. Ich glaube, das ist die phantastischste Art und Weise, Filme zu machen.

Es braucht seine Zeit, denn ich bin ein Perfektionist. Nicht nur in meinem Metier. In allem. Es ist schon

Ich — die Nummer eins (1972) von Claude Pinoteau.

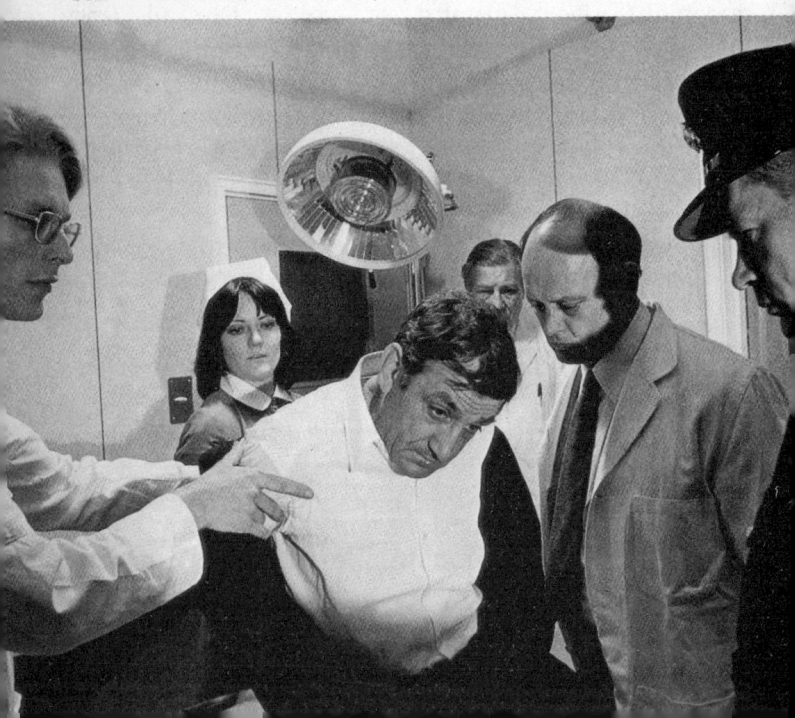

fast Besessenheit. Vielleicht wirkt es auf manche aufreizend, aber es ist nun mal so und nicht anders, ich kann nichts dafür. Es ist ein Zug meines Charakters. Daher rühren nicht wenige Dinge, die über mich gesagt wurden, in der Art von: ›O là là, ist der öde!‹ Ich verallgemeinere ein bißchen, aber es ist so... Nun, wie dem auch sei, wenn ich es bin, dann für den Film, nicht für mich. Wenn ich, in Anführungszeichen ›lästig‹ werde, dann nur für den Film. Es ist übrigens ziemlich logisch: ein Film kann Ihnen nicht zu Diensten sein. Das ist nicht möglich. Das kann nicht funktionieren... Ich sorge mich nicht um meinen Namen auf dem Plakat. Ich quäle mich nicht für die Großaufnahmen ab...«

Nach einer brillanten Karriere als Assistent ging Claude Pinoteau recht spät zur Regie über — er war damals 47 Jahre — und zum großen Teil dank Lino Ventura.

»Ich wollte lernen, sehen, hören, um die Technik vollkommen zu beherrschen und die verschiedenen Schulen der großen Regisseure einstufen zu können«, erklärte er. »Dann ist jeder Film eine Bereicherung, wenn es sich um Werke handelt, die Kinogeschichte machen. Wenn ich zu früh als Regisseur debütiert hätte, hätte ich nicht so viele internationale Schauspieler getroffen, nicht mit so vielen Meistern zusammen gearbeitet und die Welt nicht so gut kennengelernt.

In *Le Silencieux* gab es das glückliche Zusammentreffen eines Schauspielers, eines Autors und einer Story. Ich kannte Lino seit mindenstens fünfzehn Jahren, und ich war schon von seiner Leistung in *Touchez pas au grisbi* fasziniert gewesen. *L'aventure c'est l'aventure* scheint mir wichtig, denn die-

ser Film zeigt alles, was Ventura als Komiker könnte, wenn er für ihn maßgerechte Rollen fände. Ich verstehe mich wunderbar mit ihm. Wir haben dieselbe Auffassung vom Kino. Wenn dies nicht so wäre, hätte er diesen Film nicht angenommen, den ich dank ihm, seiner moralischen Bürgschaft, seinem Vertrauen gemacht habe. Wenn er sich in einer Rolle bewegt, wird er allen Ernstes diese Person. Das habe ich bei den Dreharbeiten bemerkt, denn ich muß vorausschicken, daß die Person, die ich ihm gegeben habe, nicht genau auf der »Linie Ventura« liegt. Nun ist er vollkommen in die Haut dieses Mannes geschlüpft, der mit dem Tod in der Tasche in sein Land zurückkommt. In Wirklichkeit verfilme ich in einem Kontext von Abenteuern, Gewalt und Spannung die Geschichte eines Mannes und seiner Einsamkeit. Er steht allein vor einem beinahe einzigartigen Problem: er muß den Termin seines Todes hinausschieben bis zu dem Augenblick, in dem er vielleicht überleben kann. Dieser Film könnte *Douze jours à vivre* (Du hast noch zwölf Tage) heißen... Wenn er *Le Silencieux* (Ich — die Nummer Eins/A. d. Ü.: wörtlich: Der Schweigsame) heißt, so weil mein Held ein Mann ist, dem man seine Vergangenheit gestohlen hat und der nichts Besonderes zu sagen hat. Beinahe hätte ich einen total stummen Film gemacht, in dem nur die Geräusche von Bedeutung wären, reines Kino, kurz gesagt, das sich vor allem durch das Bild ausdrückt. Aber ich fürchtete, daß dies zu sehr einem ästhetischen Prozeß gleichkäme. Allerdings hat Lino Ventura nur sehr reduzierte Sprechtexte.«
Die relativ seltenen Dialogen entsprachen letztendlich Lino Venturas eigenem Standpunkt.

»Nehmen Sie zum Beispiel James Coburn in The Magnificent Seven (Die glorreichen Sieben): *er braucht keinen langen Monolog, um uns zu sagen, daß er sich eines Messers zu bedienen weiß. Nach vier Großaufnahmen hat man das bereits begriffen. Denken Sie an Bogart: er muß uns nicht erst sagen, daß er einen Colt in der Tasche hat, und braucht ihn uns schon gar nicht zu zeigen. Wenn er die Tür zu einer Bar aufstößt, reicht es schon, seine Fresse zu sehen, um zu wissen, daß er nicht zu Scherzen aufgelegt ist!«*

Über das Gespann Pinoteau — Ventura hinaus gestattete es *Le Silencieux* den beiden Männern, Jean-Loup Dabadie zu entdecken, einen erstklassigen Drehbuchautor in einer Domäne, die bis dahin nicht die seine war. Auch hier entstand eine Freundschaft...

»Bei unserer ersten Begegnung, die ich Claude Sautet verdanke«, erinnert sich Dabadie, »erinnerte mich Lino an einen jener Stauseen im Gebirge. Die Oberfläche ist sehr schön, sehr ruhig, die Farben des Himmels spiegeln sich darin wider. Aber bei einem Unwetter kann der Damm brechen!«

In *Le Silencieux,* einem Film der Schauspieler, Schatten und Stimmungen gab es auch ein paar schöne Action-Szenen. Die Überschläge der Autos wurden von einem Fachmann auf diesem Gebiet vorbereitet: Rémy Julienne.

»Mit Pinoteau organisieren wir zwei schwierige Szenenfolgen, zwei wichtige Momente des Films«, schrieb Julienne. »Die erste: Lino wird verfolgt, muß eine Mautstation durchbrechen und in falscher Richtung auf die Autobahn fahren. Wir brauchen ein halbes Dutzend Statistenfahrzeuge, um diese Szene ganz realistisch hinzukriegen. Einige werden von Stuntmen gefahren, die als Umrahmung für die von André Moussart und Daniel Godart bereitgestellten Fahrer dienen. Aus Echtheitsgründen nahm ich die Frauen der Fahrer, meine Frau und sogar meinen Vater dazu. Die Szene besteht darin, in der Nacht so nah wie möglich an den entgegenkommenden Fahrzeugen vorbeizufahren. Jeder muß seine Rolle und seinen Platz im Schlaf kennen, sonst gibt es eine Katastrophe. Genaue Planung und Timing sind hierbei von kapitaler Bedeutung, aber echte Profis, wie Pinoteau und Michel Choquet, der Produktionsleiter, knausern nicht und gewähren uns die nötige Zeit, um die Wiederholungen auszufeilen. Die Nerven aller werden auf eine harte Probe gestellt, und es wird eine lange Nacht auf der Autobahn von Chartres werden, die für den Verkehr noch immer gesperrt ist. Alles läuft ohne Zwischenfälle, und die gelungene Szene ist beeindruckend.

Die zweite Sequenz zeigt Lino als Beifahrer in einem DS. Der Fahrer des Wagens ist tot, aber sein Fuß drückt weiter auf das Gaspedal, und das alles mitten im Pariser Verkehr, Avenue de Lavendal, auf der falschen Spur, wohlgemerkt.

Um die Szene so echt wie möglich zu gestalten, will Pinoteau vom Rücksitz des DS aus drehen. Es muß also ein Mittel gefunden werden, den Wagen exakt zu steuern, ohne von der Kamera gesehen zu werden. Zu diesem Zweck konstruierte ich einen Fahrersitz außen am Fahrzeug, auf der linken Seite des Wagens, ganz tief unten, damit er nicht ins Blickfeld der Kamera rutscht. So war es mir möglich, alle Fahrmanöver auszuführen, und Lino konnte seine Rolle ohne Beeinträchtigungen spielen. Da ich um die Schwierigkeiten wußte, war ich unruhig, aber er hatte absolutes Vertrauen, und die Sache verlief problemlos, zur großen Erleichterung des ganzen Teams.« *

---

* Rémy Julienne, »Silence on casse«, Ed. Flammarion, 1978.

Der Bulle

Kurz nach *Le Silencieux* arbeitete Lino Ventura für *La Bonne année* (Ein glückliches Jahr) wieder mit Claude Lelouch zusammen. Lelouch war ein glühender Anhänger der Improvisation, er arbeitete einen allgemeinen Rahmen aus und überließ die Gestaltung des Interieurs seinen Schauspielern. Ventura fühlte sich vor Lelouchs Kameras um so wohler, als er schon immer wenig Aufhebens um technische Dinge gemacht hatte.

»Die Technik langweilt mich. Das ist das Problem des Regisseurs, nicht meins. Und dann liebe ich meinen Beruf als Schauspieler viel zu sehr. Ich kümmere mich nie um die Stellung der Kamera, der Objektive und den ganzen Kram. Ich will mich nicht darum kümmern. Von dem Moment an, wo es heißt: ›Kamera ab!‹ kann man mich siebzehn verschiedene Positionen für ein und dieselbe Szene einnehmen lassen, ich werde sie auf den Millimeter genau einnehmen. Selbst wenn ich genau weiß, wo sich die Kamera befindet, vergesse ich sie vollkommen. Ich kümmere mich nicht um sie. Das tat ich noch nie, und ich glaube, ich werde es auch nie tun. Ich schwöre Ihnen, sie können mit mir einen Film drehen, in dem ich immer nur von hinten zu sehen bin, das ist mir vollkommen egal!

Ich begreife nicht, und habe noch nie begriffen, warum gewisse Schauspieler vor dem Drehen fragen: ›Wo komme ich raus?... Hier?... Oder da?...‹ Ich frage mich jedes Mal: ›Was ändert das? Was will er anders machen?‹ Ich weiß es nicht. Es gibt sicher Gründe dafür, daß ich es nicht weiß. Ich will damit nichts und niemanden verurteilen. Nur ich weiß es eben nicht. Das ist alles!«
Infolgedessen stellt sich die Frage nach den Beziehungen zwischen dem Schauspieler und dem Regisseur.
»Ob ich flexibel bin? Das ist sehr schwer zu beantworten, einfach so, in zwei Worten... Ich würde sagen, das hängt davon ab, wie man es von mir verlangt. Die Anweisungen des Aufnahmeleiters müssen für mich ganz klar sein. Nicht von der Art: ›Sieh mal, hier solltest du ein bißchen mehr... hm... weißt du, etwas weniger...‹ So nicht! Das ist unmöglich. Wenn man mich dagegen tun läßt, wozu ich Lust habe, was ich fühle, was ich quasi instinktiv tun muß, und man mir danach sagt: ›Also weißt du, ich glaube, das war ein bißchen viel, was du da gemacht hast‹ oder ›Das war etwas blaß‹, dann, ja dann werde ich flexibel. Weil ich von jemanden, der mich von draußen gesehen hat, gesteuert werden muß. Und genau danach richte ich mich. Übrigens verlange ich gar nicht mehr. Ich bin sehr glücklich, wenn ich mich eingedämmt fühle, kontrolliert. Anders begreife ich die Dinge nicht.
Ich habe das Bedürfnis, mit Menschen zu arbeiten, die ich mag. Ich muß mit Leuten arbeiten, mit denen ich mich wohlfühle, ich muß mit Leuten arbeiten, mit denen ich ein inneres Einvernehmen spüre, ich habe das Bedürfnis, mit Leuten zu arbei-

ten, von denen ich sicher bin, daß wir denselben Film drehen.
Diese Art von stillem Einvernehmen mit dem Regisseur ist wichtig für mich. Es ist sogar sehr wichtig, daß dies quasi bis zur Zuneigung geht. Das ist mir ein Bedürfnis. In dem Moment werden die Dreharbeiten zu einer wahren Wonne.«

La bonne année begeistert ihn total, vor allem weil Lelouch immer einen Großteil der Improvisation seinen Darstellern überläßt.
»Für mich ist die Erfahrung Lelouch eine phantastische und fundamentale Erfahrung. Ich bewahre eine besondere Erinnerung an La bonne année und gebe zu, daß dies einer meiner Lieblingsfilme ist.
Was bei La bonne année so großartig war, das war das innere Einverständnis zwischen Claude und mir. Weil diese Improvisation, die wir gemacht haben — die Angelegenheit erforderte, daß wir es richtig trafen, wenn Sie so wollen — mich nicht unbedingt ermunterte. Von dem Moment an, in dem man mich gehen ließ, war es noch großartiger für mich. Und ich muß Ihnen sagen, daß wir diesen Film in, glaube ich, zweiundzwanzig Tagen gedreht haben, das ist ziemlich ungewöhnlich. Es ist eine andere Art, Kino zu machen, ganz klar. Sie sind vollkommen frei, Sie stehen auf, gehen, kommen zurück, setzen sich, laufen... ich habe mich um absolut nichts gekümmert!
Claude flößt einem außerordentlichen Enthusiasmus ein, und ich gebe zu, daß ich das brauche, ich brauche die Begeisterung der anderen... Was die Texte anbelangt, so war alles improvisiert, aber in bezug auf die Story war es ein unheimlich präzises Uhrwerk — ich finde, daß die Story von La bonne

année sehr schön ist. Nichtsdestotrotz haben wir bei den Texten viel improvisiert, und darüber war ich, muß ich sagen, sehr froh. Es gab aber auch ganze vorgeschriebene Texte: zum Beispiel der Text der Intellektuellen am Tisch war sehr genau. Aber es gab auch Szenen, wo Claude tatsächlich zu uns sagte: ›Auf, los geht's!‹ und es ging los. Er begnügte sich mit dem Filmen. Und das war phantastisch!«

Linos Partnerin Françoise Fabian bezeugt:

»Lelouch wollte für Lino eine Geschichte mit einer Frau, und ich war die erste, die für diesen Film vorgesehen war. Lino wollte wieder mit Lelouch arbeiten, und Lelouch wollte wieder mit Lino arbeiten, und so fanden sie ein Thema, um diesen Film zu machen...

Ein glückliches Jahr (1973) von Claude Lelouch.

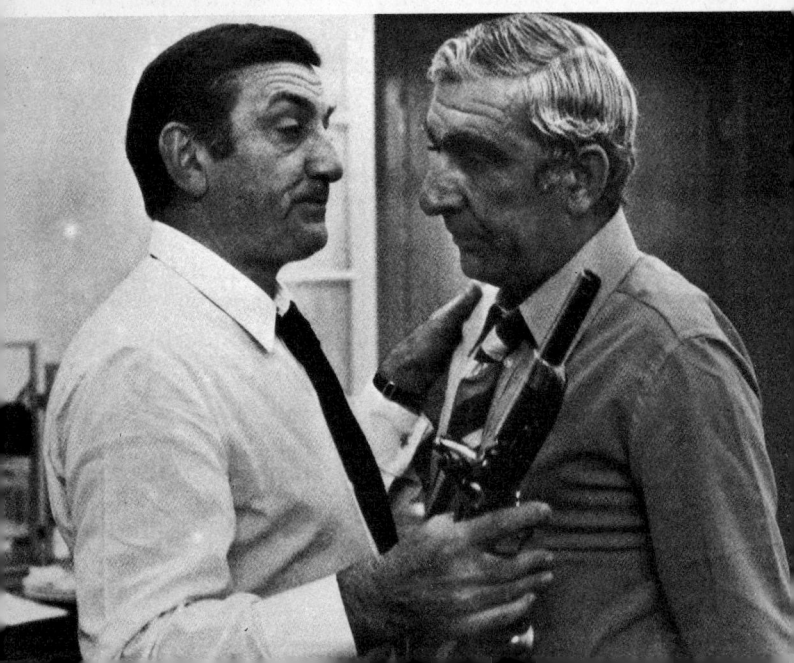

Lino hatte zu mir gesagt: ›Du wirst sehen, es wird sehr gut laufen, weil wir improvisieren, erfinden...‹ Ich sagte ihm: ›Das kann ich nie!‹ Ich hatte das schon einmal bei *Out One* (Out One: Spectre) von Rivette gemacht, und es war schrecklich gewesen, es machte mir Angst. Doch er sagte: ›Aber nein, du wirst sehen, das geht ganz leicht.‹
Ich muß sagen, daß ich am ersten Drehtag trotzdem ein bißchen Lampenfieber hatte. Es ist die Szene, als Lino in dem Bistro das Tischchen kauft und es mir anvertraut, um es zu verkaufen. Und das war vollkommen improvisiert. Das heißt, ich wußte absolut nicht, was Lino sagen würde, und mußte ihm aber doch antworten. Man kannte natürlich das Thema oder zumindest Bruchstücke des Themas, wie Claude es immer macht.
Claudes Technik bestand darin: es gab irgendwann einmal eine Szene — oder wenigstens Szenenelemente — die mit Dialogansätzen geschrieben ist. Also aßen wir zusammen, redeten alle drei, diskutierten... Und dann wurde auf einmal gedreht. Das heißt, es war, also ob die Unterhaltung weiterging. Oft sagte er zu uns: ›Hört mal, macht die Szene so, wie sie geschrieben steht!‹ Dann: ›Nun haben wir eine im Kasten. Zur Beruhigung. Und jetzt erfindet Ihr!‹ Und dann sagte er Lino, was er zu mir sagen sollte, ohne daß ich es wußte, so daß es immer jenes Überraschungselement gab, jenes spontane Element, das sich in die Szene mischt. Und das liebt Claude...
Im allgemeinen wurde zweimal gedreht. Oder höchstens dreimal, falls zu viele Pausen drin waren, oder man auf die Stichworte des Partners zu viel gesagt hatte.«

Eine weitere Neuerung für Lino: das Schminken.
Für die Erfordernisse der Rolle verwandelte er sich in einen ehrfurchtgebietenden und unkenntlichen alten Mann. Daraus ergab sich die Notwendigkeit einer langen Maske.
»Ich schäme mich richtig, wenn ich geschminkt werde. Das ist zwar total idiotisch, aber ich bin nun mal so. Ich kann nichts dafür!«
»Er litt sehr unter Klaustrophobie. Am Ende eines Drehtages«, berichtet Françoise Fabian, »war er heilfroh, wenn er die Maske herunterreißen konnte. Ich glaube, es war aber auch sehr schwer, den ganzen Tag diese Maske ertragen zu müssen. Er hatte jedenfalls zwei Stunden Schminken plus die Drehzeit, praktisch ohne atmen zu können, ohne sie abnehmen zu können. Aber gleichzeitig machte es ihm auch eine Menge Spaß. Aber am Ende eines Tages hatte er, physisch, wirklich genug. Er erstickte.«

Fünfzehn Jahre nach *Le feu aux poudres* (Dem Satan ins Gesicht gespuckt) konnte Lino Ventura dank *La bonne année* wieder mit seiner Freundin Françoise Fabian arbeiten.
»Lino ist ein sehr zartfühlender Mensch«, sagt sie, »der seine Gefühle nicht zeigen mag. Ich muß sagen, er ist eine Art Idealmann für mich. Denn er ist sehr loyal, sehr aufrichtig, sehr männlich, sehr zartfühlend. Er hat enorme menschliche Qualitäten, ist sehr männlich, und er ist ein Kavalier fast ohne Tadel...
Ich habe zwei Filme mit ihm gedreht, und das war wie Ferien. Weil er gut war. Und damit er gut ist, genügt es, daß er die Leute schätzt, mit denen er

arbeitet, daß er sich in einem Klima des Vertrauens fühlt, und dann ist Lino ein absolut reizender Mann. Aber gleichzeitig fühlt man, daß man ihn nicht ärgern darf, man darf ihm nicht auf die Füße treten, darf es ihm nicht an Respekt fehlen lassen...
Claude hatte da so einen Spruch, was uns betraf — das sind Claudes Vergleiche. Er sagte zu uns: ›Es gibt Schauspieler in der ersten Liga und der zweiten Liga, wie es bei den Boxern Schwergewichtler, Mittelgewichtler, Weltergewichtler usw. gibt. Lino und du, ihr seid Schwergewichtler. Das heißt, daß du ein ›gewichtiges‹ Gegenüber brauchst, und Lino ebenfalls eine Schauspielerin von ›Gewicht‹. Ihr seid aus demselben Holz geschnitzt, in derselben Kategorie.«
Und dann war bei *La bonne année* noch Charles Gérard im Studio.
»Mit Charles Gérard«, fährt Françoise Fabian fort, »wettete Lino über Fußballspiele und Tennismatchs. Charles Gérard hat eine Manie zu wetten, und da sie beide bei allen Spielen ihre Favoriten hatten, amüsierten sie sich so...«
1973 erzielte *L'Emmerdeur* (Die Filzlaus) mit 3 400 000 Zuschauern in ganz Frankreich den vierten Platz in der Film-Hitliste hinter *Les aventures du Rabbi Jacob* (Die Abenteuer des Rabbi Jakob) mit 7 220 000 Zuschauern, *Mais où est donc passée la 7e companie* (Wo bitte ist die 7. Kompanie geblieben?) mit 3 900 000 und *Il mio nome e nessuno* (Mon nom est personne/Mein Name ist Nobody) mit 3 800 000. Und das ein Jahr nach *L'aventure c'est l'aventure* (Die Entführer lassen grüßen), den 3 800 000 Franzosen sahen! Wieder einmal konnten

Die Filzlaus (1973) mit Jacques Brel.

Jacques Brel und Lino Ventura mit *L'Emmerdeur* beweisen, daß sie ein breites Publikum ansprechen konnten, indem sie es zum Lachen brachten, ohne ins Lächerliche abzusinken. Die beiden Freunde waren beinahe die Könige der Komödie geworden...
L'Emmerdeur gab ihnen die Gelegenheit, diesen Ruf bis zum karikaturhaften Höhepunkt auszukosten.
»Ich finde den Kontrast zwischen ihnen sehr lustig«, erklärte Edouard Molinaro bei den Dreharbeiten, »und ich glaube, daß sich die Zuschauer gut amüsieren werden, Brel als diesen braven

Mann zu sehen, der vor Anhänglichkeit überfließt, vor Eifer, sich nützlich zu machen, daß er zu einem wahren Mückenfänger wird; und den harten, unverwüstlichen Lino Ventura, wie er sich darin verfängt, moralisch entwaffnet und gefesselt wird.
Diese Schauspieler werden übrigens nicht als »Komiker« eingestuft, und ich verlange von ihnen nicht, komisch zu spielen. Die Komik liegt in der Situation, ihr persönlicher Fall ist eher dramatisch.«
»Ich selbst kann nicht komisch sein«, meint Ventura selbst dazu. *»Es ist die Situation, die komisch sein muß. Zum Beispiel könnte ich nie das tun, was Louis de Funès macht.«*
Tatsächlich verstärkte der Drehbuchautor Francis Veber Venturas »harte« Seite sogar noch beträchtlich. Eine einzige Szene faßt diesen Tatbestand zusammen, fast für sich allein spiegelte sie eine der Facetten von Venturas Persönlichkeit wider. Sie zeigt ihn in einem Bistro, wo er an der Theke einen Kaffee trinkt. In voller Fahrt kommt ein Fernfahrer in das Lokal und schimpft auf den »Idioten«, der seinen Wagen vor seinem LKW geparkt hat. Der Schuldige ist niemand anders als Ventura. Er wirft einen äußerst ernsten Blick in die Runde, sagt nur einen einzigen Satz (»Ich trinke nur rasch meinen Kaffee aus«) und einzig und allein damit stoppt er die kämpferischen Gelüste des Fernfahrers...

Im Gegensatz zu *L'Emmerdeur* wurde *Tough Guys* (Les Durs/Zwei Fäuste des Himmels), den Lino anschließend unter der Regie von Duccio Tessari drehte, kein Erfolg.
Er stellte hier einen italienischen Pfarrer dar, der in Chicago lebt und auf Verbrecherjagd geht.

Seine Person wurde im Film mit folgenden Worten vorgestellt:
— Keine Eltern, unglückliche Kindheit, jugendliche Straftaten, kleine Diebstähle, Erziehungsheim, diente in der Infanterie, Gefängnis von August 1947 bis Frühling 1951 wegen Diebstahls und Nötigung, musterhafte Führung im Gefängnis, religiöse Krise, konvertiert, 1960 zum Priester geweiht, eine halbe Stunde täglich in der Kirche, acht Stunden in der Sporthalle. Ein wahrer Chorknabe!

Die folgende Saison war durch einen Film gekennzeichnet. Einen Film, der die Massen anzog (3 385 224 Zuschauer in Frankreich). Ein Film, der Isabelle Adjani zum Star machte. Ein Film, der Annie Girardots Talent bestätigte. Ein Film, der in

Zwei Fäuste des Himmels (1974) von Duccio Tessari.

der Karriere Lino Venturas eine Sonderstellung einnimmt: *La gifle* (Die Ohrfeige).

Weder Gauner, noch Bulle, noch Spion: der Schauspieler stellte hier einen friedlichen Familienvater dar.

»Das Thema hat mir gefallen, denn Dabadie, Pinoteau und ich haben alle Töchter. Wir wollten eine Komödie über die Beziehungen zwischen den Generationen machen, indem wir uns auf unsere eigenen Erfahrungen als Väter beriefen.«

In diesem Film spielte Lino Ventura irgendwie Lino Ventura. Und die Erziehung, die er im Film Isabelle Adjani angedeihen ließ, schien eine Kopie derer zu sein, die Lino seinen vier Kindern mitgegeben hatte: Mylène (geb. 1943 — und verheiratet seit dem 5. März 1965 mit Claude Lasserre), Laurent (1953), Linda (1958) und Clélia (1961).

»Er war ein strenger Vater«, sagt Pinoteau. »Und oft hat er zu mir gesagt: ›Wenn meine Tochter so mit mir reden würde, wie Isabelle es tut, würde sie nicht eine Ohrfeige von mir bekommen, sondern zwei!‹«

»Vor allem meinem Sohn habe ich immer gesagt, daß er mir alles sagen soll, daß es nichts bringt, zu versuchen, mir auf irgendeinem Gebiet etwas vorzumachen, weil es mir schlechter gegangen war als ihm. Ich kannte alle Tricks, denn ich bin ein Gassenjunge gewesen! Einem alten Affen bringt man keine Grimassen mehr bei... Etwas, das ich auch verlangte, war, daß er es nie seiner Mutter an Respekt fehlen läßt, und mir gegenüber natürlich auch nicht. Das soll nicht heißen, daß er mich siezen oder vor mir katzbuckeln sollte, aber es gibt gewissen Grenzen, die eingehalten werden müssen.

Ich will kein Moralprediger sein, aber ich glaube, man läßt den jungen Leuten in Sachen Drogen und Sex die Zügel etwas zu locker. Was haben sie zu gewinnen, wenn sie das Leben schon mit fünfzehn Jahren kennenlernen, die Zukunft ohne Poesie und Illusionen sehen? Nichts als eine Reihe von Enttäuschungen.
Über moralische Prinzipien, die vielleicht altmodisch erscheinen, lasse ich nicht mit mir reden: Liberalismus, den Respekt gegenüber bestimmten Traditionen, die Tatsache, daß gewissen Schranken niedergerissen worden sind, ohne sie zu ersetzen, den Professionalismus. Aber ich bin auch anspruchsvoll mir gegenüber.
Es gibt Normen, deren Verschwinden gefährlich ist. Wie den Sinn für Verantwortung. Niemand steht mehr für seine Fehler gerade. Das ist furchtbar! Es gibt noch viele andere Dinge, die ich nicht verstehe: zum Beispiel Leihmütter. Aber ich sage lieber nichts, ich habe den Eindruck, ein Fossil zu sein!...
Auch begreife ich die Nachsicht gegenüber manchen kriminellen Aktivitäten nicht, die meiner Ansicht nach unverzeihlich sind. Aber wenn man Strenge befürwortet, ist man ein Nazi, ein Reaktionär...
Ich finde unsere Zeit nicht sehr heiter. Diesen Mangel an Aufrichtigkeit bedaure ich zutiefst. Die Leute haben zu große Angst vor sich selbst.
Wenn man von der Jugend spricht, dann steht man, glaube ich, immer ein kleines bißchen auf Messers Schneide, weil man meiner Meinung nach sehr, sehr schnell in Demagogie oder Bevormundung absacken kann. Ich glaube, eines ist gefährlich: wenn man den Respekt vor der Familie oder den Respekt vor

Carmen (1963).

dem Meister zerstört, glaube ich, daß das nirgendwohin führt. Die Jungen müßten wissen, daß nicht immer die anderen Schuld haben, wenn etwas nicht klappt. Und lernen, die Verantwortung dafür zu übernehmen. Das ist alles, was ich ihnen sagen kann, denn ich bin weder Pädagoge noch Soziologe. Vielleicht sind die Werkzeuge, die man heute mit zwanzig in der Hand hält, nicht mehr die gleichen wie 1939, aber ich glaube, der Hintergrund, der Geist, die Materie sind stets die gleichen. Die Jugend bleibt immer die Jugend. Ich glaube nicht, daß die Dinge derart anders liegen als früher. Sie sagen zwar: ›Ja, aber zu eurer Zeit war alles noch viel einfacher.‹ Das glaube ich aber nicht...
Ich habe viel Kontakt zu jungen Leuten. Es gibt

*viele junge Leute, die mich sehen wollen. Ich gehe zu vielen Gesprächsrunden und Treffen mit ihnen...
Eines Tages, bei einer Studentenversammlung, stand einer auf und sagte:
›Sie haben einen faschistischen Film gedreht!‹ Die anderen wollten ihn rausschmeißen, aber ich habe ihnen gesagt: ›Nein, überlassen Sie ihn mir!‹ Und ich habe ihn kommen lassen:
›Hören Sie, junger Mann, jetzt müssen Sie mir aber ein Licht aufstecken, Sie erklären mir jetzt, was Sie damit meinen, damit ich wieder ruhig schlafen kann.‹ Er konnte kein Wort herausbringen!
Ich finde, es gibt ungewöhnliche junge Leute, nur werden die in den Medien nie genannt. Ich weiß wohl, daß Züge, die pünktlich fahren, die Medien nicht interessieren, sondern man die Jugend immer ein bißchen negativ zeigt. Ich habe da einen ungewöhnlichen Vorsprung: ich habe drei Tage in einem Atom-U-Boot verbracht. Und dort hatte ich es mit einer jungen Mannschaft zu tun und habe phantastische Jungs getroffen. Nur redet auch darüber kein Mensch. Diese jungen Leute gibt es eben auch, und über sie wird nicht genug geredet, das ist schade. Man müßte das Gleichgewicht wiederherstellen: zum Beispiel eine Ausstellung über eine Jugend machen, die es eben auch gibt und großartige Dinge vollbringt...«*
Die Familie hatte immer eine Vorrangstellung in Lino Venturas Leben. Das Publikum gewahrte dies mehr und mehr in den Filmen, die auf *Le gifle* folgten, und stellte es auch durch Äußerungen des Betroffenen fest. Familie, das waren Frau und Kinder, aber auch seine Mutter, mit der er immer in herzlicher Verbindung geblieben war.

»Meine Mutter war wunderbar... Als ich in die Vereinigten Staaten fuhr, rief ich sie morgens an, um mich von ihr zu verabschieden, und sie sagte zu mir: ›Fliegst du?‹ Ich antwortete: ›Ja, natürlich.‹ Da gab sie mir diesen wunderbaren Satz zur Antwort: ›Paß vor allen Dingen auf dich auf!‹ Als ob ich am Steuer säße!«

La gifle ermöglichte es Lino auch, Kontakte zu der neuen Generation zu pflegen: Nathalie Baye, Francis Perrin, Richard Berry, Jacques Spiesser und, natürlich, Isabelle Adjani.

Die Ohrfeige (1974) von Claude Pinoteau.

»Mit Lino«, bestätigte letztere, »fühlte ich mich, als ob ich mit einem Anfänger meines Alters spielte. Das hat mich zuerst überrascht, aber dann wurde mir bewußt, daß es kein Spiel war, sondern daß es sich um eine väterliche Haltung handelte. Er war voller Freundlichkeit und Wärme. Das ging so weit, daß er sich schließlich für meinen Vater hielt und absolut nicht mit der etwas freizügigen Liebesszene einverstanden war, in der ich Jacques Spiesser nachgebe!
Er schüchterte mich sehr ein. Lino Ventura ist sehr schweigsam, sehr lakonisch. Ich fühlte, wie er mich aus den Augenwinkeln beobachtete und sich sagte: ›Mal sehen, was sie kann, die Kleine.‹ Er brachte mir übergroßes Wohlwollen entgegen, und ich gab mir alle Mühe, daß er nicht enttäuscht würde!«
La gifle war derart erfolgreich, daß der Film in Frankreich eine Welle von Jugendfilmen einleitete. Eine Mode, die bis zu den beiden *Boum*-Filmen, ebenfalls von Claude Pinoteau, dauern sollte. Aber dieses Mal war Lino Ventura nicht mehr mit von der Partie, er zog es vor, seinen Platz Claude Brasseur zu überlassen ...

Sobald *La gifle* abgedreht war, arbeitete Lino Ventura, zum ersten Mal in seinem Leben, zweimal hintereinander mit ein und demselben Filmemacher, und zwar mit Pierre Granier-Deferre.
Wenigstens waren die beiden Filme einander nicht ähnlich. Der eine, *Adieu poulet* (Adieu Bulle), war ein moderner Krimi, der andere, *La cage,* ein psychologisches Drama unter Ausschluß der Öffentlichkeit. Aber während der erste die Gunst des

Der Ehekäfig (1975) mit Ingrid Thulin.

Publikums eroberte, erzielte der andere nur einen Achtungserfolg. Wobei das Talent Lino Venturas jedoch nie in Frage gestellt wurde.
Als erstes kam (am 11. Juni 1975) *La cage* in die Kinos.
Eine von ihrem Mann getrennte Frau sperrt ihn in einen Käfig ein und bringt ihn zum Reden. Das Drehbuch beruhte auf einem Theaterstück und ließ enormen Platz für Dialoge. Zwischen Lachen und Traurigkeit zeichneten sie das psychologische Profil der beiden Hauptdarsteller nach: er (Ventura), ein reicher Geschäftsmann, der an die Tugenden der

Arbeit glaubt und mit dem vielen Geld nur seine Fehler verbergen will; sie (Ingrid Thulin), eine Schriftstellerin schwedischer Abstammung, die Julien auf der Tasche liegt und versucht, wieder mit ihm in Kontakt zu kommen.
Diese Dialoge schufen also die Atmosphäre des Films. Lino Venturas Rolle überraschte gerade durch die Länge dieser Dialoge. Mehr an kurze und bündige Texte denn an das Deklamieren langer Tiraden gewöhnt, hätte der Schauspieler versagen können. Dem war nicht so. Auf Filmlänge komprimiert ließ diese Naturgewalt auf kleinstem Raum alle Verhaltensweisen eines »Bären im Käfig« erkennen.
Selten zuvor hatte Lino Ventura in diesem Punkt bewiesen, daß er ein richtiger Schauspieler war, nicht nur für Komödien oder Krimis. Aus diesem Grunde ist *La Cage* ein Werk, das eine Außenseiterposition in seiner Filmographie einnimmt. Leider war das Publikum, irritiert durch den allgemeinen Ton des Films, nicht dieser Meinung und gab ihn dem Mißerfolg preis...

Aber der Schauspieler ließ Pierre Granier-Deferre nicht im Stich und spielte in *Adieu Poulet* (Adieu Bulle) mit Patrick Dewaere mit.
»Als man mir vorschlug, neben Lino Ventura einen Bullen in *Adieu poulet* von Pierre Granier-Deferre zu spielen«, erzählt Dewaere, »habe ich zuerst einen Rückzieher gemacht. Ich ein Bulle? Dann habe ich mir überlegt, daß es prima wäre, mit Ventura zu arbeiten!
Ich konnte nicht mit jemandem spielen, den ich nicht kannte. Es mußte irgendwas passieren. Bevor

wir *Adieu poulet* mit Lino Ventura drehten, haben wir ein paar Spritztouren gemacht, wir haben uns zusammen die Bäuche vollgestopft. Dann ging alles von allein!«
»Man könnte sagen, ich bin ein Fünfzehntonner, und Dewaere ein Formel 1. Er macht oft zu viel. Er biegt nach rechts, nach links, fährt voraus, kommt wieder zurück. Und in Wahrheit weiß er sehr genau, wohin er fährt und wohin er will.«
Dewaere war nicht vor seinen Überraschungen geschützt. Obwohl *Les valseuses* (Die Ausgebufften) bereits erfolgreich gewesen waren, war er noch kein Star. Was sollte es, dachte Ventura, daß er in Anbetracht der Bedeutung seiner Rolle forderte, daß sein Name auf dem Plakat neben dem seinen stand, über dem Titel, was ursprünglich nicht im Vertrag vorgesehen war...

Der Erfolg von *Adieu poulet* bestätigte die Tatsache, daß Lino Ventura in den Augen der Öffentlichkeit immer noch der »Bulle« blieb, auch wenn sich der Kontext, in dem er sich entwickelte, seit seinem Debut beträchtlich geändert hatte.
»Wenn der Krimi all das, was ich gemacht habe, überstrahlt, so bedeutet das, daß die Rollen sich eingeprägt haben, ohne daß die Leute dessen überdrüssig geworden sind, und das ist sehr schmeichelhaft.«
Die ersten großen Veränderungen hatten mit *Dernier domicile connu* (Der Kommissar und sein Lockvogel) im Jahre 1970 eingesetzt, als der Bulle »mit der harten Faust« dem ruhigen, gewissenhaften und methodisch arbeitenden Polizisten Platz gemacht hatte. *Adieu poulet* war ein weiterer

Adieu Bulle (1975) von Pierre Granier-Deferre.

Schritt auf diesem Weg, der schließlich 1976 in *Cadaveri eccellenti* (Cadavres exquis/Die Macht und ihr Preis) mündete.
1987 erhielt Lino Ventura die Auszeichnung des Innenministeriums für seinen Beitrag zur »Krimi-Unterhaltungskultur«.
»Es ist wahr«, sagte Minister Charles Pasqua, »daß er sehr oft die Rollen solider, mutiger Polizisten verkörpert hat. Und bei der kleinen Feier, die man für seine Frau organisiert hatte, als sie den Orden der Ehrenlegion bekam, habe ich ihm die Medaille des Innenministeriums überreicht. Ich hatte ihm gesagt: ›Sie haben mehr dazu beigetragen, das Image eines sympathischen Polizisten zu propagie-

ren und seine Probleme und Schwierigkeiten bekannt zu machen, als alles, was wir selbst hätten sagen und schreiben können.‹ Und auch er fand das sympathisch und amüsant.
Er stellte einen Polizisten dar, der sein Metier gut kennt, einen tüchtigen Mann, der den Dingen auf den Grund zu gehen pflegt und nicht zögert, sich stark zu engagieren und seine Haut zu riskieren — man hat das in einigen Filmen sehen können. Die Art, wie er die Polizei darstellte, war sympathisch. Bei den Polizeibeamten genießt er große Sympathien und hat viele Freunde dort.«

Cadavari eccellenti (Cadavres exquis/Die Macht und ihr Preis) von Francesco Rosi irritierte das französische Publikum etwas, weil es infolge vorschneller Überlegungen gewisser Kritiker glaubte, es handele sich um einen »politisierenden« Film. Das hieße aber, Lino Venturas Meinung über die Politik schlecht zu kennen:

»Ich bin ziemlich enttäuscht, was die Politik betrifft, und sogar besorgt. Ich will damit sagen, daß heute alles Lüge ist, daß derjenige gewinnt, der am besten und charmantesten lügen kann. Ich werde Ihnen sagen, was mir hierzu einfällt: es gibt einen Mann namens Solschenizyn, der geschrieben hat: ›Die Politik verdirbt den Menschen‹...
Wenn ich die Entwicklung der Politiker betrachte, muß ich an ein Kasperltheater denken. Ich habe wenig Hochachtung vor ihnen, abgesehen von ein paar Ausnahmen. Die Politiker müßten sich darüber im klaren sein, daß sie durch ihr Politisieren und ihre Politikersprache dabei sind, und zwar alle, wie sie da sind, sich zu diskreditieren. Und ich habe den

Eindruck, daß sie nicht mit uns reden wie mit Erwachsenen, sondern wie mit Idioten, und das ist immerhin ein starkes Stück!
Ich lasse die Politik also wie jeder andere auch über mich ergehen. Sie erschüttert mich, wie alle anderen auch. Ich kann ihr gegenüber nicht gleichgültig sein, aber ich mache keine Politik, dazu bin ich nicht geschaffen, und ich besitze keine absolute politische Glaubwürdigkeit...«
Eines der wenigen Dinge, die ihn auf politischer Ebene motivierten, war Europa.
»Ich bin ein überzeugter Europäer. Ich glaube, das Einzige, was mich heute in Bewegung setzen könnte, obwohl ich im politischen Bereich vollkommen illusionslos bin, das wäre die Sache Europas. Leider kann ich mir schlecht vorstellen, wie die Leute in ihrer Dummheit — ich werde es anders sagen — wie man morgen Europa machen kann. Momentan bin ich ins Zweifeln geraten. Zu einem bestimmten Zeitpunkt war ich voller Hoffnung, aber jetzt glaube ich nicht mehr allzu fest daran...«

Ventura akzeptierte *Cadaveri eccellenti* vor allem weil es auf ein solides Drehbuch aufgebaut war.
»Es war ganz einfach, ich war zuerst von Sciascias Buch beeindruckt, nach dem Francesco Rosi den Film gedreht hat. An erster Stelle habe ich eine wunderbare Geschichte gesehen und keinen politischen Prozeß!
Ich bin immer einer Regel treu, die ich mir im Laufe meiner ganzen Karriere gestellt habe, und zwar, wenn mir etwas gefällt, dann mache ich es. Das Drehbuch gefiel mir, ich habe angenommen, das war der eine Punkt.

Die Macht und ihr Preis (1976) von Francesco Rosi.

Und dann wollte ich gerne mit Rosi arbeiten. Auch das hat viel gezählt... Wenn man mit einem Herrn wie Francesco Rosi arbeitet — und er ist ein echter Herr! — weiß man vorher, welche Couleur der Film haben wird. Aber vor allem will ich meine Unabhängigkeit bewahren, weil mir daran viel liegt!«
»Ich brauchte eine große Schauspielerpersönlichkeit, und gleichzeitig brauchte ich das Image eines Mannes, mit dem sich das Publikum sofort problemlos identifizieren konnte. Wer war also besser geeignet als Lino Ventura?« erzählt Rosi.
»Die Dreharbeiten waren eine einzige Zeit der Freude. Wir drehten in mehreren süditalienischen

Städten, vor allem in Neapel, und wir entdeckten zusammen nicht nur die natürliche Schönheit Neapels, sondern auch die Schönheit der Kunst, die Spuren des Menschen durch die Jahrhunderte. Er war überrascht, denn er kannte Neapel nicht unter diesem Aspekt.
Wir haben uns nur einmal sehr arg gestritten. Wir waren immer einer Meinung, außer einmal. Er wollte, daß in seiner Person die Überzeugung herauskam, die er selbst, Lino Ventura, hatte, daß kommunistische Politiker genau wie andere Politiker auch wären. Wir diskutierten lange und heftig, bis er begriff, daß der Film dies zwar für den Gipfel der Macht aussagen wollte, aber daß man dies nicht auf allen Ebenen zugeben konnte. Wir haben uns verstanden, und bei einem Glas Wein kam alles wieder in Ordnung.«

Aus technischen Gründen mußten die Dreharbeiten zu *Cadaveri eccellenti* mehrere Monate lang unterbrochen werden. Rosi war beunruhigt: würde sich sein Team so einfach wieder auf die Atmosphäre einstellen?
»Drei Monate Drehunterbrechung, das ist fürchterlicher Streß. Man muß die Spannung im gesamten Team aufrechterhalten. Es zerstreut sich und läuft Gefahr, den Film zu vergessen, der weitergedreht werden soll. Es war für mich ein Wunder, zu sehen, wie Lino Ventura zurückkam und den Film im Kopf genau an der Stelle wieder aufnahm, wo er ihn verlassen hatte. Er ist ein Mensch von äußerster Sensibilität und großem Zartgefühl, das zu seinem Äußeren in Widerspruch zu stehen scheint, aber es ihm gestattet, die Nuanchen jener Perso-

nen zu begreifen, die nicht einfach wiederzugeben sind. Das ist eine intellektuelle Leistung, die in eine reelle Person umgesetzt werden muß, ohne deren Ursprung zu leugnen.«
Der Schauspieler übernahm also die Rolle des Polizisten Inspektor Rogas, direkt nach der Rolle des Verjeat, des Bullen aus *Adieu poulet*.
»Es stimmt: Verjeat und Rogas haben etwas gemein in ihrer Arbeitsweise, insofern, als sie sich nichts vormachen lassen. Aber im ersten Fall hat der Polizist einen Freund (Patrick Dewaere) und im zweiten ist er allein, abgesehen von der Sekretärin der kommunistischen Partei, mit der er schon als Kind befreundet war. Ich glaube, es ist schwierig, allein voranzukommen, wenn die Ereignisse gegen einen sind...«

Dank *Cadaveri eccellenti* hatte Lino Ventura, abgesehen von der Stärke der Rolle, wieder einmal Gelegenheit, wie er es ab und zu durch zwischengeschaltete Filme machte, mit seinem Vaterland neue Bande zu knüpfen: mit Italien...
Denn trotz seiner Liebe zu Frankreich, seiner Leidenschaft für Paris, war und blieb Lino Ventura Italiener. Er hatte sich nie als Franzose naturalisieren lassen.
»Meine Frau ist Französin, meine Kinder sind Franzosen, ich habe mich als Franzose erwiesen, als es nötig war, aber das Land, in dem ich geboren bin, durch eine Unterschrift unten auf einem Blatt Papier zu verleugnen, das geht gegen meine Prinzipien. Ich könnte mich nur mit größtem Unbehagen in einem Spiegel anschauen, wenn ich morgen das Land, in dem ich geboren bin, durch eine Unterschrift auf

einem Blatt Papier verleugnen würde. Das erschiene mir unnütz, enttäuschend... und ganz schön fies! Ich fühle mich von Lille bis Palermo zuhause!
Aber ich habe in den Straßen von Paris gelebt. Ich glaube, ich kenne Paris wie meine Westentasche, und ich weiß ganz genau, daß ich, wenn Sie mich morgen aus Paris wegnehmen würden, sterben würde wie eine welke Primel, wobei das Wort ›Primel‹ auf mich nicht gerade besonders gut paßt.«

Die Rückkehr

»Ich mag es, wenn ich mich von einer Rolle persönlich betroffen fühle. Ich glaube, wenn man einem Schauspieler eine derartige Rolle anvertraut, dann deswegen, weil man ihn für eine Persönlichkeit hält. Ich habe niemals eine Rolle akzeptiert, sei es nun ein Gangster, Polizist oder Geographielehrer gewesen, die in Wirklichkeit nicht mit meinen eigenen Vorstellungen zu vereinbaren gewesen wäre.
Ich muß motiviert und bei allem, was ich mache, hundertprozentig glaubwürdig sein, selbst in den einfachsten und alltäglichsten Dingen. Ich weiß nicht, wie ich Ihnen das erklären soll... Das kann man nicht einfach ignorieren...
Sobald ich nicht an eine Sache glaube, bin ich so schlecht, daß es besser wäre, wenn ich sie nicht machen würde. Mit anderen Worten, ich bin ein Dickschädel, ein Sturkopf, ein Holzbock!«
»Ich kann mir vorstellen, daß er später einmal, wenn er graue Haare hat und auf sein Leben zurückblickt, stolz auf sich sein will«, bekräftigt der Filmemacher Claude Pinoteau. »Er braucht eine gewisse Verbindung zu dem, was er tut.«
Das Problem war, daß Lino Ventura im Lauf der Jahre 1976—1977 keine Rollen dieser Art mehr fand. Es gab noch nicht einmal Drehbücher, die

eines echten Interesses wert gewesen wären. Was man ihm vorlegte, war meist ungenügend ausgearbeitet oder entsprach nicht den Rollen, die er erwartete.
Also legte Lino Ventura, anstatt irgendetwas zu drehen, lieber eine Pause ein.
»Auf einmal hatte ich diese Art von Appetitmangel. Das ist schwer zu erklären, und ich glaube nicht, daß man das jemandem verständlich machen kann.
Ich würde schon gerne wieder das tun, was ich vorher gemacht habe, wenn es sich um eine Story handelt, die was taugt«, sagte er damals. *»Ich muß Ihnen da etwas erklären: wenn ich einen Film drehen soll, muß ich davon gepackt sein. Wenn er mir nicht gefällt, mache ich ihn nicht. Man kann mir gut und gern die ganze Nacht lang erklären, daß es sich um eine phantastische Rolle handelt, ich will nichts damit zu tun haben! Was mich interessiert, ist die Story. Ich muß der Story dienen, und nicht die Story mir. Wenn dem nicht so ist, dann ist alles verpfuscht. Das ist jetzt keine Nummer falscher Bescheidenheit.*
Sie kennen die Worte Gabins: ›Es gibt drei wichtige Dinge in einem Film: erstens die Story, zweitens die Story und drittens die Story!‹ Und genau dieser Satz ist unbezahlbar. Sie können es drehen und wenden, wie sie wollen, er gilt immer!
Man redet oft von der Krise des Films. Daß es Probleme innerhalb des Films gibt, steht fest, das ist eine Tatsache. Aber ich glaube, daß die Grundlage der Krise, meiner Meinung nach, darin besteht, daß wir — um die Wahrheit zu sagen — nicht gerade reich an Autoren sind, vor allem an solchen, die — immer von meinem Standpunkt aus gesehen —

Filme schreiben können, die ein bißchen ›Schwung‹ haben. Wir brauchen wieder eine andere Sicht als die der verinnerlichten, ein wenig abgeschotteten Filme mit fast Freudschen Problemen, die mich persönlich nicht interessieren. Möglicherweise interessiert das eine ganze Menge anderer Leute. Aber ich glaube, wir unterliegen, wenn Sie so wollen, einer Art ›intellektuellem Terrorismus‹, und das alles hat zu einem Snobismus geführt, der dem Kino nicht allzu viel gebracht hat.
Ich habe noch nicht begriffen, was es heißen soll, wenn ein Film als ›kommerziell‹ eingestuft wird. Ich hätte schon gern, wenn man mir den verächtlichen Unterton erklären würde, mit dem man das sagt. Man könnte direkt meinen, daß man etwas Unanständiges getan hat. Also, ich weiß nicht ... Der Zweck eines Films besteht doch letzten Endes darin, von möglichst vielen Leuten gesehen zu werden!
Pierre Billard schrieb in einem Artikel: ›Als man anfing, Autorenfilme zu drehen, hat man den Autorenfilm zerstört!‹ Das stimmt vollkommen. Heute gibt es im französischen Film praktisch keine Geschichten mehr, die Schwung haben. Meistens sind es nichts als hyper-psychologische Geschichten ... Ich verstehe nicht, wie ein Regisseur bei so einer Story an mich denken kann! Weil ich das doch überhaupt nicht repräsentiere ... Ich bin mir sogar sicher, daß ich für die Mehrzahl der französischen Regisseure eine bestimmte Spezies Affenmensch bin!
Ich glaube, man muß den Mut haben, sich selbst ins Gesicht zu sagen, daß wir selbst daran schuld sind, wenn etwas nicht klappt!

Wenn ein Film nicht gut ist und nicht läuft, erfindet man einen Haufen Gründe: schlechtes Wetter, kein guter Monat, zu gutes Wetter, es schneit, es wird gestreikt... Das ist nicht wahr! Wenn ein Film gut ist, können Streiks sein, zwei Meter Schnee liegen, und die Leute gehen trotzdem ins Kino!
Es gibt keinen größeren Anreiz als einen guten Film. Und es gbt kein größeres Desaster für das Kino als einen schlechten Film, aus dem die Leute sauer herauskommen. Die werden, und das ist bewiesen, einen Monat lang keinen Fuß mehr in ein Kino setzen. Während ein guter Film dagegen einem Lust macht, bald wiederzukommen und sich einen anderen anzusehen. Und wenn Sie 60 Milionen Anzeigen in die Zeitungen setzen, gegen die Mund-zu-Mund-Propaganda kommen Sie nicht an...
Da üben wir einen der wenigen Berufe aus, in dem man noch in der Gruppe arbeiten kann, und keiner nutzt es richtig aus!
Es soll nur einer mit einer interessanten Grundlage zu mir kommen, dann bin ich sofort bereit, das Thema monatelang mit ihm durchzuarbeiten. Ich traure den Filmen von früher nach, selbst jenen, die erst vor zehn Jahren gedreht wurden: der Regisseur setzte sich mit seinem Drehbuchschreiber und seinen Hauptdarstellern an einen Tisch, in einem Büro oder in der Ecke eines Bistros, und man ›bastelte‹ etwas zusammen.«

Mit gut sechzig Filmen auf seinem Konto konnte Lino Ventura auf gute Rollen warten, die seiner Persönlichkeit entsprachen. Aber um ihn herum hatte sich die Filmkunst verändert. Sie orientierte sich mehr und mehr an zwei entgegengesetzten

Richtungen und ließ dabei wenig Raum für Zwischenpositionen. Auf der einen Seite erschienen wieder Produktionen mit sehr großen Budgets, vor allem aus den Vereinigten Staaten, die nach dem großen Geschäft mit Katastrophenfilmen die Kinos mit Science Fiction überschwemmten, ehe sie auf anderen Wellen weiterschwammen. Auf der anderen Seite gab es weiterhin, namentlich in Frankreich, Werke ohne große finanzielle Mittel, die meistenteils die Filmwelt unbeachtet durchquerten. Nur der komische Film erfuhr eine gewisse Renaissance, nicht zuletzt dank exzellenter »Männer mit neuen Ideen« wie Gérard Oury.

Nun tauchte gerade in der Zeit, in der Lino gezwungenermaßen eine Drehpause einlegte, in den Spalten der Zeitungen häufig wieder ein Projekt auf: *L'entourloupe,* das Gérard Oury für Ventura geschrieben und umgesetzt hatte.

»Es handelt sich um eine französisch-italienisch-amerikanische Produktion«, erklärte der Filmemacher. »Es gibt zwei männliche Hauptdarsteller. Wie in allen meinen Filmen handelt es von einer Männerfreundschaft. Einer von ihnen ist ein Franzose, den Lino Ventura spielen wird.

Im Film wird zu 95 % englisch gesprochen. Ich habe mit einem Autor namens David Newman zusammengearbeitet, der bereits mehrere bedeutende Filme gemacht hat, darunter *Bonny and Clyde* und *Le reptile.*

Bei dem anderen großen Star handelt es sich um einen 35jährigen Mann aus New York, dessen Namen ich noch nicht nennen darf. Er wird Venturas Partner sein. Frauen wird es auch geben... Ich hoffe, daß Madeleine Renaud die Rolle von Venturas Mutter übernehmen wird. Vorgesehen sind die Rollen von vier sehr hübschen jungen Amerikanerinnen, aber ich weiß noch nicht, wen ich nehmen werde.

Lino Ventura spielt einen Mann, der vom Schicksal übermannt wird, über den ein ganzer Haufen Katastrophen hereinstürzt, und wie gewöhnlich läuft alles in vierundzwanzig Stunden ab. Das heißt, alles ereignet, verwickelt und entwirrt sich in vierundzwanzig Stunden.

Ich glaube, daß wir im Fall Lino Venturas ausgezeichnete Arbeit machen werden. Ich habe eine brillante Persönlichkeit kennengelernt. Außergewöhnlich brillant, was die Logik des Skripts, das Verständnis des Drehbuchs, den Sinn seiner Rolle angeht. Anstatt einem Schauspieler das Skript am Abend vor den Dreharbeiten zu übergeben, kam er monatelang zum Arbeiten zu mir nach Hause, ich konnte ihn beobachten, diese Rolle mit ihm schreiben.

Wenn wir zu drehen beginnen, glaube ich, daß es eine Menge Dinge gibt, die ich ihm nicht zu sagen brauche. Ich habe bei ihm ein bißchen von Bourvil gefunden, und zwar einen Menschen und Schauspieler zugleich, was absolut außergewöhnlich ist. Eine Persönlichkeit, zu der man einen Kontakt hat, Herzlichkeit, Bourvil besaß das erstaunlicherweise, und Lino Ventura ebenfalls. So etwas trifft man nicht alle Tage.«

Im Verlauf der Ausarbeitung bekam das Projekt einen anderen Titel: *Le chef d'orchestre.*

»Lino wird wirklich und wahrhaftig Tschaikowskys ›Pathétique‹ und Isoldes Liebestod von Wagner zu dirigieren haben«, fügt Oury hinzu. »Er wird Unter-

richt im Dirigieren nehmen müssen. Wir haben uns bereits sehr interessante Bilder von Karajan angesehen, zwar nicht wie er Tschaikowsky und Wagner, aber wie er Beethoven dirigiert. Lino hat mit großem Eifer beobachtet, wie Karajan dirigierte.«
Letztendlich kam das Projekt aus finanziellen Gründen nicht zustande, da sich die ursprünglich vorgesehene Produktionsgesellschaft auflöste.
Dieser Abbruch wurde von den beiden Männern hart empfunden. Von dem einen, weil er auf die Absage von *Le crocodile* folgte, das er wegen Louis de Funès' Krankheit nicht drehen konnte, von dem anderen, weil er zu einer Zeit gekommen war, in der gute Drehbücher dünn gesät waren.
Nach Lino Venturas Tod lüftete Gérard Oury einen Zipfel des Geheimnisses über diesen Film:
»Er hatte sich für eine Story begeistert, in der ich ihm die Rolle eines großen Dirigenten vom Kaliber Karajans anvertrauen wollte, der ein Drama erlebt: sein Kind wird entführt. Es war eine großartige Rolle für ihn, in einer französisch-amerikanischen Produktion, die wir mit Sylvester Stallone drehen wollten. Wir verbrachten damals alle beide einige Zeit in den USA, um diesen Film vorzubereiten. Das war zu dem Zeitpunkt als wir, zusammen in den Straßen von New York, vom Tode Jean Gabins erfuhren.«

Wieder las der Schauspieler Skripts, und wie immer blieb er stets auf dem laufenden.
Am 27. Juni 1976 wurde ein Airbus der Air France von Palästinensern in das Uganda des Generals Idi Amin Dada entführt. Damit begann die »Entebbe-Affaire«, die Entsetzen in den Chroniken der Zei-

tungen hervorrief... und nach der drei Filme entstanden *.

»Als ich in der Zeitung von der Entebbe-Affaire las, fühlte ich mich nicht gerade stolz, weil ich mir darüber bewußt war, daß die Leute Angst hatten. Man lebt in einer Welt, in der die Leute Angst haben: Angst zu sagen, was sie denken, Angst, keine Intellektuellen zu sein, Angst, nicht eingeweiht zu sein, Angst, nicht mit dem Strom zu schwimmen, Angst, ihre Stelle zu verlieren, Angst vor allem. Ich habe den Eindruck, daß wir mit leerem Magen leben... Und als ich gesehen habe, was die Israelis getan haben, hatte ich — entschuldigen Sie bitte den Ausdruck — ganz schön Schiß. Ich finde ihre Handlungsweise außerordentlich. Und ich wäre gern bei dem Kommandounternehmen dabeigewesen, weil mich das vielleicht ein bißchen in meinem Gefühl als Mann bestätigt hätte. Und ich finde diesen intellektuellen Snobismus erschreckend, der die Aufrichtigkeit, Klarheit, die Begeisterung bei den Menschen zerstört...

In anderem Zusammenhang geriet Lino Ventura etwas später seinerseits in die Lichter der Aktualität. 1977 erhielt er nämlich von seiten der gesamten Filmbranche eine Art Bestätigung, da er gebeten wurde, der zweiten Verleihungszeremonie der Césars (bei der *Monsieur Klein* ausgezeichnet wurde) vorzusitzen, ein Jahr nach Jean Gabin.

---

* *Victory at Entebbe* (Unternehmen Entebbe) von Marvin Chomsky (1976) mit Elizabeth Taylor, Kirk Douglas, Burt Lancaster. *Raid on Entebbe (Raid sur Entebbe)* von Irvin Kerschner (1976) mit Charles Bronson, Peter Finch, Horst Buchholz. *Operation Thunderbolt (Opération Thunderbolt, esprit d'Entebbe)* von Menahem Golan mit Assaf Dayan, Klaus Kinski, Sybil Danning.

Der Schrecken der Medusa.

Aber das brachte den Schauspieler dem Film nicht näher. Seine Pause begann nach endgültigem Ruhestand auszusehen. Da kündigten sich glücklicherweise die Dreharbeiten zu *The Medusa Touch* (La grande menace/Der Schrecken der Medusa) mit Richard Burton an.

Lino Ventura flog nach England, um einen französischen Polizeiinspektor zu mimen. Zu diesem Zwecke mußte er sich Shakespeares Sprache bedienen.

»Ich glaube, es gibt nur Leute, die perfekt englisch sprechen, damit sie steif und fest behaupten kön-

nen, daß die englische Sprache einfach ist! Sie wissen ja, es ist eine Sache, mit ein paar Freunden am Tisch ein paar englische Brocken zu kauderwelschen, aber vor einer Kamera ist das etwas ganz anderes! Gut, es ist eine Erfahrung, die ich sehr interessant finde und nicht bereue, aber es ist hart, sehr hart... Man muß sehr teuer dafür bezahlen.
Ich habe diesen Film gemacht, um mir etwas zu beweisen. In England zu drehen, mit Richard Burton, in englischer Sprache in einem Film zu spielen, dessen Thema sehr eigentümlich ist, stellte einen Prüfstein dar, eine Erfahrung, die ich versuchen wollte.«
Ob Lino Ventura Burton in den Studios traf oder nicht — am Schluß hatten sie doch keine einzige

Der Schrecken der Medusa (1978) mit Lee Remick.

Szene zusammen, da ersterer einen Polizisten mimte, der über den Tod des letzteren Ermittlungen anstellte.

Erstaunlicherweise kam »La grande menace« *(The Medusa Touch*/Der Schrecken der Medusa) in Frankreich erst nach *Un papillon sur l'épaule* (A. d. Ü.: in Deutschland nicht im Kino gelaufen; SAT 1-Titel: Mord in Barcelona) in die Kinos, das Lino Ventura erst nach seiner Britannien-Tour gedreht hatte.

»*Jacques* (Deray) *kam mit einem Buch an* (>The Velvet Well< von John Gearon). *Ich habe das Buch gelesen. Darin gab es eine Idee. Wir haben uns darauf gestürzt, Jean-Claude Carrière hat mit Tonino Guerra daran gearbeitet, und daraus entstand dann* Un papillon sur l'épaule.
Bis dahin hatte ich in meinen Filmen immer alle Hände voll MGs. Zum ersten Mal bewegte ich mich mit leeren Händen!«

Er stellte auch fest, daß seine »Pause« seit *Cadaveri eccellenti* ihn irgendwie doch sehr verändert hatte.

»*Wissen Sie, darin liegt ein wahres Geheimnis, und zwar das folgende: beim Sport zum Beispiel kann es vorkommen, daß Sie zwei Jahre lang kein Tennis spielen, und wenn Sie wieder anfangen, merken Sie, daß Sie bestimmte Dinge verdaut haben und plötzlich, mit einem Mal, trotz dieser langen Unterbrechung besser spielen als je zuvor. Ohne zu wissen, warum. Als ob Sie Zeit gehabt hätten, gewisse Dinge zu assimilieren. Und vielleicht ist das auch bei mir passiert.* Un papillon sur l'épaule *drehte ich nach einer langen Pause. Fast zwei Jahre lang hatte ich nicht mehr gedreht, hatte nicht drehen wollen*...

Vielleicht habe ich mir damals, unbewußt, über gewisse Dinge Fragen gestellt... Was ich sage, mag vielleicht sehr emphatisch klingen, aber ich kann es nicht anders erklären. Es geschah praktisch von selbst. Es war ganz und gar keine Anstrengung für mich. Ich habe mir nicht gesagt: ›So, und jetzt werde ich...‹ Nein, nein. Aus diesem Grunde rede ich von einem sehr persönlichen Schritt: weil ich nicht genau weiß, wie er eigentlich erfolgte.«

Deray und Ventura lag sehr viel an dem Film, nicht nur, weil sie wußten, daß er ihrer Karriere eine besondere Wendung geben würde, sondern weil sie von dieser Geschichte eines Mannes, der in

Un papillon sur l'èpaule (1978) von Jacques Deray.

beinahe kafkaesken Machenschaften gefangen ist, der eine Tür geöffnet hat, die er niemals hätte öffnen dürfen, fasziniert waren. Der Beweis: beide akzeptierten sie geringere Gagen als sonst und ließen sich lieber mit einem Prozentsatz an den Einnahmen beteiligen.
Die Dreharbeiten fanden in Barcelona statt.
»*Un papillon sur l'épaule* ist kein spannender Film im üblichen Sinne des Wortes, mit Bravourstückchen und Action, die auf ein logisches Moment hinauslaufen, sondern ein atmosphärischer Film«, präzisiert Deray. »Das ist der Grund, warum der ganze Film in Barcelona spielt, dessen atmosphärische Präsenz ganz wichtig ist. Barcelona und nicht ein Hafen im Norden, wie Hamburg oder Antwerpen, das einen Augenblick lang in Frage kam, denn ich wollte mich dem Klischee des romantischen Nebels entziehen.
Aus beruflicher Sicht hatte ich das Glück, einem ganz außerordentlichen, absolut einzigartigen Lino Ventura zu begegnen. Er hatte zu diesem Zeitpunkt das Bedürfnis, sich zu beweisen, daß er auch andere Rollen spielen konnte, als die, mit denen er berühmt geworden war. Wir sind uns also begegnet, und ich gebe zu, daß dies für ihn und für mich ein absolut prägendes Abenteuer war.
Ich persönlich arbeite sehr gern mit Stars: das sind sehr angenehme Schauspieler. Wenn Lino Ventura *Un papillon sur l'épaule* nicht angenommen hätte, hätte ich die Dreharbeiten abgesagt. Denn ich habe hier gerade Venturas traditionelles Image als Action-Typ benutzt, um es seinem eigenen Mythos, dem klassischen Verhalten des ›Stars Ventura‹ entgegenzusetzen: zu keiner Zeit würde er so

reagieren, wie es sein Äußeres erwarten ließ. In diesem Sinne ist *Un papillon sur l'épaule* ein Film über den Zweifel, den Schwindel, die Unsicherheit...

Aber um auf die Stars zurückzukommen, meiner Meinung nach sollten sie erst an dritter Stelle nach dem Drehbuch und dem Regisseur kommen. Lino ging es ähnlich. Wir waren alle beide unserer kommerziellen Karriere überdrüssig, unbeschadet der Tatsache, daß wir entzückt darüber sind, sie erlebt zu haben. Lino hätte ›Der Gorilla‹ bleiben, zwei bis drei Filme pro Jahr drehen und viel Geld verdienen können. Er zog es vor, alles in Frage zu stellen, und wandte sich seit *Cadaveri eccellenti* immer schwierigeren, immer komplexeren Rollen zu...

Lino hat mir durch seine Popularität viel geholfen. Er gehört zur Welt des Alltags, und was ihm zustößt, ist daher nur um so schrecklicher. Bei den Dreharbeiten hatte ich nie den Eindruck, einen Schauspieler zu dirigieren, sondern eine Figur des Films vor mir zu haben. Wenn er früher vor einer Tür stand, pflegte er sie einzuschlagen. Heute öffnet er sie vorsichtig, und man fragt sich, welche Gefahr sich dahinter verbirgt. Und wir bemerken die Gefahr zur gleichen Zeit wie er, Lino hat eine erstaunliche Identifikationskraft.«

Für die französische Presse kennzeichnete *Un papillon sur l'épaule* zwei Jahre nach *Cadavres exquis* Lino Venturas Rückkehr zum Film. Aus diesem Grunde sicherten zahlreiche Reporter sich das Ereignis und berichteten darüber in ihren jeweiligen Zeitungen. So beispielsweise Marco Esposito: »Seit *Adieu poulet* hat sich Ventura nicht verändert. Immer noch dieselbe massive Gestalt mit der ihm innewohnenden ruhigen Kraft, die einen beeindruckt und einschüchtert. Auch wenn man nach ein paar Minuten der Unterhaltung kaum mehr verstehen kann, wie diesem liebenswürdigen und warmherzigen Mann dieser Ruf eines ›alten ungehobelten Klotzes‹ zuteil wurde, den er im übrigen gar nicht verabscheut...

Es stimmt, er ist alles andere als überschwenglich. Zumal in einem Studio! Zwischen zwei Szenen setzt er sich jedesmal in eine Ecke, schweigsam, ruhig, konzentriert. Wenn man ihn ruft, ist er da. Sofort. Zur vollen Verfügung.

›Meine Art zu drehen‹, sagt er, ›besteht darin, in der Atmosphäre des Studios zu bleiben. Ich kann sie nicht verlassen, kann mich nicht durch etwas anderes ablenken. Das ist wirklich keine Disziplin, sondern ein Bedürfnis.‹

Eines Tages, am Ende eines langen Drehtages wird die letzte Szene vorbereitet. Lino Ventura ist auf diesem Plan nicht vorgesehen. Er kann also gehen. Aber die beiden Sätze, die eine spanische Darstellerin in Großaufnahme in die Kamera sprechen soll, sind an seine Adresse gerichtet. Also bleibt er. Damit die Beinahe-Statistin nicht ins Leere sprechen muß.

Diese Einstellung, die für Ventura quasi ein elementarer Reflex ist, findet man äußerst selten in der Branche. Sie erfordert nämlich von dem Schauspieler eine absolute Gleichgültigkeit gegenüber dem magischen Auge der Kamera.«*

---

* Marc Esposito, »Premiere« Nr. 13, Januar 1978.

Um die lastende Einsamkeit des Hauptdarstellers zu betonen, ließ Jacques Deray Lino Ventura in manchen Sequenzen seines Films buchstäblich auf die vorher nicht unterrichtete Menge los und filmte mit versteckter Kamera. Es handelte sich vor allem um Szenen für die letzte Sequenz, in der der Schauspieler von einer Kugel aus dem Nirgendwo niedergestreckt wird. Eine schlimme Erinnerung für Lino.

»Das war eine Episode, die mich sehr getroffen hat, und zwar wegen der Gleichgültigkeit der Menschen. Es kam in etwa so wie im Film — und dies war eines der Themen, die wir hervorheben wollten. Am Ende des Films waren die Kameras in einem Haus gegenüber dem Bahnhof von Barcelona versteckt worden, ich erinnere mich noch genau. Ich kam aus dem Bahnhof und sollte eine Kugel mitten in die Stirn bekommen. Ich pralle gegen die Mauer, stürze mitten in der Menge zu Boden. Und blieb ungefähr zwei Minuten auf der Erde liegen! Kein Mensch ist stehengeblieben. Und das hat mir eine ganze Zeitlang zu schaffen gemacht, darauf können Sie sich verlassen!«

Im März 1979 kam *L'homme en colère* (Mann in Wut) von Claude Pinoteau in die Kinos, mit dem sich bestätigte, daß Lino Ventura lieber ganz normale Menschen spielte, die mit Welten konfrontiert werden, die in keiner Hinsicht die ihren sind. Hier war er nämlich ein sorgenvoller und müder Familienvater, der in eine Angelegenheit verwickelt wird, die er zu seinem Nutzen umkehrt, bis zu dem Punkt, da er gegen seinen Willen selbst in Aktion tritt. Zwischen den Zeilen fanden sich die gleichen

Sorgen wieder wie bei dem Familienvater in *La gifle*...
»*Ich glaube, jeder Schauspieler lebt mit der Sorge, sich nicht in eine Schublade stecken zu lassen. Ich weiß zum Beispiel, daß ich zu einer bestimmten Zeit das Image eines ›Super-Gewinners‹ hatte. Damit meine ich den Gorilla. Ich möchte nun den ›Gorilla in mir‹ keinesfalls verleugnen, der im Gegenteil eine wichtige Sache für mich war. Aber gerade wegen dieser Verweigerung damals, habe ich in der Folge immer versucht, Filme zu machen, in denen ich fast so etwas wie ein ›Verlierer‹ war. Ich finde, die Supermänner nämlich kolossal langweilig. Nach meiner Meinung sind sie zu weit von der Realität entfernt.*«
Was diesen Film betraf, so befaßte sich die Presse jener Zeit hauptsächlich mit einem Detail: Lino Ventura küßte seine Partnerin Angie Dickinson auf den Mund! Ein derartiger Vorfall hatte sich seit Jahren nicht mehr ereignet, auch wenn er auf der Leinwand nur ein paar Sekunden dauerte.
»Lino hat einen moralischen Begriff von Ethik«, erklärte im übrigen Pierre Granier-Deferre, »... nicht streng, aber ausgeprägt. Menschlich gesehen ist er ein großartiger Kerl. Es stimmt, daß ich in Filmen, die ich mit ihm gemacht habe, an Szenen denken muß, die zärtlicher hätten sein können, sogar sinnlicher sozusagen, die Sex evozieren sollten, aber er will davon nichts hören!«
»In Gegenwart einer Frau fühlt er sich unbehaglich«, unterstreicht Claude Pinoteau zu diesem Thema. »Sie schüchtert ihn ein. Ihr gegenüber kann er sich nicht erlauben, Geschichten zu erzählen und ihr auf die Schulter zu klopfen wie einem Mann. So großartig, wie er die jungen Schauspieler

behandelt, verhält er sich noch lange nicht seinen weiblichen Partnerinnen gegenüber.
Bei den Dreharbeiten zu *L'homme en colère* mit Angie Dickinson, die er bewunderte, hat er mich überrascht. Im Studio lief alles prima. Sobald wir zusammen aßen, verkrampfte er sich. Nur bei Frauen geniert er sich. Setzen Sie noch zwei Kumpels dazu, dreht er sich um, um mit ihnen zu reden. Aber wenn sie ihn ansprechen, antwortet er natürlich.
Eines Tages mußte er die Szene drehen, in der er Angie auf den Mund küßt. Ich wollte einen echten Kuß, einen sinnlichen Kuß. »Meinst du wirklich?« fragte er mich. »Würde ein kleiner zärtlicher Kuß nicht genügen?« Ich habe darauf bestanden. Er hat schließlich eingewilligt. Bevor wir anfingen, habe ich die gleichen Vorkehrungen getroffen wie für eine Kaskade. Das Technikerteam wußte, daß wir würden abbrechen müssen, falls sich vor dem Kuß auch nur der geringste Zwischenfall ereignete. Ich konnte mir ausrechnen, daß er Angie kein zweites Mal küssen würde. Ich rief: »Aufnahme!« Wir hielten den Atem an... Als er den Mund seiner Partnerin losließ, hörte wir Angie seufzen: »Ah!« Und dann begann sie zu lachen und rief: »Der Schauspieler Lino Ventura hat mich geküßt! Das ist das Ereignis des Jahrhunderts!« Er lief dunkelrot an wie ein Schuljunge. Immer noch dasselbe Schamgefühl. Er hat einen sehr altmodischen italienischen Zug an sich, auch wenn er es nicht zugibt.«

Sunday lovers (1978) von Edouard Molinaro.

Edouard Molinaro und Francis Veber ermöglichten Lino Ventura dann, durch einen Sketch in *Les Séducteurs* * (Sunday Lovers), dessen wesentlicher Fehler es war, im Hexagone zu wenig Beachtung zu finden, ein kurzes Comeback in der Komödie.
Die Rolle als Chef eines Unternehmens war wieder einmal nach Maß auf ihn zugeschnitten. Der Schneider war ein Meister auf seinem Gebiet, um so mehr, als er sein Modell perfekt kannte.
»Wie Sie wissen«, erklärte Veber, »hat ein Schauspieler häufig irgendwie etwas Weibliches, weil er von einem Aufnahmeleiter dirigiert wird, weil er wie ein Kind angezogen, wie ein Kind behandelt, umringt und verhätschelt wird, und er kann ein ganz launenhafter, unerträglicher Mensch werden. Lino nicht. Er bleibt die ganze Zeit über ein Mann.«
Dann kam das Jahr 1981.

---

* Nicht zu verwechseln mit *Les Séducteurs* von Ralph Lévy (1964) mit Marlon Brando und David Niven.

Auge in Auge

1981 bedeutete für Ventura ein Wiedersehen mit einem Beruf, den er seit *Cadaveri eccellenti* fünf Jahre zuvor, nicht mehr ausgeübt hatte: Polizist. In *Garde à vue* (Das Verhör) von Claude Miller spielte er einen Polizeiinspektor, der ununterbrochen den gerissenen Ganoven Michel Serrault verhörte.

»Ich glaube, daß Garde à vue *trotz allem ein ziemlich anspruchsvoller Film ist, was die Dialoge und selbst die Aufnahmen betrifft. Ich denke, Claude Miller hat Michel Audiard treu gedient, und dies auf eine bemerkenswerte Weise.*

Garde à vue *ist ein Film, den ich wirklich liebe und der mir unheimlich viel Arbeit gemacht hat. Claude Miller gehört zu der Welle, die jetzt kommt, und meiner Meinung nach ist er ein Mensch, dem das Filmen im Blut liegt. Wir haben viel an dem Skript gearbeitet, wir haben viel im Studio gearbeitet, weil es trotz allem eine Stilübung war, es war ein Wahnsinn, diesen Film zu machen, ohne in verfilmtes Theater abzugleiten, denn alles lief in einem Zimmer ab, und da habe ich Claudes großes Talent erkannt.«*

Auch Henri Verneuil war frappiert von der Veränderung, die zwischen den beiden Venturas in *Touchez pas au grisbi* und *Garde à vue* stattgefunden hatte:

Das Verhör (1981) von Claude Miller.

»Ich will das Wort Fortschritt nicht gebrauchen, aber es liegen wahre Abgründe dazwischen. Er hat die gleiche Begabung, er spricht in beiden Filmen richtig, aber beim ersten ist er Anfänger, und das hört man, und im letzten wird der Text sicher gesprochen, der Text wiegt mit seinem ganzen Gewicht.«

Garde à vue war eines der Großereignisse der Kinosaison 1981/82, zum einen, weil er äußerst erfolgreich war — und Lino Ventura vorne in die Hitlisten brachte —, zum anderen, weil er vier Césars bekam (von acht Nominierungen), und folgende Preise erhielt:

— den »Grand Prix« des französischen Films, den Louis-Lumière-Preis;
— den Jean-LeDuc-Preis der Académie Française;
— den Georges-Méliès-Preis der Kritik;
— den Preis für das beste Drehbuch beim Festival von Montreal;
— und den Preis der ausländischen Presse.
Claude Miller, um dessen dritten Spielfilm es sich handelte, konnte zu den Großen der Filmkunst gezählt werden. Auch war er ein Neuerer. Zum ersten Mal seit Beginn seiner (jungen) Karriere benutzte er ein »story-board« (eine Art »gezeichnetes Band« mit den wichtigsten Drehplänen).
»Ich war sehr in Sorge, ob das story-board den Schauspielern Angst machen würde«, erklärte Miller. »Deswegen habe ich es ihnen nicht gezeigt. Ich hatte es nie unterm Arm. Ich wußte nur, was ich an dem jeweiligen Tag machen würde. Der Cadreur kannte es, aber er hatte es sich nur mal kurz angeschaut, wie man ein Skript ansieht. Lino und Romy (Schneider) hätte es vielleicht Spaß gemacht, weil sie ein gewisses Vergnügen an der Präzision finden. Aber Serrault ist jemand, der ein Riesenbedürfnis nach Kreativität im Studio hat, bei einer Komödie Spaß haben muß, und ich hatte aus verschiedenen Gesprächen, die wir vor Beginn der Dreharbeiten geführt hatten, herausgehört, daß ihn das ungemein gestört hätte.«

1981 hatte Lino Ventura Gelegenheit, Bilanz zu ziehen.
»Ich mache jetzt schon achtundzwanzig Jahre lang Filme. Ich weiß noch, daß es einen Monat nach meinem Debut ein Fest gab, um dem fünfundzwanzig-

jährigen Filmjubiläum des ›Alten‹ zu gedenken. Der ›Alte‹ war natürlich Gabin. Man hatte mich gebeten zu kommen. Ich saß in einer Ecke und dachte: ›Fünfundzwanzig Jahre Film, das ist schon was!‹
Heute kriege ich Panik. Ich kann mich nicht mit dem Gedanken abfinden, daß ich schon länger als fünfundzwanzig Jahre lang Filme mache! Ich kriege wirklich Panik, weil ich mir sage, daß das nicht möglich ist ... daß ich noch so viel arbeiten muß ...
Diese achtundzwanzig Jahre sind wie im Fluge vergangen. Wenn ich zum Beispiel gefragt werde, in welchem Jahr ich den und den Film gedreht habe, und ich überlege und dann antworte, daß es wohl vor sechs oder sieben Jahren gewesen sein muß, dann sagen die Leute mir mitten ins Gesicht: ›Nein, das war vor vierzehn Jahren!‹ ... Und das stimmt! Es ist erschreckend! Es gelingt mir nicht, mir all die Jahre zu vergegenwärtigen. Und dennoch bin ich immer noch da. Wie kann das sein? Das Kino ist über mich hereingebrochen!
Was ich als die wahrste Wahrheit empfinde — um diesen Pleonasmus zu gebrauchen —, ist, daß ich mich nicht verändert habe. Konzessionen habe ich nie gemacht; vielleicht, weil das Leben mich sehr früh geformt hat.
Jean Gabin pflegte immer zu sagen: ›Immer, wenn du einen Film machst, mußt du dir sagen, daß es der letzte sein könnte.‹ So ist dieser Beruf. Morgen könnte es sein, daß Lino Ventura alle Welt zutiefst langweilt, und keiner weiß, warum. Es ist eben so, und ich glaube, daran kann man nichts ändern. Ich wäre deswegen nicht verletzt. Momentan traurig vielleicht, aber gequält und verletzt sicher nicht, offen gesagt.«

Diese ganze Zeit über unterhielt Lino Ventura enge Beziehungen zu der Welt des Films, und zwar auf allen Ebenen.

»Mit den alten Teams, ob es nun die Mechaniker, die Elektriker sind, die mich seit Jahren kennen, wir sind gute Kumpels. Das sind Leute, denen braucht man nichts mehr großartig beizubringen: Sie haben alles gesehen, alles erlebt.«

Bedauern?

»Irgendetwas bedauert man immer. Man kann sich sagen, man hätte dies besser machen können oder jenes ablehnen. Aber ich glaube, ich habe kein Recht, mich zu beklagen.«

Wenig Bedauern, bestimmte Filme nicht gedreht zu haben?

»Das ist mir auch schon passiert, aber ich weiß nicht mehr... Ach ja, das letzte Mal war das bei Les choses de la vie (Die Dinge des Lebens) *der Fall! Es gibt Filme, die ich wunderbar finde, in denen ich mich aber auf keinen Fall sehen möchte. Und andere, die ich auch wunderbar finde, für die ich sogar bezahlt hätte, um darin mitspielen zu dürfen!«*

Zu den Fehlern:

»Jeder irrt sich mal. Glücklicherweise übrigens. Wir würden uns zu Tode langweilen, wenn es ein hundertprozentig exaktes Rezept dafür gäbe, was man tun muß, da wäre es besser, Erbsen einzumachen, ich weiß nicht, egal was zu machen, nur nicht diesen Beruf!

Ich habe Fehler gemacht, wie alle anderen auch. Ein Fehler, das ist, wenn man an etwas geglaubt hat, aber die Sache nichts geworden ist. Aber man muß immer Zweifel haben. Leute, die keine Zweifel kennen, erschrecken mich. Wenn ich einen Aufnahme-

leiter oder einen Drehbuchschreiber sehe, der noch viel unruhiger ist als ich, dann bin ich beruhigt!«

In achtundzwanzig Jahren wurde Lino Ventura, ob er es nun zugibt oder nicht, ein Schauspieler allerersten Ranges, ein Star.
»Ich habe mich niemals für einen Star gehalten. Ich kann Ihnen nicht sagen, was ich für die Öffentlichkeit darstelle. In den Augen der Produzenten bin ich sicher ein Typ, der die Leute ins Kino lockt, und somit ein rentabler Schauspieler, auf den man setzen kann, ohne eine Bauchlandung zu riskieren. Ich weiß noch nicht einmal, was ich selbst im Leben darstelle. Und ganz davon abgesehen ist es nicht meine Aufgabe, vor Journalisten eine Definition von mir abzugeben. Ich habe den unangenehmen Eindruck, jedesmal, wenn ich eine Frage beantworte, eine Nummer abzuziehen. Alles, was ich mit Sicherheit zugeben kann, ist, daß ich nicht zum Star geboren wurde! Ich verabscheue es, von meinem Privatleben zu sprechen, von dem, was ich liebe und was ich hasse...
Über mich steht nichts in den Klatschspalten. Ich bin ein sehr undankbarer Stoff für Journalisten. An mir ist nichts Besonderes. Ich bin äußerst gehemmt und habe noch nie begriffen, was an mir für die Leute interessant sein könnte.
Man könnte sagen, ich habe eine bestimmte Form der Schüchternheit. Ich möchte mir nicht vorkommen wie ein seltenes Tier, das herumgezeigt wird. Das verletzt meine Empfindlichkeit, wenn Sie so wollen, meinen Stolz, nennen Sie es, wie Sie möchten. Es ist vielleicht sehr dumm, aber es ist halt so.
Star, das ist ein Wort, das nichts über mich aussagt.

Ich habe mich nämlich niemals ganz und gar in die Welt der Schauspielerei integriert. Ich muß Ihnen gestehen, ich bin immer auch erstaunt, wenn ich sehe, was mir passiert ist. Manchmal ergreift mich fast Panik. Aber ich weiß, daß ich mehr oder weniger immer das getan habe, was ich wollte, und sonst nichts!
Marilyn Monroe, Gabin, die Bardot, Paul Newman, Spencer Tracy, Gary Cooper, Monsieur — ich sage extra ›Monsieur‹ — Henry Fonda, ja, das sind Stars. Wie auch Belmondo. Das einzige was ich sagen kann, ist, daß ich zu der Gruppe der vier oder fünf gehöre, die da sind. Das ist alles...
Ich bin mir bewußt, daß es nicht einfach ist, ein Star zu sein. Ich muß noch einmal Gabin zitieren, er hat einmal zu mir gesagt: ›Nach oben zu kommen, ist schon nicht gerade leicht! Aber du wirst sehen, oben zu bleiben, das erst ist das wirklich Schwierige!‹...
Man erzählt mir von Journalisten, man erzählt mir von Fotografen, usw. Ich glaube, es ist überall gleich: es gibt gute Journalisten und schlechte Journalisten. Es gibt Leute, die ihr Metier auf eine ganz andere Weise ausüben... Was soll ich Ihnen zu den Fotografen sagen! Ich bin nicht Marilyn Monroe! Ich kann Ihnen kein Foto bieten, splitternackt in einer Wanne voll Schaum! Ich wüßte nicht, was ich tun könnte.
Und dann ist da ein Phänomen: ich kann mir nicht erklären warum, aber wenn ich vor einer Kamera stehe und arbeite, dann beeindruckt mich das nicht, dann habe ich keine Angst, aber vor einem Fotoapparat bin ich total verkrampft, ich sehe aus wie ein Storch im Salat. Ich weiß nicht, was ich machen soll,

ich bin dann wie gelähmt. Ich mag das nicht! Also sehe ich nicht ein, warum ich mich quälen soll, indem ich Dinge tue, die ich nicht mag! Wozu soll das gut sein?
Man hat mir gesagt: ›Das bist du deinen Fans schuldig!‹ Aber ich schulde mich niemandem! Ich bin es mir schuldig, mein Bestes zu geben, wenn es von mir verlangt wird, ich möchte die Leute nicht enttäuschen. Deswegen versuche ich, mein Bestes zu geben — und Gott weiß, wenn man sich irrt, selbst wenn man eine Wahl trifft, weil nur Gott weiß, ob es ein Fehler war. Und ich werde noch mehr Fehler machen, Gott sei Dank, weil es ganz schön beschissen wäre, wenn man keine Fehler machen würde! — Aber abgesehen davon wüßte ich nicht, was ich meinem Publikum schuldig wäre! Ich schulde mich niemandem. Übrigens begreife ich diesen Satz überhaupt nicht: ›Das bist du deinem Publikum schuldig!‹...
Ich weigere mich beispielsweise hartnäckig, die ›Ware‹, die ich gemacht habe, anzupreisen. Das stört mich schrecklich, und ich würde es niemals tun. Und ich will es auch nicht. Und dann würde ich es auch gar nicht schaffen, weil ich mich schäme. Ich will damit nicht sagen, daß diejenigen, die es tun, schlecht sind, aber ich weiß nicht, wie man das macht und kann es nicht! Ich fühle mich unbehaglich, warum sollte ich also Ihrer Meinung nach verdammt noch mal so etwas tun?...
Mein Ruf als Fiesling kommt einzig und allein, denke ich, von den Journalisten, weil ich mich immer geweigert habe, für Fotos zur Verfügung zu stehen, die nichts mit meiner jeweiligen Arbeit zu tun hatten. Ich weiß schon, es ist ihr Beruf, ich ver-

stehe das sehr gut, aber ich bringe es physisch einfach nicht fertig. Da ist nichts zu machen: ich kann nicht! Und ich kann es nicht erklären! Und so hat man mir den Ruf verpaßt, ein Ekel zu sein.«

Die Mehrzahl der Umfragen bestätigte immer wieder: Lino Ventura war eine populäre Persönlichkeit, denn er wurde von allen geschätzt. Freilich galt er als schwer zugänglich, als »dicker Brummbär«, wie er selbst zu sagen pflegte:
»Ich weiß, daß ich immer wieder gesagt bekomme: ›Aber merkst du das denn nicht? Wie du ihn anschaust!... Wie du mit ihm geredet hast!...‹ Dann bin ich verblüfft. Es kann schon sein, daß ich ein dicker Brummbär bin, aber ich bin mir dessen nicht bewußt. Ich möchte alle um Entschuldigung bitten, denn es ist nicht böse gemeint.
Wozu ist Diplomatie gut? Ich begreife das nicht genau... Ja, natürlich, man muß die Empfindlichkeit der Leute schonen, ich bin mir dessen wohl bewußt, und ich weiß, daß ich in manchen Augenblicken wie ein Elefant im Porzellanladen wirke, aber das ist nicht böse gemeint. Vielleicht zucken die Leute im ersten Augenblick etwas zurück, aber ich habe nicht den Eindruck, daß man es mir übel nimmt...«
Seinen Status als Star bekam Lino Ventura dank seines Talents, natürlich, dank der exzellenten Auswahl seiner Rollen, aber auch durch seine Menschlichkeit, die er bei jeder seiner Rollen durchscheinen ließ. Menschlichkeit, Reflex seines Zartgefühls, seiner Auffassung von Respekt.
»Ich empfinde tiefste Achtung vor den anderen, und dafür verlange ich, daß man mich respektiert, man darf mich nicht verprellen, denn andernfalls kann

das sehr sehr schlimme Folgen haben, das kann sehr gefährlich werden...
Ich leide unter einer bestimmten Art von Schüchternheit, die es mir zum Beispiel verbietet, bei einem Empfang zum Buffet zu gehen oder mich dazu zwingt, immer als letzter ins Flugzeug zu steigen...
Ich habe noch nie einen Kellner im Café ›garçon‹ gerufen, sondern immer ›Monsieur‹. Andererseits bin ich nicht in der Lage, zu irgendjemanden ›Herr Minister‹ oder ›Herr Präsident‹ zu sagen. Das ist keine Schüchternheit mehr, das ist meine Moral, diejenige, die ich mir als Junge auf der Straße zugelegt habe. Nicht die Moral der Leute, die das für Dummheit halten. Wenn man mich demütigt, zum Beispiel, schlage ich alles zusammen! Mit Sicherheit deswegen, weil das, was ich am wenigsten leiden kann, das Betragen von Leuten ist, die sich unter dem Deckmantel einer gewissen Immunität ungestraft Machtspielchen erlauben zu können glauben.
Eins kann ich nicht ertragen: wenn unter dem Schutz der Immunität jemand, der eine unangreifbare Position innehat, plötzlich anfängt, die Leute zu beleidigen, herunterzumachen oder ganz schlecht zu behandeln. Ich habe da einiges in dieser Hinsicht erlebt... Solange ich im Studio bin, werde ich keinem gestatten, die Leute, wer sie auch seien, auf eine bestimmte Weise zu behandeln. Weil ich das ganz feige finde...
Ich kann es nicht ertragen, wenn ein intimer Freund, ein Kumpel oder ein Mitglied der Familie mir zum Beispiel beim Drehen zusieht. Aber eine Kamera und fünfhundert fremde Leute, das ist mir ganz egal.«
Und dann:

»*Schrecklich finde ich auch, auf der Straße zu sein: die Leute beobachten mich. Das ist unmöglich, das ist physischer Widerwille. Das kann ich nicht. Und im übrigen gehe ich fast gar nicht mehr einkaufen. Früher bin ich oft spazierengegangen, heute gehe ich nicht mehr spazieren. Das klingt idiotisch, aber es ist so.*«

Ein Star ist auch, und das vor allem, ein großer Profi.
»*Es genügt schon, rigoros zu sein, korrekt. Da zu sein, wenn man gebraucht wird. Das bedeutet zum Beispiel auch, daß ich Launen im Studio von niemandem akzeptiere... Wenn jemand Rosinen im Kopf hat, dann kann er die nach der Arbeit ausleben...*
Ich weiß noch, daß Gabin eines Tages zu mir sagte: ›*Du wirst dafür bezahlt, daß du um zehn vor zwölf und ab halb acht im Studio bist, fix und fertig geschminkt und sattelfest im Text.*‹ *Ich finde das sehr hübsch, und es ist mir ein Bedürfnis. Ich muß da sein. Vielleicht ist das meine Art der Vorbereitung, der Einstimmung in das Ambiente.*
Und noch etwas: Jean Gabin verließ niemals das Studio; und ich kann ihnen garantieren, daß auch ich noch nie ein Studio verlassen habe. Ich begreife nicht, wieso es eine Heldentat ist, pünktlich zu sein. Es heißt: ›*Er ist pünktlich, er kommt rechtzeitig, das ist wunderbar, das ist ein Profi!*‹ *Aber nein, ich find's stark, daß man so etwas als Heldentat ansehen kann. Man wird doch dafür bezahlt, man muß pünktlich sein. Wo ist da die Glanzleistung? Wenn Sie in die Fabrik gehen und stechen und kommen dreimal zu spät, dann werden Sie gefeuert. Also?*«

Während der ganzen Zeit, über die sich diese Bilanz erstreckt, dieser an Erfahrungen und Freundschaften so reichen Zeit, machte Lino Ventura allzu oft Bekanntschaft mit dem Tod: Brel, Brassens, Kessel, Melville, Gabin, Becker...
»Lino war sehr zartfühlend«, sagte sein Freund, der Produzent Norbert Saada, nach dem Tod des Schauspielers, »sehr reserviert gegenüber dem Tod, weil er sehr betroffen war und es nicht zeigen wollte. Als Gabin starb — er war doch Gabins bester Freund, weil er es war, der bei der Hochzeit von Gabins Tochter an Stelle ihres Vaters Brautführer war — befand er sich in New York. Er lehnte es ab, zurückzukommen, und fuhr erst später allein hin, um gefaßt zu sein und Gabins Familie zu besuchen. Als Brassens starb, sagte er zu mir: »Ich fahre nicht nach Sète. Ich fahre ganz allein, wenn alle weg sind.« Und als Michel Audiard starb, sind wir beide gefahren, haben seine Familie besucht. Wir sind nicht zur Beerdigung gegangen, weil es Michels Wunsch gewesen war, nur im Beisein seiner Frau und seiner Kinder beerdigt zu werden. Ventura war also ein Mann, der diese Stätten der Öffentlichkeit immer mied, weil er fand, daß Kummer etwas ist, das man für sich behalten sollte. Er war sehr zartfühlend und in dieser Beziehung sehr zurückhaltend.«

»In den ›Märchen aus Tausend und einer Nacht‹ steht geschrieben, daß ›der Tod dich an einem Tag vergessen kann, aber beim nächsten Mal wird er dich nicht mehr vergessen‹. Ich halte mich nicht für einen Feigling, aber der Tod versetzt mich in panische Angst, vor allem wenn er unter meinen Freunden umgeht...

Der Maulwurf (1981) von Yves Boisset.

Jacques Brel und ich, wir hatten die gleichen Grundsätze über die Menschen, die Würde, die Freiheit. Und mit Brassens war es genauso.
Das letzte, was Jacques mir sagte und was mich ganz außer Fassung gebracht hat — wir saßen beide im Auto und er sagte zu mir:
›Ich werde nie mehr singen!‹
Ich habe nicht gleich aufgepaßt, was er mir gesagt hatte, und fragte:
›Was hast du gerade gesagt?‹
›Ich habe dir gesagt, daß ich nie mehr singen werde.‹
›Aber warum sagst du so etwas?‹

Und er antwortete mir mit diesem denkwürdigen Satz:
›Weil ich nichts mehr zu sagen habe.‹ ...«

Kaum war diese Bilanz gezogen, leitete Lino Ventura gleich nach Beendigung der Dreharbeiten von *Garde à vue* zu *Espion lève-toi* (Der Maulwurf) von Yves Boisset über, in dem er abermals die Gefahren, die der Haut eines Spions drohen, entdeckte.
Dieser Film bewies, daß Lino wieder ganz mit dem Kino verbunden war, zumal bereits vor dessen Erstaufführung von den Dreharbeiten zu *Les Misérables* (Die Legion der Verdammten) die Rede war.
»Ich fange wieder an, Geschmack am Kino zu finden. Nach einer Reihe von Jahren, in denen ich dutzendweise Drehbücher las, ohne eines zu finden, das mir entsprach, so sehr wollte man ein und dieselben Personen wieder auferstehen lassen, hatte ich jetzt endlich mit Garde à vue *das Glück, eine andere Rolle zu finden und Michel Serrault und dem Regisseur Claude Miller zu begegnen. Dann kam das Drehbuch zu* Espion lève-toi *mit dem Regisseur Yves Boisset.«*
Eigentlich sollte zu Anfang des Projekts Andrzej Zulawski mit der Regie von *Espion lève-toi* betraut werden. Aber Differenzen in der Auffassung von diesem Film zwischen dem Hauptdarsteller und dem Regisseur führten zu einem Absprung des letzteren. Ein Absprung, dem unverzüglich ein weiterer folgte: auch Jean Herman, einer der Drehbuchautoren, warf das Handtuch.
»Ich halte Andrzej Zulawski für einen Mann mit enormem Talent. Nur wenige Filmemacher können die Gewalt so umsetzen, wie er es tut. Und dann ist

er ein Mann, der trotzdem eine Kamera bedienen kann. Er hat es bewiesen. Er weiß, was er tut, wenn er eine Kamera in der Hand hat. Aber — es gibt ein Aber, unbeschadet dessen, was ich gerade gesagt habe — seine Sichtweise, seine Welt ist nicht die meine. Ich halte mich nicht für ein Material, das er benutzen kann. Das könnte ich nicht.
Dennoch verstehe ich mich sehr gut mit Andrzej Zulawski. Ich kenne ihn, aber in bestimmten Punkten passen wir meiner Meinung nach absolut nicht zueinander. Er sieht die Dinge auf eine Weise — damit will ich nicht sagen, daß meine gut ist, ja? —, daß es mir unmöglich ist, in die gleiche Richtung zu gehen wie er.«

Dann kam also Boisset, der sich, gemeinsam mit Claude Veillot, Michel Audiard bei der Umarbeitung des Drehbuchs und einer neuen Studie zur Person des Grenier anschloß, die Lino Ventura sehr am Herzen lag.

»Die Rolle erinnert ein bißchen an Cary Grant in La mort aux trousses *(North by Northwest/Der unsichtbare Dritte, 1959). Was den Film betrifft, so ist zwar durchaus Action vorhanden, aber noch mehr beruht er auf der Atmosphäre und dem quälenden Verhör eines Mannes wie Sie und ich, für den die Welt plötzlich aus den Fugen gerät.*

In dieser Geschichte gab es ein Element, das mich unheimlich interessierte, und zwar daß man zu gegebenem Zeitpunkt nicht mehr wußte, wer wer war. Und dann gefiel mir bei diesem Thema noch etwas anderes... Ich habe eine besondere Vorliebe für Einzelgänger, für Männer, die etwas auf sich nehmen. Und da ist — wieder einmal — ein Typ, der plötzlich ganz allein dasteht, von Freund und

Feind verlassen, wenn ich so sagen darf, weil sich irgendwie alle auf seine Kosten arrangieren. Es stimmt schon, das sind die Situationen, die ich besonders mag.«

»Grenier ist ein Mann, der sich plötzlich wie in vielen Hitchcook-Filmen — und besonders in *North by Northwest* — mehr oder weniger durch Zufall in einem Teufelskreis von Ereignissen wiederfindet, mit denen er nicht viel zu tun hat«, erklärte Boisset dazu. »Er wird in ein Räderwerk hineingezogen. Ich glaube, das kann bei den heutigen Zeiten jedem von uns passieren... Lange Zeit wurde Geschichte im großen und im kleinen nur von einer Handvoll Leute gemacht. Aber nun, durch das Ansteigen der Gewalt, die Erleichterungen der Kommunikation und der Information kann jeder in eine Geschichte verwickelt werden, die ihn im Grunde nichts angeht... Zum Beispiel eine Geiselnahme!«

Obwohl die Rollen von Michel Piccoli und Krystyna Janda politische Fakten heraufbeschworen, war *Espion lève-toi* ganz und gar kein politischer Film, sondern vielmehr eine Spionagestory in der Nachfolge der Werke von John Le Carré (der übrigens namentlich im Text genannt wird).

»Ich habe immer gesagt, daß Film für mich vor allem Unterhaltung ist, und Sermone mir zuwider sind, geschwätzige Pamphlete, Propaganda, die alle Welt langweilt. Aber wenn es sich um einen Film wie Cadaveri eccellenti *unter der Regie von Francesco Rosi handelt, macht es mir wenig aus, daß er einen politischen Hintergrund hat, da in erster Linie eine wunderbare Kriminalgeschichte im Drehbuch steht. Das ist auch der Fall bei* Espion lève-toi. *Yves Bois-*

set prangert hier die rauhen Gepflogenheiten an, die in der Welt der Spionage herrschen, aber er macht es mit einem sehr spannenden Film. Zudem bietet er mir einen der Jobs an, die ich liebe, die Rolle eines ruhigen Mannes, der plötzlich allein gegen alle steht, sich mit unsichtbaren Feinden herumschlagen muß, ohne zu wissen, wo seine Freunde sind.«

Espion lève-toi wurde von Norbert Saada produziert, der über Lino Ventura sagen wird:
»So sympathisch, unkompliziert, lustig, ganz und gar nicht mürrisch er im Privatleben war, so kam er bei einem Film an, legte das Skript auf den Tisch und sagte: ›Erzähl mir was über die Motive der Person.‹ Das war sein großer Satz. Und sobald er etwas nicht verstand, sagte er: ›Entschuldige bitte, aber in meinem Parmesankopf habe ich was nicht begriffen: was macht er an dieser Stelle?‹ Man konnte acht Stunden lang mit ihm über einen Satz diskutieren. Er verstand nämlich sehr gut, aber er wollte, daß man es auseinandersetzte.
Dagegen gab es etwas Großartiges: wenn ein Film begann und man sich über das Skript geeinigt hatte, selbst wenn das eine schwierige Geburt gewesen war, stellte er einerseits nicht mehr in Frage, was man geschrieben hatte, und andererseits war er ein Profi in dem Sinne, daß er ein Mann war, der seinen Beitrag zu dem Film leistete, der versuchte, seine Rolle so zu spielen, daß der bestmögliche Film daraus wurde.«

In *Garde à vue* und *Espion lève-toi* arbeitete Lino Ventura zum ersten Mal mit Filmemachern der neuen Generation zusammen: Claude Miller und

Yves Boisset. In der Tat teilten beide mit dem Schauspieler die gleiche Auffassung von der Filmkunst.

»*Als ich zum ersten Mal mit Claude Miller diskutierte, habe ich begriffen, daß wir ein und dasselbe Kino mochten. Wenn ich mit Yves rede, ist es das gleiche. Wir haben alle drei die gleichen ›kinophilen‹ Wurzeln. Wenn nicht, würde es schon vor Beginn der Dreharbeiten schiefgehen. Ich weiß, daß es Regisseure gibt, mit denen ich nie drehen werde. Ebenso wie ich weiß, daß gewisse Regisseure nie mit mir drehen wollten. Weil sie wissen, daß ich ihnen nichts bringen kann. Darüber bin ich mir sehr wohl bewußt.*

Aber jetzt ist eine neue Generation im Kommen, die mir das Herz erfreut. Eine Zeitlang hatten wir eine kleine Durststrecke, aber es gab dennoch junge Leute, die die Ohren spitzen und sehr interessant sind.«

Boisset und Miller besaßen ebenfalls einige unentbehrliche Eigenschaften.

»*Wenn ein Schiffskapitän so weich aussieht wie ein gekochter Kürbis, dann glaube ich nicht, daß seine Seeleute groß in der Lage sind, ihm zu folgen. Bei einem Regisseur ist es ähnlich: im Studio ist er ein wenig der Bordkommandant. Also verlange ich von ihm, daß er genau weiß, wo es lang geht. Selbst wenn ich sehr gut verstehe, daß die Einsamkeit des Regisseurs zeitweise entsetzlich sein kann. Deswegen bin ich immer auf seiner Seite. Das sage ich auch immer den Jungs, mit denen ich arbeite: ›Ich stehe auf eurer Seite‹.*«

Valjean!

Kaum hatte Lino Ventura *Espion lève-toi* abgedreht, stürzte er sich schon Hals über Kopf in die langen Dreharbeiten zu *Les Misérables* (Die Legion der Verdammten) unter der Regie von Robert Hossein.
Garde à vue, *Espion lève-toi* und *Les Misérables* folgten praktisch übergangslos aufeinander, was dem Schauspieler zusätzliche Probleme hätte bereiten können.
»Es ist ganz komisch: Wenn man drei Filme hintereinander zu machen hat, sagt man sich, daß man das unmöglich schaffen kann, daß man sich nicht einfach so, auf Befehl, von dem Film lösen kann, den man gerade beendet hat... Aber dann, sobald man für den anderen Film vor der Kamera steht — bums! Es geht doch! Ich weiß nicht genau warum, aber es ist so. Das ist eines der Geheimnisse des Films... Alles ist anders: die Atmosphäre des Films, das Team, alles. Es geschieht wie eine Erneuerung. Als ob Monate vergangen wären zwischen dem letzten Film und dem, den man gerade beginnt.«
In *Les Misérables* übernahm Lino Ventura die Rolle des Jean Valjean, die auch Jean Gabin schon einmal gespielt hatte. Ein Zeichen?

Der Roman »Die Elenden« von Victor Hugo — eines der vier bekanntesten Werke der Welt neben der Heiligen Schrift, der Mao-Bibel und »20 000 Meilen unter dem Meer« — war bereits in dreiunddreißig Versionen verfilmt worden. Am bekanntesten waren zweifellos die Verfilmung von Raymond Bernard (1935) mit Harry Baur, Charles Vanel und Charles Dullin sowie die Version von Jean-Paul Le Chanois (1957) mit Gabin, Bernard Blier und Bourvil.

Robert Hossein selbst hatte zunächst im September 1980 eine Bühnenbearbeitung im Palais des Sports inszeniert, bevor er sich in dieses monumentale Filmwerk stürzte. Der Film kostete ihn sechs Monate Arbeit am Drehbuch mit Alain Decaux, ein Jahr der Vorbereitung und sieben Monate Drehzeit. Die Bilanz in Zahlen: 500 Millionen Francs, über 100 Schauspieler, 3900 Statisten, eine Hundertschaft Techniker und 120 000 Meter Film!

Aber der ganze Aufwand hätte nichts gebracht, wenn Hossein seine Darsteller nicht mit äußerster Scharfsicht ausgewählt hätte. Bei Jean Valjean zögerte er nicht eine Sekunde: Ventura.

»Es gibt auf der Welt sicher noch andere Schauspieler außer Lino Ventura, die den Valjean aus den ›Elenden‹ spielen könnten«, gibt der Filmemacher zu, »aber Lino Venturas physische Ausstrahlung, seine Ausdruckskraft, seine instinktive, fast animalische Begabung über die menschlichen Beziehungen hinaus sind einzigartig. Lino Ventura hat mich schon immer beeindruckt. Er ist jedoch kein Mann, der sich einem aufdrängt. Wir mußten ihn schon ansprechen. Aber ich war sicher, daß sich hinter diesem Panzer eine erschütternde Sensibilität und auch tiefe Traurigkeit verbarg...

Sehr wichtig ist seine Metamorphose und seine äußerliche als auch vor allem seine innerliche Wandlung, wie der Mann sich entwickelt, ich hätte beinahe gesagt, sein Kreuzweg. Alles ist da, es hat Dichte, Kraft, Sanftheit. Das liegt in ihm.

Ihm habe ich es zu verdanken, daß ich dieses immense Abenteuer beenden konnte, weil er immer da war, aufmerksam, anspruchsvoll, bei allem mitarbeitend, alles überschauend. Ein Mann von außergewöhnlicher Präsenz, großzügiger Freundschaft. Für mich spielte er nicht Valjean, er *war* Valjean. Ich glaube, es war eine Art Mimikry, denn alles Gefühle, von denen in Hugos Werk die

Die Legion der Verdammten (1983) von Robert Hossein.

Rede ist, kannte er auswendig, da sie bei ihm in Fülle vorhanden waren. Also vermittelte er sie auf diese Weise, ganz einfach.
Er bewunderte Jean Gabin ungemein, der diese Rolle ebenfalls gespielt hatte. Als wir ihm die Rolle vorschlugen, sagte ich ihm, daß die Bearbeitung, die Grundschritte anders sein würden.
Er identifizierte sich kolossal mit der Rolle, spontan und offen. Er war Valjean, weil er nicht nur das Format als Schauspieler dafür hatte, sondern auch die Seele. Wenn man an die Art denkt, wie er das Leben angeht, an sein Engagement, seine Menschlichkeit, dann versteht man den Ausdruck seiner Augen in bestimmten Szenen, beispielsweise wenn er Cosette ansieht. Es liegt so viel Güte darin, so viel Ernst, so viel Zartgefühl und gleichzeitig so viel Strenge. Es war eine Wonne, mit ihm, Carmet und Bouquet zu arbeiten.
Lino begnügt sich nicht damit, das Stichwort zu geben. Er diskutiert über den Film, das Drehbuch und arbeitet in jeder Hinsicht mit. Seine professionelle Einstellung hat mir vieles erleichtert. Und dann mußte man ihn ansehen, mit Michel Bouquet und Jean Carmet. Es war das erste Mal, daß sie zusammen spielten. Zwischen ihnen bestand ein grundlegendes Einvernehmen. Ich beobachtete sie, wie sie sich ansahen und zuhörten. Kolossal!
Lino, Bouquet und Carmet zusammen in einem Studio, das sind nicht die gleichen Wesen, die gleichen Wurzeln... Lino zum Beispiel mag keine Wiederholungen. Mit ihm muß man sofort drehen, weil er nicht spielt, er gibt. Und daneben Carmet, der mich die ganze Zeit über fragte: ›Machen wir's nochmal? Machen wir's nochmal?‹«

Ganz zu Anfang jedoch hatte Ventura lange gezögert, ehe er die schwere Bürde des Valjean auf sich nahm.

»Es fiel mir schwer, mich von Robert Hossein und auch von Yves Boisset überzeugen zu lassen, denn ich konnte mir mich schlecht in einer Kostümrolle vorstellen. Aber Hossein ist überaus überzeugend. Und dann lehnt man einen Jean Valjean nicht ab, auch wenn die Erinnerung an Harry Baur und Jean Gabin über dieser Rolle schweben.«

Marc Esposito erzählt eine Anekdote, die die Beziehung aus Können, Bewunderung und Humor offenbart, die Hossein im Studio mit Ventura verband:

»Um die Aufnahme vorzubereiten, zeigte Hossein seinen Kameraleuten alles, indem er Venturas Platz einnahm. Alles wird klappen, nur darf Ventura nicht das Bedürfnis verspüren, den Stuhl, auf dem er sitzen wird, woanders hinzustellen. Dann wäre er nicht im Bild, und die Einstellung müßte geändert werden. Ventura ist so kleinlich bedacht auf Natürlichkeit, hat ein derartiges Bedürfnis, sich in seinen Bewegungen wohl zu fühlen, daß Hossein eine Wette vorschlägt: Ventura wird den Stuhl woanders hinstellen wollen. Aber kein Wort mehr! Ventura ist bereits da. Wir drehen sofort.

Eine Aufnahme, zwei Aufnahmen, drei Aufnahmen. Jedesmal sagt Ventura seine fünf Sätze sehr ›bewegt‹. Hossein bittet ihn, ›härter‹ zu spielen. Ventura gehorcht und spricht seinen Text mit einer Autorität und Festigkeit, die Javert-Bouquet erschüttern müssen. Hossein ist entzückt. Nicht so Ventura.

›Ich finde es zu emphatisch, zu theatralisch‹, sagte er. ›So fühle ich mich einfach nicht wohl!‹
Hossein beschließt, noch einen Take zu machen. Und da ändert Ventura unmerklich den Rhythmus seiner Worte, läßt hier eine Viertelsekunde Pause weg, fügt da eine hinzu. Nur eine Kleinigkeit, die jedoch alles ändert. Hossein ist mit dieser Aufnahme noch zufriedener als mit der vorherigen; Ventura auch. Die Stimmung ist gespannt. Hossein kann ihm beichten, daß er dadurch, daß Ventura seinen Stuhl nicht woanders hingestellt — ja keinen Millimeter verrückt hat, eine Wette verloren hat. Ventura grinst: ›Ich weiß. Ich war nebenan. Ich habe alles gehört!‹ Da hat Hossein gefragt: ›Und wenn du nichts gehört hättest, hättest du den Stuhl dann weggerückt?‹ Darauf Ventura, höchst erfreut: ›Ein bißchen, ja!‹« *

Zur beeindruckenden Besetzungsliste der *Misérables* gehörten Schauspieler jeder Herkunft. Mehrere unter ihnen waren deutlich mehr an das Theater als an das Filmen gewöhnt. Zum anderen war es für viele die erste Begegnung mit Ventura. Beispielsweise für Françoise Seigner, Mitglied der Comédie-Française und Darstellerin der Thénardier.
»Lino Ventura war sehr bescheiden, gemessen an der Bedeutung seiner Rolle. Ich hatte den Eindruck, daß er besorgt war, weil er ja sehr bedeutende Vorgänger gehabt hatte und zudem auf ein-

---

* Marc Esposito, »Première«, Nr. 60, März 1982.

mal eine Kostümrolle spielte, was er noch nie zuvor getan hatte. Er war sich dessen bewußt und deswegen ein wenig befangen.
Ich habe auch bemerkt, daß er eine andere Art zu arbeiten hatte als ich. Er läßt sich nicht vom Text begeistern. Das hat mich überrascht, denn ich, die ich nur selten filme, bin vor allem eine Schauspielerin der Texte und Szenen... Und dann fiel mir auf, daß er ein Filmstar ist, der alles, was Text ist, auf ein Minimum reduziert; wie uns Hossein sagte, ist er der Ansicht, daß eine Großaufnahme so viel aussagt wie eine ganze Seite Text.«
Lino Ventura ging die enorme Rolle des Jean Valjean mit der ihm eigenen Feinfühligkeit und Zurückhaltung an. Es gelang ihm, die unzähligen psychologischen und physischen Entwicklungen, die Victor Hugo in seinem Werk verknüpft hatte, perfekt wiederzugeben.
»Valjean ist eine phantastische Rolle, der die Größten herrlich Ausdruck verliehen haben. Was für ein furchtbares Erbe! Ich bin die Rolle mit einer Heidenangst angegangen, ich fürchtete, zu viel des Guten zu tun. Und während ich meine eigene Persönlichkeit in der Garderobe ablegte, versuchte ich Valjean zu werden, Valjean zu sein. Heute bin ich der Meinung, daß diese Rolle von einigen unserer Intellektuellen interpretiert werden müßte: Sie würden als bessere Menschen daraus hervorgehen!«
»Die Dreharbeiten für diesen Film waren für Lino die schwierigsten seiner ganzen Karriere«, unterstrich Robert Hossein. »Nichts fehlte: Kälte, Dreck, Unfälle. Ich habe ihn im kalten Wasser der Gosse schlottern sehen. Aber er hielt seinen Prüfungen tapfer stand. Nur eimal rutschte ihm heraus: ›Lie-

ber Mann, ist das Wasser kalt!‹ Das war schon alles. Er verbrachte einen ganzen Morgen in seinem triefenden Gehrock... Lino ist rauh wie Eichenrinde. Aber in seinen vielsagenden, unergründlichen Blicken kann dieser Mann mit der Kraft eines Herkules größte Sensibilität ausdrücken.«

Für seinen schönen und tragischen Valjean wurde Lino Ventura zum ersten Mal in seiner Karriere als bester Darsteller für den César nominiert.

»Die Leistung als Schauspieler und das alles, das ist nichts für mich. Ich stelle mich in den Dienst des Films und nicht umgekehrt. Ich habe nicht den Ehrgeiz, ein Star zu sein. Ich verlange nicht soundsoviele Großaufnahmen etc. Ein Film, das ist ein Team. Und ich gehöre zu diesem Team. Filme macht man nicht allein...

Ich betrachte mich nicht als einen Schauspieler. Ich mache Filme, das kann ich. Schauspieler, das sind für mich Laurence Olivier, oder Robert Hirsch. Sie machen Dinge, die ich nicht kann. Ich kenne meine Palette und meine Grenzen. Und wenn Sie mich zwei Tage lang mit dem Holzhammer bearbeiten, sie werden mich nicht umstimmen. Ich habe nicht genug Mangel an Zartgefühl, um bestimmte Dinge zu tun. Deswegen bin ich zum Beispiel kein Schauspieler...

Wenn man mir eine Rolle vorschlägt, mir eine Geschichte erzählt, fühle ich es oder ich fühle es nicht. Auf Anhieb. Ich sage mir: ›Das kannst du!‹ oder ›Das kannst du nicht!‹ Das heißt, eine Rolle muß eher zu mir kommen, als daß ich zu ihr gehe. Ich versuche, mich so weit wie möglich dem anzu-

nähern, was meiner Natur, meinem Instinkt entspricht. Ich bin ein instinktiver Darsteller. Es stimmt, daß ich nie tragende Rollen gespielt habe, weil ich mich außerstande fühle, so etwas zu machen. Das ist indiskutabel. Und deswegen sage ich immer, daß ich kein Schauspieler bin. Jedenfalls nicht das, was ich Schauspieler nenne. Ich wäre morgen nicht in der Lage, Richard III. zu spielen und mich dann, hinterher, als Armand Duval wiederzufinden...
Ich glaube, es gibt Schauspieler, mit denen das Publikum nachsichtiger ist als mit anderen. Jules Berry beispielsweise war seinerzeit ein Mann, der in einem Film drei Pirouetten drehen und dann gehen konnte. Er war ein genialer Schauspieler, sicher, aber es war nicht von Bedeutung, wenn sich die Leute nicht mit ihm identifizierten. Er war bloß ›der Schauspieler‹...
Bei Schauspielern wie Gabin oder mir ist das anders: wir sind Schauspieler, mit denen sich das Publikum sofort identifiziert. Wenn Gabin zum Beispiel in einem Film als Heizer ankam, glaubte man ihm das sofort. Wenn jedoch Jules Berry dieselbe Rolle gespielt hätte, hätte er vielleicht erklären müssen, warum er Heizer war.
Es gibt also Schauspieler, mit denen das Publikum eine gewisse Nachsicht übt, und solche, mit denen es sich identifiziert. Ich habe den Eindruck — aber es ist nur ein Eindruck — daß ich niemals das Recht haben werde, das Publikum zu enttäuschen, denn ich glaube, daß man es mir übelnehmen würde.«
Nicht wenige Kritiker waren der Meinung, daß Lino Ventura mit diesen *Misérables* sein Meisterstück als Schauspieler geliefert habe. Doch den César bekam er nicht. Lino Ventura gehörte zwar

ebenso wie Gérard Depardieu für seinen *Danton* zu den großen Favoriten, aber beiden wurde der Preis von Philippe Léotard, dem Held von *La balance* weggeschnappt, einem Kriminalfilm, über den viel, sehr viel Tinte vergossen wurde...

Nachdem *Les Misérables* praktisch weltweit einen großen Kinoerfolg erzielt hatten, wurden sie für das Fernsehen zu sechs jeweils einstündigen Folgen umgearbeitet. Auf diesem Umweg wirkte Lino Ventura somit zum ersten Mal in einer Fernsehserie mit...

Lino Venturas Karriere schien eine neue Dimension angenommen zu haben, und er las Skripts, die man ihm mit immer größerer Dringlichkeit vorlegte. Aber weiterhin lehnte er eine Menge ab.
»Wenn ich einen Film ablehne, dann deswegen, weil ich das Drehbuch, das man mir vorschlägt, nicht gut für mich finde. So nachsichtig muß man meiner Meinung nach sein, daß man mir zumindest die Freiheit zugesteht, zu sagen: ›Das möchte ich tun, und das nicht!‹ Ich verstehe nicht, was es da zu jammern gibt...
Ich respektiere das Publikum. Nicht ›mein‹ Publikum, das will nichts sagen! Weil auch ich meistenteils zum Publikum gehöre. Ich bin total gedemütigt, wenn ich das Gefühl habe, daß man sich nichts aus mir macht. Also ist es normal, daß ich mich gegenüber dem Publikum nicht in diese Situation bringen will, indem ich bloß wahllos irgendeinen Film drehe! Ich habe schon Filme mit bekannten Namen gesehen, die keinen Pfennig eingespielt hätten, wenn sie von Unbekannten gemacht worden wären. Da habe

ich dann den Eindruck, daß man mich nicht ernst nimmt, und das kann ich nur schwer verzeihen. Und da ich das ganz laut sage, — weil das der einzige Luxus ist, den ich mir erlaube — gibt es manchmal ziemlich sonderbare Rückwirkungen!
Francis Coppola hatte für mich eine unerträgliche Rolle in Apocalypse Now vorgesehen. Ich habe abgelehnt... Auch Spielberg habe ich abgesagt. François Truffaut bekam dann die Rolle, die ich spielen sollte.* Und da war die Geschichte mit dem Remake von Lohn der Angst. Regisseur und Drehbuchautor haben mich besucht. Ich habe das Skript gelesen. Und habe zu ihnen gesagt: ›Das ist Scheiße, paßt auf. Wen wollt ihr denn heute noch mit Nitroglyzerin das Fürchten lehren?‹ Sie haben den Film trotzdem gedreht, und es wurde ein Flop.** Das alles klingt ziemlich eingebildet...
Auf keinen Fall möchte ich, daß es heißt, Lino Ventura will nicht mit den Amerikanern arbeiten! Zunächst einmal bin ich nicht mehr zwanzig, und hier geht es mir sehr gut. Es ist nicht so, daß ich Amerika nicht mag, ich finde New York phantastisch, aber ich wage zu behaupten, daß die Amerikaner uns nicht brauchen. Ich kenne kein Beispiel, daß ein Franzose drüben wirklich erfolgreich war, von Maurice Chevalier und Charles Boyer einmal abgesehen.
Ich bin sehr skeptisch, was die ›Öffnung‹ nach Ame-

---

* In »Encounter of the Third Kind« (Begegnung mit der dritten Art) 1978.

** »The Sorcerer« (Le convoi de la peur/Atemlos vor Angst) von William Friedkin (1978) mit Bruno Cremer und Romy Schneider wurde tatsächlich in der ganzen Welt ein Mißerfolg...

rika anbelangt. Ich nehme an, das amerikanische Wunder hat nie besondere Anziehungskraft auf mich ausgeübt, weil ich nicht allzu stark daran glaube. Ich glaube nicht daran — aus Erfahrung. Ich habe noch niemanden gesehen, der in Amerika Erfolg gehabt hätte. Meiner Meinung nach ist das eine für uns Europäer mehr oder weniger uneinnehmbare Bastion. Ich kann mir nicht vorstellen, daß sie da drüben auf uns warten.

Und dann, wissen Sie, mir geht es sehr gut hier. Ich habe gar keine Lust, da drüben zu leben! Ich fahre sehr gern nach New York, ich reise sehr gern in die Vereinigten Staaten — ich bin sogar ziemlich oft dort — aber ich fliege um so lieber dorthin, als ich die Aussicht habe, wieder zurückzukommen! Ich glaube, Paris würde mir schrecklich fehlen.

Es ist jedoch nicht zu leugnen, daß Lino Ventura ein sehr großer Bewunderer des amerikanischen Films ist.

Dem amerikanischen Film stehen, was die Drehbücher angeht, Möglichkeiten zur Verfügung, die wir nicht haben. Nehmen wir zum Beispiel die Geschichte eines Strafgefangenen. Um hier aus dem Gefängnis zu kommen, muß er entweder entlassen werden oder ausbrechen. In den USA gibt es die Freilassung auf Kaution. Für einen Drehbuchschreiber, der keine Lust hat, eine Viertelstunde darauf zu verwenden, wie sein Held aus dem Gefängnis kommt, ist das eine großartige Sache.

Vor ungefähr fünfzehn Jahren habe ich einen Film nach einem Roman von Patricia Highsmith abgelehnt. Eine phantastische Geschichte, die sich um eine Fahrt in einem Reisebus drehte, der das unangreifbare Alibi eines Typs darstellte. Die Vereinigten

Staaten kann man von der Ostküste zur Westküste mit dem Bus durchqueren. Und das war das Alibi, die lange Fahrstrecke im Bus. Es ist ganz klar, daß ich hier, zwischen Limoges und Pézénas, nicht dasselbe Alibi haben kann. Sie haben den Film trotzdem gemacht und sind auf die Schnauze gefallen! *
Auch visuell haben die Amerikaner Trümpfe, die wir nicht haben. Wenn Sie einen Cadillac im Regen anfahren sehen, alle Sirenen eingeschaltet, mit vierzehn roten und zwölf blauen Lichtern, und drinnen sitzt der Captain, ein Stier mit so breiten Epauletten und seiner Knarre an der Hüfte — können Sie sich dieses Bild vorstellen? Und wir, was haben wir? Zwei arme Teufel in einem 4-L!... Wenn man in Frankreich einen Kriminalfilm macht, was kann man da machen? Man kommt nicht um das ›tatütata‹ des kleinen 4-L herum, der mit hängender Zunge angefahren kommt... Polizisten, die sich mit der linken Hand das Käppi und mit der rechten den Gummiknüppel festhalten müssen, um rennen zu können! Geben wir zu, daß es oft irgendwie operettenhaft wirkt. Die amerikanischen Schlitten, ihre Alarmsignale, die Polizisten im Ledermantel, goldgeränderte Brillen, Patronentaschen... Ich muß sagen, das ist doch etwas ganz anderes!«

Als er keine Skripts fand, die seinen Vorstellungen entsprachen, hätte er sich doch selbst eines schreiben können?

»Nie! Dazu bin ich viel zu faul. Und ich habe eine ›Leere-Seiten-Psychose‹. Ich könnte vielleicht eine

---

* Es handelt sich um »Meurtrier« von Claude Autant Lara (1963) mit Robert Hossein, Marina Vlady und Maurice Ronet.

Situation erfinden, an den Dialogen mitschreiben, aber mehr auch nicht...
Schließlich überarbeitete der Schauspieler ein Drehbuch seines Freundes José Giovanni.

Zunächst war die Wahl von Giovanni und Ventura nämlich auf einen Roman des Filmemachers gefallen, der 1978 erschienen war: »Le Musher«.
Der Held, Dan Murphy, legte darin »siebzehnhundert Kilometer im Hundeschlitten zurück, um sich zu beweisen, daß er sich selbst übertreffen kann. Dieser Sieg über sich selbst gab ihm die Kraft, einen einsamen und hoffnungslosen Kampf weiterzuführen, in dem er sich allen, die zur Ausrottung der Eisbären beitrugen, entgegenstellte. Ohne einer ökologischen Mode zu opfern, zeichnete Giovanni das Portrait eines stolzen Mannes in einer wilden Natur, in der er sich verwirklichen kann. Auf den Spuren von London und Curwood verwirklicht sich der Autor, ganz wie sein Held, am Rande zeitgenössischer Einflüsse. Indem Giovanni sich von dem Kriminalfilm löst, was seine Fans bedauern mögen, findet er im Land der Abenteuer die Elemente, die ihm unentbehrlich waren, um die wiedergefundene Harmonie einer ursprünglichen Welt und die Moral eines Individuums auszudrücken.« [*]
Die Dreharbeiten zu diesem großen Abenteuerfilm sollten in Alaska stattfinden, und Lino Venturas wichtigster Partner hätte Claude Brasseur sein sollen. Aber schließlich zogen Ventura und Giovanni einen früheren Roman Josés vor: »Les ruffians«.

[*] Jean-Pierre Deloux, »Polar«, Nr. 17

»Lino hat die Idee dazu gehabt, nachdem er meinen Roman ›Les ruffians‹ gelesen hatte, ein etwas mythisches Thema vor dem Hintergrund von Desperados und Goldminen. Lino kannte dieses Drehbuch, das vergessen in meiner Schublade herumlag und die Geschichte der Freundschaft zwischen zwei Rennfahrern erzählt«, erklärte Giovanni.
»Man könnte sagen, das ist eine Geschichte mit dem Hauch von Abenteuer. Ich hatte schon lange Lust, so etwas zu machen. Und so machten wir uns auf die Suche... Diese Art Geschichten gibt es noch ein wenig zu selten im französischen Kino: es gibt nur sehr wenige Autoren, die so eine Geschichte schreiben können, mit diesem Hauch von Abenteuer.«
In Kanada, mit einem Budget von 25 Millionen Centimes (die José Giovanni, Christian Fechner und Lino Ventura selbst aufbrachten), ergab diese moderne Schatzsuche ebenfalls den Stoff zu einem großen Abenteuerfilm. Er wurde in *Le Ruffian* (Der Rammbock) umbenannt und ermöglichte es Lino, Claudia Cardinale und Bernard Giraudeau als Partner kennenzulernen.
Die Kulisse der Rocky Mountains mit einem märchenhaften gigantischen Wasserfall war zwar prachtvoll, aber auch Ursache unzähliger Schwierigkeiten für das ganze Team.
»Es herrschten besondere klimatische Bedingungen. Wir mußten einen Schneesturm über uns ergehen lassen, am 13. August! Sie werden zugeben, daß das ziemlich selten ist... Ich war in Unterhemd und kurzen Hosen, was, wie jeder weiß, der perfekte Aufzug für einen Schneesturm ist!«
»Drei Wochen lang«, erklärte Giovanni, »wurden wir

Der Rammbock (1983) von José Giovanni.

von den Wasserspritzern durchnäßt und froren wie die Schneider. Um zu verhindern, daß das Objektiv von diesem wahren Schlagregen beschlug, hatten wir ein Spezialgerät gebaut: eine Kiste, in der die Kamera eingeschlossen wurde, mit einer Scheibe, die sich mit höchster Geschwindigkeit drehte, um die Gischt wegzujagen.
Tagtägliche Mühsal aller Art auch für Lino. Mir zuliebe hatte er eingewilligt, viele Dinge selbst zu spielen. Lino Ventura, wie übrigens auch Jean-Paul Belmondo und Alain Delon, mit denen ich schon gedreht habe, weiß genau, daß Action-Szenen zu der Rolle des Schauspielers mit dazugehören.

Wenn Sie einen Schauspieler doubeln, sind Sie gezwungen, sich während der Aufnahme von ihm zu entfernen. Daher befindet sich Lino, als er sein Kanu im Fluß verliert und schwimmend die Uferböschung erreichen muß, wirklich im acht Grad kalten Wasser und kämpft gegen die Strömung. Zwar umgeben von Kaskadeuren, die bereit sind, ihm zu Hilfe zu kommen. Schließlich darf man keinesfalls das Leben eines Darstellers riskieren, so mutig und sportlich er auch sein mag. Lino, der früher einmal Ringer war, im griechisch-römischen Stil weit nach oben kam und lange Jahre im Ring verbracht hat, ist ein besonderer Fall: er weiß, was physische Anstrengung bedeutet. Er verheimlichte seinen Ehrgeiz nicht vor den Spezialisten für gefährliche Szenen und stürzte sich in die schwierigsten Situationen. Dann wieder ist er es, der das Tauchgerät über den Abhang trägt. Und ebenfalls er, als Aldo (der Mann, den er in dem Film darstellt) in die Wasserhose des Falls hinabsteigt. Immer er, mit einer einzigen Ausnahme: der Taucher, auf den Tonnen von Wasser niedergehen, als er in den Wasserfall stürzt, ist ein Stuntman. Lino wäre sonst Gefahr gelaufen, gegen die Felsen geschleudert und getötet zu werden.«

Le ruffian verstand sich nicht nur als Abenteuerfilm, es war auch ein Darstellerfilm mit der Schlüsselsituation der Konfrontation zweier Generationen, im gleichen Stil, wie es sie bereits in *Adieu poulet* (Adieu Bulle) gegeben hatte. Dieses Mal war Venturas Partner Giraudeau.
»Ich kannte Lino nicht«, sagte er, »aber José hatte mir vorgeschlagen, diesen Film zu machen, weil er

wußte, daß wir zusammen passen würden, wenn wir uns kennenlernten. Das erste Mal sahen wir uns bei einem Essen in Paris, und ich sagte ziemlich aufgeblasen zu ihm: ›Hören Sie, da wir uns mögen müssen, sollten wir uns lieber gleich mögen!‹ Und der Händedruck, den ich erhielt, war stark genug, um sofort zu verstehen, was passieren würde.
Sich mit Ventura einzulassen, ist nichtsdestotrotz ganz schön aufregend. Es ist immer außergewöhnlich, Leute von solcher Statur zu treffen, die das sind, was man ›hohe Tiere vom Film‹ nennt... Zu sehen, wer sie sind, wie sie arbeiten, worin der Zauber besteht... Und dann die Tatsache, daß der Typ, den ich darstellte, praktisch immer vor einem stehenden Lino Ventura in seinem Sessel saß, das war schon fast wie eine Art Wette. Aber eine sympathische Wette, ganz und gar kein Wettbewerb.
Mit Lino war es absolut phantastisch. Wir haben uns prima verstanden. Das war um so wichtiger, als das, was sich vor allem zwischen uns entwickeln mußte, die Freundschaft zwischen den Hauptpersonen war, die Beziehung dieser zwei Männer, die genauso stark wie in der Vergangenheit weiterleben wollten... Eine Art verspätete Jugend. Und bereits mit den ersten Kraftanstrengungen war klar, daß der Strom floß, daß es zwei Kumpels gab. Wenn man Lino sieht, sieht man einen Schauspieler. Und er hilft dir noch dazu! Er hat dich im Auge und... das ist gut! Im Grunde ist er nicht umsonst Ventura. Das ist kein unbegründeter, fabrizierter Mythos. Seine Stärke ist seine wahre Natur...
Ein Mann wie er könnte sich bei den Dreharbeiten alles erlauben, was er will. Nun, Lino ist immer da,

wenn man ihn braucht, und sehr pünktlich. Sich so zu verhalten, ist auch eine Form von Respekt anderen gegenüber. Als ich ihn bei den Dreharbeiten beobachtet habe, habe ich viel darüber gelernt, was er ist, was er spielt, wie er es spielt, wie er eine Szene bringt, wie er Schwierigkeiten umgeht oder angeht. Im Studio macht er die gleichen echten Gesten wie im Leben...«

Le ruffian gehörte schnell zu den größten Erfolgen in den Filmhitlisten des Jahres 1983, und bewies damit auch, daß der französische Film noch seinen Platz auf dem Gebiet des Abenteuerfilms behaupten konnte.
Man hätte sich, wie so oft in einem derartigen Fall, eine Fortsetzung vorstellen können, zumal der Film mit einem Fragezeichen endete.
»Nein, das Ende mit den beiden Indianern, die wieder auftauchen, ist gerade richtig wegen der Schönheit der Moral. Es soll bedeuten, daß die Mühen noch nicht zu Ende sind, und daß ihnen auf dem Rückweg noch einige Dummheiten zustoßen können.«

Für diesen Film war Lino also unter die Produzenten gegangen. Es war nicht das erste Mal, daß er so »auf die andere Seite der Kamera«[*] wechselte, aber jedesmal hatte er Wert darauf gelegt, sich mit echten Profis zu umgeben und sich mit der Funktion des Coproduzenten begnügt.

---

[*] Lino Ventura war bekanntermaßen an der Produktion von *Dernier domicile connu* und *La cage* beteiligt.

Diesmal war sein Partner Christian Fechner. 1986, bei einem Interview von »Le Film Français«, das Fechner in einer Hommage würdigte, sparte Ventura nicht an Elogen an der richtigen Stelle:

»Christian Fechner ist alles, was man von einem Produzenten erhoffen kann. Ich habe mit ihm bei Le ruffian zusammengearbeitet. Und für mich war das ideal. Christian Fechner erfüllt seine Aufgaben, wie nur wenige französische Produzenten es heute tun. Er besitzt eine sehr gute Eigenschaft: im Studio ist er ein aktives Element und Pol der Ruhe zugleich. Ich habe Christian Fechner bei der Projektion einer Szene mitten im Hochbetrieb sagen hören: ›Das ist nicht gut, das machen wir nochmal!‹ Und das ist nicht gerade üblich. Die gewöhnliche Reaktion eines Produzenten bestände eher darin, zu sagen: ›Mit ein bißchen Musik kriegen wir das schon hin!‹

Heute wird sehr oft von dem Mangel an Autoren geredet. Aber ich finde, das was uns ebenfalls fehlt, sind echte Produzenten. Christian Fechner ist einer davon, das hat er bewiesen. Das Ärgerliche an diesem Beruf ist, daß man zu oft den Eindruck bekommt, jeder x-Beliebige könnte ihn ausüben. Das ist ein großer Irrtum. Produzent zu sein, ist ein richtiger Beruf, den man erlernt. Geld allein genügt nicht. Man muß Projekte aus der Taufe heben können, ihnen das Licht der Welt erblicken helfen, die Teams zusammenstellen. Man darf nicht warten, daß die Projekte einem fertig gebraten auf den Schreibtisch flattern. Und vor allem muß man bei den Dreharbeiten dabei sein, die Verantwortung voll und ganz übernehmen.

Wir haben natürlich gemeinsame Pläne. Wir hatten welche, die wir nicht vollendet haben. Wir treffen uns häufig, um über das zu diskutieren, was möglich sein könnte. Aber wir teilen denselben Anspruch. Drehen um des Drehens willen bedeutet nichts. In einem Beruf wie dem unseren hat man kein Recht, Fehler zu machen. Und ich bin bereit, alle Projekte, von denen wir reden, falls sie zu einem Ende gelangen, mit Fechner zusammen zu produzieren, wie ich es bei Le ruffian getan habe. Ich habe mir schon oft die Finger verbrannt, und es gibt nur wenige Produzenten, mit denen ich bereit wäre, es noch einmal zu tun. Christian Fechner ist nicht nur jemand, mit dem ich gerne wieder arbeiten würde, sondern er ist auch ein Freund. Ich glaube nicht, daß man eine derartige Zusammenarbeit, wie ich sie gerade angesprochen habe, ohne gegenseitiges Einvernehmen, ohne tiefe Sympathie ins Auge fassen kann. Wie er suche ich nach einem Kino der Entspannung, der Träume, einem unterhaltenden Kino. Filme, die von Freundschaft erzählen, von Liebe, Abenteuer, Loslösung vom Alltäglichen, Humor... Wenn wir morgen einen großen ›schwarzen‹ Roman fänden, würden wir uns natürlich darauf stürzen. Aber diesen großen ›schwarzen‹ Roman suche ich schon seit Jahren. Es gibt nichts Einfacheres, als einen schlechten Krimi zu machen, und nichts schwierigeres, als einen guten Kriminalfilm. Aber ich glaube, um einen guten Krimi hinzukriegen, muß man sich auf reelle Fakten stützen. Seit Le deuxième souffle *wurde nämlich kein großer Kriminalfilm mehr gedreht, der auf reellen Fakten beruhte.«*

Licht und Schatten

Lino Ventura wandte sich einem vollkommen anderen Filmstil zu, als er sich — während *Le ruffian* erfolgreich in den Kinos lief, der Vorbereitung und den Dreharbeiten zu *Cent jours à Palerme* (Hundert Tage von Palermo) widmete, einem italienischen Film von Giuseppe Ferrara, der von dem tragischen Ende des Generals Dalla Chiesa in Sizilien erzählt.
Giuseppe Ferrara nutzte seine Erfahrung als Dokumentarfilmer, um Zeugnisse und Dokumente des italienischen Fernsehens zu sammeln. Er wurde ein Fachmann in Sachen Mafia und arbeitete ein Drehbuch über die letzten Tage Dalla Chiesas aus.
Diese ungewöhnliche Persönlichkeit hatte sich 1978 nach der Ermordung Aldo Moros einen Namen gemacht, als Giulio Andreotti, damals italienischer Regierungspräsident, ihm alle Vollmachten für die Bildung einer Antiterror-Sondergruppe gegeben hatte, um die Brigate Rosse (Roten Brigaden) zu eliminieren. Am 1. Mai 1982 wurde Dalla Chiesa dann zum Chef der Präfektur von Palermo ernannt. Sein Auftrag lautete: Zerschlagung der Mafia!
Um diesem großen Mann Leben einzuhauchen, suchte Ferrara eine starke Persönlichkeit. Er dachte sehr bald an Lino Ventura.

Der Schauspieler kannte den Ruf des Generals und schätzte ihn.

»Er war ein gerechter und strenger Mann. Das genügt mir, um Dalla Chiesa zu spielen...

General Dalla Chiesa interessiert mich sehr, weil er ein Charaktermensch ist, eine Persönlichkeit, ein echter Mann. Und diese Art von Männern übt eine ungeheure Anziehungskraft auf mich aus, weil sie Einzelgänger sind, die sich nicht drücken. Ich kenne Dalla Chiesas Geschichte sehr gut, und außerdem stammte er aus meiner Heimat. Ich bin mit seiner Tochter in Kontakt geblieben, und kann Ihnen versichern, daß Dalla Chiesa, so absurd es auch scheint, ganz genau wußte, daß er sterben würde. Er hat eine Riesensache in Angriff genommen, deren Dimension man hier in Frankreich nicht ermessen kann. Und gerade in dem Augenblick, als er der Mafia einen empfindlichen Schlag versetzen konnte, ließ man ihn allein, und er wurde umgebracht. Ein Satz in dem Film heißt: ›Ich glaube, ich habe die Spielregeln der Mafia begriffen. Die Mafia tötet den Mächtigen, wenn er zu viel Macht bekommt und wenn er isoliert wird.‹ Es würde zu weit führen, hier von Dalla Chiesa zu reden. Ich will ganz einfach sagen, daß er ein großartiges Thema abgibt, und daß ich mich mit Herz und Verstand hineingekniet habe. Ich war von Dalla Chiesa fasziniert, daß es sogar hieß, ich habe ihm sogar ähnlich gesehen.«

Trotz seiner Begeisterung für den General hatte Lino Ventura einige Bedenken, ihn zu verkörpern. Deswegen zog er es vor, sich mit dessen Tochter, Rita Dalla Chiesa, und Marie-Laure, seiner Mutter, zu treffen, bevor er seine endgültige Zustimmung gab.

»Wenn sie aus irgendeinem Grunde etwas dagegen gehabt hätten, daß ich die Rolle ihres Vaters bzw. Sohnes spiele, oder wenn ich auch nur die geringste Mißbilligung gespürt hätte, hätte ich auf der Stelle abgelehnt.«

»Wie mein Vater strahlt Lino Ventura unglaublich viel Macht, Stärke und Charakter aus«, erklärt Rita Dalla Chiesa. »Später habe ich bei ihm die gleiche Großzügigkeit gefunden, die großen Geistern eigen ist, und die mein Vater anderen gegenüber bewies. Lino Ventura war sehr zartfühlend zu mir, und beim Abschied hätte ich mich am liebsten in seine Arme geworfen, und ich habe geweint... Er ist meinem Vater so ähnlich, sogar vom Äußeren her.«

Die Dreharbeiten zu *Cent jours à Palerme* begannen also am Ort der Handlung selbst: in Sizilien.
Ferrara konnte feststellen, daß er mit Lino Ventura die richtige Wahl getroffen hatte.
»Wie General Dalla Chiesa ist Lino ein sensibler Mensch, der moralische Stärke, Entschlußkraft und Entschlossenheit besitzt«, bekräftigt er. »Ohne seine Mitwirkung hätte ich den Film niemals gemacht. Nur er konnte Dalla Chiesa verkörpern.
Acht Monate lang hat er den Mann, den er spielen sollte, mit Hilfe von Filmdokumenten, Interviews und Büchern studiert. Er beherrscht seine Kunst vollkommen. Außerdem hat er drei Monate lang mit dem Drehbuchautor Giorgio Arlorio zusammengearbeitet.
Lino ist der perfekte Mann für die Rolle. Seine Einstellung zur Welt ist der des Generals sehr nahe. Und dann wurden beide in Parma geboren, noch dazu im selben Jahr, 1919. Autoritär und demokra-

tisch zugleich hat Lino Ventura sein ganzes Leben lang sein soziales und menschliches Engagement unter Beweis gestellt, ähnlich wie der General. Die Übereinstimmung zwischen den beiden Charakteren ist erstaunlich, sie reicht bis zu ihren gastronomischen Vorlieben!«
Kurz gesagt, der Schauspieler und der Offizier waren, ohne es zu wissen, durch unzerstörbare Bande miteinander verbunden. Um die Ähnlichkeit zu verstärken und besser in die Haut des Mannes, den er spielen sollte, schlüpfen zu können, glich Lino Ventura sich dem Äußeren Dalla Chiesas an, indem er seine allmählich ergrauten Haare nach hinten kämmte und sich einen Schnurrbart wachsen ließ. Trotz alledem wollte er nicht, daß diese Ähnlichkeit zu Verwechslungen führen sollte. Unter diesem Aspekt weigerte er sich beispielsweise, eine Szene zu spielen, die ihm zu persönlich erschien.
»Emmanuela, die Frau des Generals, half als freiwillige Schwester beim Roten Kreuz Behinderten durch eine Spezialbehandlung«, erzählte Ferrara. »Das wollten wir in dem Film zeigen. Lino fürchtete, man könnte darin eine Propaganda für seine Aktion für Behinderte durch das Comité Perce-Neige sehen.«
Abgesehen davon, wurde Ventura vollständig zu Dalla Chiesa.
»Ventura gibt sich ganz der Sache hin, bestätigte der französische Produzent Alain Pancrazi. »Er korrigiert sich tagtäglich, in dem Maße, wie er sich mit dieser Person identifiziert, an der er sehr hängt. Diese Woche zum Beispiel änderte Lino aufgrund des intimen Tagebuchs des Generals, das in

der Zeitschrift ›L'Espresso‹ veröffentlicht wurde, wieder einmal seine Darstellungsweise.

Eines Tages bat ihn ein Szenenfotograf im Studio, sich für eine Aufnahme anders hinzustellen, und Lino antwortete ihm ganz trocken: ›Ich kann die Hände nicht in die Tasche stecken — der General pflegte das nie zu tun!‹. . .«

Leider verschlechterten sich im Verlauf der Dreharbeiten die Beziehungen zwischen Ventura und Ferrara. Der Schauspieler war mit bestimmten Sequenzen nicht immer einverstanden, genauso wenig wie mit manchen Standpunkten des Regisseurs. Was letzteren betraf, so warf er seinem Landsmann seinen Akzent vor und fand ihn nicht italienisch genug! Und entgegen aller Erwartungen ließ Ferrara schließlich Lino Ventura in der italienischen Fassung synchronisieren. Das war der Grund für die starke Unzufriedenheit des Schauspielers.

»Sicher, er hat nur einen leichten Akzent«, erklärt Ferrara, »aber eben doch einen Akzent, daher die Notwendigkeit, ihn zu synchronisieren. Ich hätte nicht gedacht, daß er so passioniert von seiner Rolle ist, daß er gegen den Einsatz einer Synchronstimme protestiert.«

Während die italienische Fassung in ihrem Entstehungsland auf lebhaftes Interesse stieß, bereitete Lino Ventura mit Unterstützung des französischen Produzenten Eric Geiger die französische Version von *Cent jours à Palerme* vor (die auch unter den Titeln *Les 100 jours de Palerme* und *Le Renard* angekündigt wurde).

»Als der Film geschnitten wurde«, berichtet Geiger, »fragte ich Ferrara, ob ich — zum besseren Verständnis der Handlung, da die französische Öffent-

lichkeit die Geschichte der Roten Brigaden nicht so gut kannte — einige Veränderungen anbringen könnte. Ferrara war einverstanden.
Und dann, am Abend vor dem Start des Films in Frankreich, machte er ein überraschtes Gesicht angesichts der Präzisierungen, die wir eingebracht hatten. Er sagte mir auf vollkommen höfliche Weise, daß der Unterschied, der sich ergeben hatte, für uns sprach.«
Ferraras Überraschung und Liebenswürdigkeit machten bald Entrüstung und Wut Platz. Bei einer Pressekonferenz beschuldigte der Filmemacher die französische Produktion und somit Lino Ventura, siebenundzwanzig Szenen geändert zu haben.
»Ich hatte das Gefühl, als stände ich vor einem Gemälde, das an siebenundzwanzig Stellen zerstört worden war«, rief er aus.
Worauf Eric Geiger erwiderte:
»Ferrara muß sich sehr wohl bewußt sein, daß wir weder den politischen Charakter seines Films ausradiert (was immer er auch aussagt) — ganz im Gegenteil! — noch seine Idee verraten haben. Aber er hat mit Ventura eine alte Rechnung zu begleichen. Sie haben sich bei den Dreharbeiten nicht verstanden, namentlich über Venturas Akzent gab es Meinungsverschiedenheiten, weil er, da er ja fließend italienisch spricht, nicht akzeptiert hat, daß er in der italienischen Fassung synchronisiert wurde. Ferrara hatte Ventura übrigens aus der Nachsynchronisation des Films gedrängt, und es vorgezogen, die Stimme eines anderen italienischen Schauspielers zu nehmen. Ich habe zu diesem Thema einen Brief Ferraras an Ventura, in dem sich der Regisseur bei ihm entschuldigt... Da

Lino Ventura die Sache übelnahm, und Ferrara in Interviews, die er in Italien gegeben hatte, schlecht weggekommen war, wollte es ihm Ferrara nun mit gleicher Münze zurückzahlen.«

Zweifellos klug geworden durch diese Polemik, die mehrere Tage lang Schlagzeilen machte, verweigerte Lino Ventura diesmal jede Erklärung gegenüber der Presse, während er den Kinostart von *Le ruffian* kräftig unterstützt hatte. Dies entsprach in jeder Weise seiner allgemeinen Meinung über die Beziehungen zu den Journalisten.
»An Interviews liegt mir nicht allzu viel. Ich rede nicht gern. Weder im Leben noch in meinen Filmen. Ich beantworte jetzt schon zwanzig Jahre lang die gleichen Fragen. Heute bin ich müde. Und dann, ehrlich gesagt, wüßte ich nicht, wen das interessieren könnte... Ich habe etwas gegen die Presse, das stimmt, aber ich wurde von Journalisten oft enttäuscht, ja sogar gedemütigt. Sie haben mir Dinge in den Mund gelegt, die ich niemals gesagt habe. Ich möchte gern an die sakrosankte Pressefreiheit glauben, aber dann muß man mir auch erklären, wo meine Freiheit anfängt und aufhört!
Beim Tod von Brel, Gabin und Brassens war ich außer mir über die Gehässigkeit gewisser Zeitungen, die um jeden Preis irgendetwas über das Ereignis berichten wollten. Brel war auf unwürdige Weise bis zu seinem Tod verfolgt worden. Was soll das? Bedeutet das etwa, daß im Namen von Gott weiß welcher Information nicht einmal mehr die Würde des Menschen respektiert werden darf? Im Namen der Information die Menschenwürde zu mißachten, ist für mich wie ein Verbrechen! Ja, ein Verbrechen!

Es müßte da ein viel strengeres Gesetz geben, das die Übergriffe auf das Privatleben bestraft. Warum werden Politiker besser geschützt als Schauspieler? Theoretisch ist es vielleicht nicht so, aber in der Praxis auf jeden Fall.«

Nach *Cent jours à Palerme* feierte Lino Ventura zum vierten Mal in zwölf Jahren ein Wiedersehen mit Claude Pinoteau. Sie arbeiteten in einem Thriller nach einem Drehbuch von Jean-Loup Dabadie zusammen.

Zunächst unter dem Titel *La tourmente* angekündigt, kam es schließlich als *La septième cible* in die Kinos.

La 7e cible (1984) von Claude Pinoteau.

Diese Geschichte eines Mannes, der in einem Teufelskreis gefangen ist — und die nicht zuletzt an *Un papillon sur l'épaule* und *Espion lève-toi* erinnert —, war wie gemacht für Lino Ventura.

»Der Film wurde nicht um Lino Ventura herum konstruiert«, erklärt Claude Pinoteau indessen, »aber es stimmt schon, daß Labadie und ich an Ventura dachten, als wir ihn geschrieben haben. Er ist ein Schauspieler, den ich schätze, weil er vor allem Mensch ist.

Ich drehe einfach deswegen schon zum vierten Mal mit Ventura, weil er der ideale Darsteller für die Rollen ist, die ich ihm anvertraue. Ganz abgesehen davon gibt es bei allen Regisseuren Konstanten: Sautet und Romy Schneider, Lautner und Mireille Darc, Lelouch und Anouk Aimée und Jean-Louis Trintignant. Warum also nicht Ventura und ich?«

Bereits beim Schreiben hatte sich Dabadie bemüht, seine Hauptfigur auf Venturas Persönlichkeit einzustellen.

»Lino ist ein Schauspieler, den ich sehr bewundere«, gesteht er. »Und weil er mein Freund ist, weiß ich sehr oft, daß ich gut daran tue, Worte und Stichworte durch Blicke oder Mimik zu ersetzen. Und es ist immer besser für den Film. Je weniger im Tonfilm geredet wird, um so besser ist der Film.«

Der Film wurde im Sommer 1984 gedreht und führte Ventura und Pinoteau sechs Jahre nach *L'homme en colère* (Mann in Wut) wieder zusammen.

»Ich habe einen energischen Schauspieler wiedergefunden, einen Mann auf dem Höhepunkt seiner

Kunst, einen Mann, dessen Vertrauen und gute Laune mir sehr geholfen haben«, bekräftigt der Filmemacher. »Jean-Loup Dabadie hat die Ideen zu einem modernen Thriller beigesteuert, in dem ein Gangstertyp in Aktion tritt, den es zwar gibt, von dem aber nicht viel geredet wird. Wir mußten Lino Ventura einen Gegenspieler geben, der genug Gewicht hatte. So haben wir wie Reporter recherchiert und beispielsweise einen Verantwortlichen für Verbrechensbekämpfung interviewt, denn Authentizität ist für diesen Filmtyp unabdingbar. Wir wollten auch einen Helden aus Fleisch und Blut, voll Leben, also eine Umgebung, Freunde...
Großartig bei Lino ist auch, daß ich ihn nie zu dirigieren brauche (das Wort mag ich übrigens nicht). Wir bereiten die Rolle zusammen vor, arbeiten die Psychologie, die Motivationen, die Vergangenheit heraus. Diese Arbeit mache ich auch mit den anderen Darstellern, und das, was man Darstellerführung nennt, findet statt, bevor wir im Studio sind. Wenn wir dann drehen, kommt das Spiel der Schauspieler von selbst, und wenn es manchmal Ausrutscher gibt, kriegen wir sie schnell unter Kontrolle!«

Die Schauspieler um Ventura waren keine geringeren als Lea Massari, Jean Poiret, Béatrice Agenin und die junge Elisabeth Bourgine. Letztere war zu Beginn nicht für die Rolle der Geigerin vorgesehen. Für diese Rolle hatte sich Pinoteau Sophie Marceau vorgestellt. Der Regisseur und die Darstellerin von *La Boum* schienen sich in diesem Punkt bereits derart geeinigt zu haben, daß ein riesiges Werbeplakat auf den Champs-Elysées die Dreharbeiten

zu *La 7e cible* mit Lino Ventura und Sophie Marceau ankündigte. Einige Tage vor Beginn der Dreharbeiten trat die junge Sophie jedoch zugunsten von *L'amour braque* von Andrzej Zulawski zurück.
Also wurde sie durch die Bourgine ersetzt. Und auch diese wurde nicht von Lino Ventura enttäuscht.
»Er ist ein sehr beeindruckender Mann, besonders für eine junge Frau wie mich, die alle seine Filme gesehen hat und ihn seit frühester Jugend bewundert. Ich wußte nicht, daß er ein so unkomplizierter Partner ist, und hatte erst Angst, neben ihm zu spielen. Ich wußte ja weder, ob ich genug Gewicht aufbringen konnte, noch wie er mich aufnehmen würde... Ich war sehr glücklich, als ich entdeckte, daß Lino sehr herzlich und sehr offen war. Es macht Spaß, mit ihm zu arbeiten, denn er weiß hundertprozentig, was er tun muß. Wenn er seine Partner einschüchtert, dann geschieht das gegen seinen Willen, denn er tut im Gegenteil alles, damit sie sich wohlfühlen.
Ventura ist kein überschwenglicher Mensch, aber man spürt, daß er offen ist. Zum Glück ist er das, denn es ist wirklich nicht einfach, in einem Film zu landen, wenn man weder das Team noch die Darsteller kennt. Ich hatte den größten Bammel meines Lebens. Er war derart großzügig, daß alles gut gegangen ist!
Claude Pinoteau hat den Film gemacht. Er machte einen Film über einen Mann, der Lino Ventura ist. Und damit haben wir ein Duo, das bestimmt lange an dem Drehbuch gearbeitet hat; sie wissen genau, was sie tun werden, alles ist hyperpräzise. Es gibt keine technische Improvisation, nur die

Improvisation des Spiels, denn wenn man spielt, ist es anders als bei Wiederholungen. Es gibt die Dreharbeiten, die bewirken, daß plötzlich noch etwas Unerwartetes geschieht. Das ist der Zauber der Dreharbeiten. Zudem ist es ein Thriller, also sehr exakt, und wir können nicht einfach herumlaufen wie wir wollen.«

Die Dreharbeiten zu *La 7e cible* dauerten ein Vierteljahr und fanden zum größten Teil in Paris statt.
Die Reporter kamen nur so herbeigeströmt. Einer von ihnen schrieb:
»Ein paar Meter von Saint-Germain-des-Prés entfernt, das immer von Touristen aller Hautfarben bevölkert ist, schlummert die Place Saint-Sulpice. Alles scheint ruhig. Nichts wirklich Ungewöhnliches zieht den Blick auf sich, stünden da nicht Filmkameras wie vergessen am Fuß der Kirche.
Plötzlich, am frühen Nachmittag, belebt sich der Platz. Aus dem Nichts taucht ein Filmteam auf, überschwemmt die Straße und gibt leblosem Gerät neues Leben. Neugierige bleiben fragend stehen.
Die vierte Woche der Dreharbeiten zu *la 7e cible* geht weiter.
(...) Auf dem Drehort der Place Saint-Sulpice erscheint Lino Ventura erneut in voller Form. Eine leichte Bräune trägt das ihre zu seinem glanzvollen Erscheinen bei und reißt eine Passantin zu der Bemerkung hin: ›Er ist wunderbar, mit jedem Film wird er jünger!‹
Heute soll Lino Ventura einige Szenen mit Jean Poiret drehen. Die Wiederholungen sind auf ein Minimum reduziert. Zum einen, weil die Drehbedingungen mitten in Paris immer schwierig sind.

Zum anderen, weil Ventura es vorzieht, so schnell wie möglich zum Ziel zu kommen.

Die beiden Schauspieler gehen nebeneinander vor der Kamera zu einem roten BMW. Und mit einer Gebärde, die ihm vertraut sein muß, umklammert Ventura freundschaftlich Poirets Hals.

Vier Aufnahmen genügen, bis diese kurze Szene ›im Kasten ist‹.

Während er auf die nächste wartet und die Techniker sich zu schaffen machen, bleibt Lino Ventura allein. Er sitzt auf seinem Stuhl oder auf einer Stufe, redet wenig und pfeift viel. Kurze Augenblicke umfaßt er den Kopf mit beiden Händen, wie um sich besser gegen den dauernden Lärm abzuschirmen. Aber die Autogrammjäger bringen ihn in die Wirklichkeit zurück.

Jean Poiret seinerseits blickt umher, immer ein Lächeln auf den Lippen und scherzt mit jedermann, einschließlich den Zuschauern.

Die Atmosphäre am Drehort ändert sich etwas, als Jean-Loup Dabadie kommt. Ventura entspannt sich sofort und geht erfreut auf seinen Freund zu. Zusammen scherzen und lachen sie, als ob sie zu Hause wären, weit weg von der aufmerksamen Menge. Dann werden die Schauspieler wieder vor die Kamera gebeten.

Jean Poiret und Lino Ventura sitzen vorne im BMW. Zwischen ihnen eine Puppe, die im Film als ›Partnerin‹ von Poiret dienen soll. Um diese Puppe wie den Kopf einer Frau erscheinen zu lassen, versteckt sich ein echter Bauchredner auf dem Rücksitz. Daraus ergeben sich Probleme mit Bild und Ton. Die Einstellungen werden zahlreicher, und Claude Pinoteau studiert verschiedene Möglichkeiten bis

zur Idealaufnahme. Nun genügen wieder einige Takes.
Die Dreharbeiten zu *La 7e cible* werden noch etwa einen Monat lang in Frankreich stattfinden, dann wird das ganze Team nach Berlin fliegen, wo einige Szenen gedreht werden sollen.« *

La 7e cible war aber auch für Claude Pinoteau und Jean-Loup Dabadie eine Gelegenheit, ein Portrait ihres Freundes und Mitarbeiters Lino Ventura zu zeichnen.
Claude Pinoteau:
»Er kann sich nicht verstellen. Er will nicht. Das Gegenteil eines Heuchlers oder Strategen. Er sagt immer, was er denkt. Es ist seine Art, sich den Menschen gegenüber loyal zu verhalten. Sie hat ihre Wurzeln in seiner Herkunft als kleiner Einwanderer, der in der Schule der ›Itaker‹ genannt wurde, und der sich sehr früh gegen die anderen verteidigen mußte. Er hätte ein Schläger werden können, voller Komplexe und verbittert, und in jenem Vorstadtviertel, in dem er wohnte, böse enden können. Bei Lino hat das Gute die Oberhand gewonnen. Aber nicht jeder x-beliebige kann das Eis brechen. Hinter der Maske verbirgt sich ein extremes Zartgefühl.
Er verabscheut das Vulgäre. Niemals würde er einen hochtrabenden Ausdruck benutzen oder in den Mund nehmen...
Béatrice Agenin, seine Partnerin in *La 7e cible* rührte ihn durch ihre zerbrechliche Anmut. Frauen,

---

* Philippe Durant, »Casting«, Nr. 4, Oktober 1984.

die zu energisch oder zu hochgeistig sind, sind ihm zuwider. Er ist ein Autodidakt, der die Gesellschaft seiner Kameraden vorzieht. Mit Jacques Brel verbanden ihn brüderliche Beziehungen. Sie hatten die gleiche Lebensphilosphie. Mit Georges Brassens eine sensible Freundschaft, in der man sich anschnauzen mußte, während man sich umarmte, um ja keine Gefühlsduselei aufkommen zu lassen. Aber in den Blicken lag eine unendliche Zärtlichkeit.

Die, die ihn beschränkt nennen, haben nicht versucht, ihn näher kennenzulernen. Sein Innenleben geht tiefer, als man annehmen könnte. Wenn er bei Dreharbeiten in der Provinz oder im Ausland auch selten alleine ißt — ein Mittel, um zu verhindern, daß man behelligt wird —, so liebt er es zu Hause, sich in seinem zu ebener Erde gelegenen Büro mit Blick auf den Garten seines Hauses in Saint-Cloud niederzulassen, das über ganz Paris hinwegblickt. Dort stopft er sich eine seiner vielen Pfeifen, zündet sie friedlich an und nimmt schließlich ein Buch oder ein Drehbuch von dem Stapel, der sich auf einem Tisch angesammelt hat. Er hört klassische Musik, am liebsten Bach. Er mag auch Jazz, Count Basie besonders. In diesen Augenblicken sammelt er sich.

Zu Hause hat er eine fromme Seite. Er respektiert die Gebote der Bibel. Daraus resultiert sein dualistischer Begriff von Gut und Böse. Er ist sich bewußt, daß es irgendwo eine Schöpfung gibt, zweifelt aber an jeglicher Form des Lebens nach dem Tode. Seine Verhaltensweise auf der Erde zielt nicht darauf ab, im Jenseits sein Heil zu gewinnen. Die Welt, in der wir leben, interessiert ihn. Er liest

die Zeitungen und zeigt sich eher pessimistisch. Sich öffentlich kundtun wie Yves Montand? Niemals. Das könnte er nicht...
Die Geschichten, die Jean-Loup erzählt, lassen ihn vor Vergnügen brüllen. Ich habe ihn bis zu Tränen lachen sehen, als er Raymond Devos bei einer Wohltätigkeitsveranstaltung zugunsten von Perce-Neige zuhörte. Er hat den spöttischen Humor von Kindern. Er erinnert mich auch an jene großen Komiker, die keine Grimassen zu schneiden brauchen, um komisch zu sein. Auch ist er ein wunderbarer Erzähler.
Er lehnt unheimlich viele Rollen ab, Gangster und andere ›Gorillas‹, die er in seiner Anfangszeit verkörperte. Er findet es beleidigend, daß sie ihm heute noch vorgeschlagen werden. Vor ein paar Jahren habe ich ihm ein Buch über Spencer Tracy geschenkt mit einer Widmung, in der ich ihm erklärte, daß ich nicht wünschte, er solle diesen amerikanischen Schauspieler imitieren, aber daß er ähnlich brummige Rollen verkörpert, Männer mit goldenem Herzen, mit Humor. Er begann mit *La gifle*. Er wäre phantastisch in *Guess Who's Coming to Dinner* (Rat mal, wer zum Essen kommt?). Lea Massari könnte seine Katherine Hepburn sein.
Man schmeichelt ihm in Literatur- und Filmkreisen, man überhäuft ihn mit Ehren, bittet ihn, die Präsidentschaft für Festivals zu übernehmen. Dieser Erfolg macht ihn nicht eitel. Er hat nichts vergessen. Vor allem nicht, daß Odette, seine Frau, seinerzeit seine Qualitäten ins rechte Licht gerückt hat. Er ist ihr dankbar, daß sie eine Art Entdeckerin für ihn war.«
Jean-Loup Dabadie:

»In einem Drehbuch akzeptiert er längst nicht alles: Bestimmte Verhaltensweisen und bestimmte Sätze gefallen ihm nicht. Hier ersetzen gedämpfte Gesten gewaltsames Benehmen, da tritt Schweigen an die Stelle von Stichworten.

Behutsam und unauffällig hat er durch die Dinge des Lebens, sein Handeln und seine Rollen bewiesen, daß es einen Riß im Marmor gibt.

Er liebt das Leben und seine Familie, er liebt die Kinder, seine Freunde. Meine beiden Söhne von dreizehn und zehn Jahren haben eine Beziehung zu ihm, in der ich meistens nichts zu suchen habe.«

The Quiet Man

Kurz nach *La 7e cible* — ein Film, der nicht den erhofften Erfolg hatte (etwas über 300 000 Zuschauer in Paris), ging Lino Ventura an Bord der »Chinesischen Dschunke« *(La jonque chinoise)*, einer Abenteuerkomödie von Bernard Aubert, die in Hongkong, Macao und Bangkok gedreht wurde. Dieser Film sollte die Geschichte eines ehemaligen Marinearztes erzählen, der sich in Hongkong zur Ruhe gesetzt hat und nun in einer Mission Kinder behandelt. Der Mann, der eine deutliche Neigung zum Alkohol an den Tag legt, faßt eine besondere Zuneigung zu einem zwölfjährigen Kind, das davon träumt, einmal den Eiffelturm zu sehen. Eines Abends gewinnt der Arzt beim Pokern eine Dschunke. Zusammen mit dem Kind schifft er sich darauf ein, um nach Frankreich zu fahren... Die Dreharbeiten zu diesem Film wurden im Januar 1985 abrupt abgebrochen, und Lino Ventura kehrte nach Europa zurück. Dort scheiterte ein anderes Projekt, aber aufgrund seiner eigenen Entscheidung: eine Schallplatte! Eddie Barclay war es nämlich gelungen, ihn zu überreden, eine Single im Stil des berühmten »Je sais« von Jean Gabin aufzunehmen. Pierre Delanoé schrieb den Text, aber der Schauspieler ließ das Projekt fallen...

Der Abbruch von *La jonque chinoise* hielt Lino Ventura lange Zeit von der Leinwand fern.

Mitte der achtziger Jahre lag das Problem in den gleichen Ursachen wie nach *Cadaveri Eccellenti*.

»Es ist alles da, um gute Filme zu machen, nur keine Autoren. Wir befinden uns auf einer kreativen Durststrecke. Die Jugendlichen, die ich in kleinen und großen Schulen, wie z.B. dem Polytechnikum treffe, erwarten von einem Film, daß sie träumen können, daß er unterhaltsam ist. Man darf die Tendenzfilme nicht ganz ablehnen, aber allzuviel davon muß nicht sein. Es gibt keine Drehbuchschreiber mehr, das ist alles. Und ich bin nicht der einzige Schauspieler, der das sagt. Wenn ich eine Rolle spielen, Dialoge sprechen soll, muß ich zuerst Appetit auf die Rolle bekommen, sie in mich hineinschlingen. Nun, nichts, was man mir vorschlägt, läßt mir das Wasser im Mund zusammenlaufen. Ich habe ein zu großes Profibewußtsein, zu viel Respekt vor dem Publikum, als daß ich jede x-beliebige Rolle akzeptieren würde. Aber wenn Sie mich jetzt fragen, was eine schöne Story ist, könnte ich Ihnen keine Antwort darauf geben. Ich weiß nicht, welche Kriterien für eine schöne Story maßgebend sind... Ich würde Ihnen ganz einfach antworten, daß in einer guten Story Humor enthalten sein muß, Abenteuer, Liebe, Freundschaft, sie muß voller Zartgefühl sein — Zartgefühl, das ist für mich etwas Wesentliches. Und das war's auch schon.

Ich habe keine Skripts gefunden, die zu mir gepaßt hätten. Dagegen habe ich an die hundert gelesen, die meiner Meinung nach einzig und allein zum Feueranmachen taugen!... Ich glaube, der französische Film steckt in der Krise, nicht, wie viele

behaupten, aus wirtschaftlichen Gründen, sondern wegen eines Mangels an Kreativität. Wir müssen uns nicht von Grund auf, sondern nur formal erneuern. Wir müssen eine neue Art des Filmens, eine neue Art des Erzählens finden.
Die einzige Möglichkeit, etwas Neues zu machen, liegt nicht im Grundsätzlichen, sondern in der Form. In der Form des Ausdrucks, in der Form des Schreibstils, ja sogar im Stil der Darstellung mit der Kamera. Hier kann man etwas bringen, ohne deswegen großartige Verrenkungen ausführen zu müssen!
Francis Veber dreht seine eigenen Filme, und oft in den USA. Jean-Loup Dabadie, der wirklich ein Freund ist, wurde vom Theater mit Beschlag belegt und von den Texten, die er für einige Sänger schreibt. Und Audiard und Pascal Jardin, die sind nicht mehr da...«

Unter den Stories, die sich auf dem Schreibtisch des Schauspielers stapeln, sind auch viele Krimis. Aber...
»Heute gibt es nichts Schwierigeres, als einen guten Kriminalfilm zu drehen. Einen schlechten Film, den kann ich Ihnen in einer Woche schreiben und drehen; aber ich bin weder Drehbuchautor noch Regisseur.
Wenn Roger Vadim von mir in einem Film verlangen würde, den Goldschatz von Fort Knox anzugreifen, und mir erklären würde, wie ich das machen soll, würde ich mich totlachen! Wenn dagegen Raoul Walsh mir sagen würe, daß ich einen Colt nehmen soll, und mir zeigen würde, wie man das macht, dann hätte ich mich gefügt. Dieser Mann hat den Krieg von Mexiko mitgemacht, er wußte, wovon er

sprach. *Hier hat man die Regisseure von Gewicht schnell durch. Im großen und ganzen ist die Luft raus, sie haben keinen Schwung. Es gibt nichts Einfacheres als einen schlechten Film zu machen: man muß sich nur an alle Klischees dranhängen.*
Sie werden feststellen, daß ein guter Kriminalfilm auch jedesmal ein großer Kassenerfolg ist. Ich glaube, daß dies die wirklich eminent filmtauglichen Geschichten sind.
Ich würde gerne einen Kriminalfilm machen, aber ich bin mir bewußt, daß ich heute nicht mehr in die Bars am Pigalle zurückkehren kann. Ich muß mir etwas anderes suchen. Die Unterwelt von heute, das sind nicht mehr die kleinen Gauner in den Bars. Heute sind Gangster ganz ehrenwerte Leute, die ihre Büros in der 5th Avenue, ihre Banken in Genf, ihre Vertreter in Zürich und Basel haben. Sie sind Geschäftsleute. Und deswegen drehe ich keine ›films noirs‹ mehr.
Und Abenteuerfilme im Stil von SAS, die sind auch leicht zu machen, aber die laufen nicht mehr. * *Es ist sehr schwer, die spektakuläre Seite eines Drehbuchs aufrechtzuerhalten. Nicht jedermann ist in der Lage,* The Quiet Man *zu drehen.«* **
So lehnte Lino Ventura viele Skripts ab. Außerdem weigerte er sich systematisch, bestimmte Szenen zu drehen.
»Es stimmt, daß es Dinge gibt, die ich im Film nie machen würde. Das sind vielleicht vollkommen idio-

---

* In der Tat war »SAS à San Salvador« von Raoul Coutard (1982) ein grandioser Reinfall.

** Film von John Ford mit John Wayne.

tische und altmodische Moralprinzipien, weil ein Schauspieler ja alles machen können muß, aber ich weiß, daß Sie mich nie ganz nackt mit einer Dame schäkernd im Bett sehen werden. Das überlasse ich anderen, ich kann so etwas nicht.
Heute können Sie keinen Film mehr ohne jenen ›denkwürdigen‹ Moment sehen, in dem man eine Dame unter einem platt auf ihr liegenden Herren erbeben sieht. Man muß sehr intelligent sein, um Erotik machen zu können. Die machen nur Pornographie. Pornographie ist, wenn man zwei Leute sich in einem Bett herumwälzen sieht. Erotik ist etwas anderes. Um Erotik zu zeigen, muß man äußerst raffiniert und gebildet sein.
Zwischen der Tatsache, einen Mann und eine Frau im Bett bei dem, was Sie sich vorstellen können, zu beschreiben und zu filmen, und der Tatsache, beispielsweise The Quiet Man *von John Ford zu beschreiben und zu filmen, liegt ein himmelhoher Unterschied. Damit will ich sagen, daß ersteres meiner Meinung nach nicht sehr schwierig ist, und daß jeder so was machen kann. Nur, einen Film wie* The Quiet Man *zu schreiben und zu drehen, dazu sind nicht viele in der Lage.*
Es kann andere Szenen geben, die genauso schön sind wie ein Kuß. Und dann geniere ich mich, vor mir selbst, vor meiner Familie, meinen Freunden. Das ist keine Prüderie. In meinem Alter weiß ich, was man mit Frauen machen muß! Aber ich bin nicht bereit, vor aller Augen mit einer von ihnen splitternackt herumzuhopsen!
Die schönste Liebesgeschichte kann nur mit Schamgefühl gemacht werden, aber das ist schon schwieriger umzusetzen. Clemenceau sagte einmal diesen

bemerkenswerten Satz: ›Der schönste Augenblick der Liebe ist, wenn man die Treppe hinaufgeht.‹ Heute sieht man immer einen Mann und eine Frau, wie sie es im Bett miteinander treiben. Es interessiert mich nicht, so einen Film zu machen! Was die Gewalt angeht: sie ist ein Reflex der Zeit. Aber es gibt eine Sättigung dieser Gratis-Gewalt. Im Kino sieht man an jeder Ecke Blut, während Gewalt auch ein Blick sein kann, eine Geste... Man verwechselt Gewalt mit Brutalität, wie man Erotik mit Pornographie verwechselt!«

In einem ganz anderen Zusammenhang wurde Lino Ventura in jener Zeit gefragt, ob er Schauspielunterricht erteilen wolle, er, der niemals einen Kurs dieser Art mitgemacht hatte.
»Wie kann man jemandem beibringen, Schauspieler zu sein? Das war immer ein Geheimnis für mich. Wenn jemand das gewisse Etwas in sich hat, vielleicht könnte ich ihn Nüchternheit lehren... Aber das wäre eine besondere, ganz persönliche Unterrichtsform.
Wissen Sie, über die Geschichte mit dem Schauspielunterricht gäbe es viel zu sagen. Ich hatte mir übrigens schon immer mal vorgenommen, einen Kurs zu besuchen, um zu sehen, wie das vor sich geht!
Was ich jetzt sage, wird wahrscheinlich wie eine Ungeheuerlichkeit in den Augen bzw. den Ohren gewisser Leute erscheinen. Obwohl ich mir sehr wohl darüber im Klaren bin, daß man hart dafür arbeiten muß, zwei Stunden lang auf der Bühne der Comédie-Française Verse in einem besonderen Rhythmus deklamieren zu können, und das Ganze

noch dazu so natürlich wie möglich — ich glaube, das ist ein sehr schwerer und mühsam zu erlernender Beruf —, verstehe ich jedoch nicht, wie man zu jemandem sagen kann: ›Ich werde Sie lehren, wie man Schauspieler wird.‹ Nein, das kann ich nicht. Entweder hat man die Begabung, und man kann sie vielleicht vervollkommnen, oder eben nicht!
Wie sagte Arthur Rubinstein sehr richtig: ›Ich habe meinen Beruf in den Konzerten gelernt.‹ Und das stimmt überall. Im Sport, zum Beispiel beim Boxen, sagt man: ›Man lernt im Ring‹. Es gibt die Theorie, die steht am Anfang, man lernt eine Technik, aber Schauspieler sein, ist keine Technik! Und ich kann nicht begreifen, wie man auf einmal jeden x-Beliebigen nehmen und sagen kann: ›Ich bringe Ihnen jetzt bei, Schauspieler zu sein!‹ Wenn Sie es nicht in sich haben, werden Sie es auch nicht durch besondere Hilfsmittel lernen, und ich wüßte auch nicht, wie das möglich sein sollte!«

Im Laufe der Jahre 1985/86 tauchte der Name Ventura wieder in den Besetzungslisten mehrerer Filme auf, die in Vorbereitung waren.
Da war zunächst *Vengeance* (Orig. Titel: Sword of Gideon/Video-Titel: Das Gesetz des Terrors), eine franko-kanadische Produktion mit einem Budget von acht Millionen Dollar mit Michael York und Thierry Lhermitte, der auch als Mehrteiler im Fernsehen ausgestrahlt werden sollte, wie es schon bei *Les Misérables* der Fall gewesen war.
Nach einigen Verzögerungen nahm das Projekt Form an, jedoch nur als Fernsehfilm in zwei Teilen. Unter der Regie von Michael Anderson erzählte der Film die Geschichte eines israelischen Komman-

dos, das die Attentate bei den Olympischen Spielen in München rächen sollte. Thierry Lhermitte wurde durch Laurent Malet ersetzt.

Seit *Les Misérables* stand Lino Produktionen fürs Fernsehen nicht mehr abweisend gegenüber.

»*Es erscheint mit unvermeidlich. Aber nicht zu inakzeptablen Arbeitsbedingungen: bei Serien-Dreharbeiten, wo man am Tag acht bis zehn brauchbare Minuten in den Kasten kriegt, da mache ich nicht mit. Aber wenn die Dinge gemacht werden können, wie sie sein müssen, dann warum nicht? Mit Leuten vom Film oder, warum auch nicht, mit jungen Leuten. Aber auf jeden Fall müssen es gute und schöne Stories sein.*«

Dann schien sich ein Film abzuzeichnen, der Lino Ventura mit Jacques Deray und Jean-Claude Carrière zusammenbrachte.

Ebenfalls ein Film, der von Patrick Leconte gedreht wurde.

»Das Drehbuch war ein Zwischending aus Komödie und Abenteuer, das wir mit Jean-Loup Dabadie zusammen geschrieben hatten«, erklärte Leconte. »Wie in *Les Spécialistes* (Die Spezialisten) mit Giraudeau und Lanvin war ich von einem Casting ausgegangen, von dem Aufeinandertreffen zweier Schauspieler: Michel Blanc und Lino Ventura. Sie waren beide einverstanden, und ich fand es sehr aufregend, einen Film um sie beide herum aufzubauen. Aber im letzten Moment ist das Projekt geplatzt.«

Le Musher, das Projekt, das José Giovanni und Lino Ventura vor *Le ruffian* im Auge gehabt hatten, wurde wieder aktuell.

»Wir haben gute Aussichten«, erklärte Giovanni

selbst Anfang 1987. »Im Herbst werden wir ein Projekt erörtern, das uns mit Schlittenhunden in den hohen Norden bringen wird.«

Man erfuhr auch, daß ein Film, der die beiden Namen Gérard Lanvin und Lino Ventura miteinander in Verbindung brachte, gerade geschrieben werden sollte. Christian Fechner sollte ihn finanzieren. Etwas vager war ein Projekt, in dem Lino wieder mit Jean-Paul Belmondo spielen sollte...

Die Rückkehr des Schauspielers zum Film erfolgte jedoch mit einem kurzen Auftritt in *La Rumba* (in Deutschland nicht gelaufen) von Roger Hanin.

Er spielte den Nono Gozlan, einen schweren Jungen aus dem Milieu. Schlapphut, Sonnenbrille: Lino Ventura brachte seine eigene »Legende« in diese Figur der dreißiger Jahre ein...

»Er hat diesen Film gedreht, er wollte nicht einmal eine Gage dafür«, sagte Hanin. »Und als der Produktionsleiter darüber eine Diskussion anfangen wollte, habe ich zu ihm gesagt: ›Hör auf, sonst dreht er den Film nicht!‹ Also hat er um sonst mitgespielt. Aber dafür wollte er seinen Anzug, seinen Hut, seine Schuhe haben; alles wurde mit großer Sorgfalt ausgesucht. Er kam pünktlich, er war als erster im Studio, er drehte diesen Film, als ob er die Hauptrolle spielte! Während der Dreharbeiten war er ein Muster an Konzentration.«

Nach *La Rumba* war wieder die Rede von verschiedenen Projekten, in denen Ventura mitwirken sollte.

Schließlich entschied er sich unter den zahlreichen Skripts, die sich immer noch auf seinem Schreibtisch häuften, für *Maledetto ferragosto*. So reiste er im Frühjahr 1987 nach Italien, genauer gesagt nach

Mailand, um dort unter der Regie des Filmemachers Francesco Massaro zu arbeiten.
Es war seine letzte Rolle. Die Rolle eines Detektivs...
Es war sein letzter Film. Ein italienischer Film...

Im Sommer 1987 bestätigte Jacques Deray, daß sein neues Projekt auf bestem Wege war, sich zu konkretisieren.
Auch wollte Lino Ventura in einem Film mitspielen nach dem Buch, das der Journalist Charles Villeneuve dem D. S. G. E. gewidmet hatte, der französischen Spionageabwehr, bekannt unter dem Namen »La Piscine«.
»Norbert Saada machte mich mit Lino Ventura bekannt«, sagte Villeneuve, »und, nachdem er mein Buch gelesen hatte, wollte er, daß ich ihm eine Figur aufbaute — einen Offizier mit Überzeugungen, der sich nicht demütigen lassen will. Er war ein großer Bewunderer des amerikanischen Generals North, vor allem weil dieser seine Verantwortung auf sich genommen und zugegeben hatte, Geld von den Iranern der nicaraguanischen Kontra-Bewegung gegeben zu haben. Davon ausgehend hatte ich ihm eine ganze Reihe höherer Offiziere präsentiert, und wir einigten uns auf ›La Piscine‹. Wir haben uns mit dem früheren Stabschef der Streitkräfte, General Lacaze, und dem jetzigen Chef der Sondereinheiten getroffen. Wir haben mit ihnen im Sitz des Geheimdienstes gegessen, weil Ventura diesen Ort kennenlernen wollte. Und dann haben wir über eine ganze Menge Dinge geredet. Als wir gingen, hat er im Hof angefangen, mich anzuschnauzen. Ich wußte nicht so recht, warum,

er machte fast alle Exposés, die ich geschrieben hatte, herunter, weil ich die Greenpeace-Affaire angesprochen hatte und die halb verpatzte Sache im Iran, in der Gegend von Baalbek; er brüllte im Hof herum: ›Ich habe die Nase voll von diesen Journalisten, die unaufhörlich jene Offiziere kritisieren, die wenigstens an etwas glauben, während die Politiker, von denen sie ihre Befehle bekommen, an gar nichts glauben! Bestimmte Werte muß man verteidigen! Wenn du das nicht verstehst, hast du überhaupt nichts begriffen!‹ Und ich war etwas geniert. Ich sagte dauernd in zerstreutem Ton: ›Ich höre dich ja, Lino, ich verstehe dich ja‹, und er brüllte immer lauter... Er führte sich auf, als wäre er einer der Chefs vom Geheimdienst! Also, er wollte die Rolle dieses Offiziers spielen, aber, wenn Sie so wollen, nicht in irgendwelchen manipulierten Sachen. Auf keinen Fall. Er wollte, daß wir die Krise im Tschad oder im Libanon oder in Neu-Kaledonien zum Thema nähmen. Er wollte einen General mit einer gewissen Lebenserfahrung verkörpern. Er wollte das spielen, woran wir gerade arbeiteten, und das *Le Sphinx* heißen sollte...

Auch Remo Forlani hatte mit ihm Kontakt aufgenommen, diesmal wegen einem Projekt fürs Fernsehen: ein Magazin über das Leben von Italienern in Frankreich.

»Man hatte mir gesagt: ›Ventura will aber kein Fernsehen machen!‹«, bestätigt Forlani. »Er hat sich trotzdem mit uns verabredet. Und da hatte ich Gelegenheit, eine ganze Weile mit ihm zusammen zu sein. Ich habe ihm meine kleine Geschichte erzählt, und er mir seine.

Was er uns an diesem Tag erzählt hat, das erklärte den Schauspieler, der er war: ein kleiner Junge aus Parma, der in den zwanziger Jahren mit seinen Eltern nach Frankreich kam, zu einer Zeit, als die Italiener noch ›Spaghettis‹ waren. Er kannte die Armut, er war Groom, er war Liftboy, er war Vertreter, Mechaniker, er hat alle die kleinen Jobs mitgemacht... Er war wie Rocky! Rockys Geschichte ist Venturas Geschichte, das heißt, er hatte kein Geld, er war in einem fremden Land, wurde Catcher, hat dann Kämpfe organisiert. Und dann ist er praktisch gegen seinen Willen Schauspieler geworden.«

All diese mehr oder weniger fortgeschrittenen Projekte bewiesen ganz klar, daß Lino Ventura trotz seines anscheinenden Ruhestandes weiterhin im Zentrum der Filmkunst lebte.

»Ich liebe diesen Beruf von ganzem Herzen. Und je weiter ich in dieses Metier vordringe, um so mehr übe ich es aus, und liebe und respektiere es. Ich persönlich mache das lieber als unter Tage nach Kohle zu graben! Wenn ich diesen Beruf nicht mehr machen dürfte, wäre ich sehr unglücklich, weil ich ihn von ganzem Herzen liebe."

Trotzdem ließen ihm die immer größer werdenden Abstände zwischen seinen Leistungen als Schauspieler immer mehr freie Zeit, in der er sich namentlich um seine Leidenschaften kümmerte, darunter seine Häuser; das Haus in Saint-Cloud mit einem unverbauten Blick auf Paris, und ein ehemaliges Kloster im Anjou, das er 1953 kaufte und restaurieren ließ.

In dieser Zeit führte er auch seine Geschäfte weiter. Allein, wie er es immer gewesen war.

»Es war mir schon immer zuwider, wenn sich eine Sekretärin oder ein Impressario in meine Geschäfte einmischten. Ich habe nie einen Agenten gehabt. Mein Berater bin ich selbst.«
Also beantwortete er die paar hundert Briefe, die er jede Woche bekam, sorgfältig und höchstpersönlich.
»Meistens besteht die Antwort in einem Foto mit Widmung. Aber es kommt auch vor, daß ich mit einem richtigen Brief antworte, wenn ich fühle, daß hinter den Worten ein echtes Problem steckt.«

Lino Ventura nutzte seine Freizeit auch, um ins Kino zu gehen und viele andere Hobbys voll auszukosten.
»Wenn ich außerhalb drehe, kann ich nicht ins Kino gehen, und bin daher im Rückstand. Wenn ich nach Paris zurückkomme, bin ich richtig kinosüchtig. Mir macht das Spaß. Denn wenn ich ins Kino gehe, ich weiß nicht, was dann geschieht, aber ich vergesse vollkommen, daß ich selbst Filme mache. Ich bin da, ich setze mich auf meinen Platz, ich bin zufrieden...
Sehr beeindruckt haben mich Filme wie Harakiri *von Kobayashi oder* Dersu Uzala (Uzala, der Kirgise) *von Kurosawa. Ich bin herausgekommen, das weiß ich noch genau, als ob man mir eine Lektion in Sachen Leben erteilt hätte! Es ist unwahrscheinlich, was ich bei diesen Filmen empfunden habe. Ich habe jedoch auch mit einigen Leuten darüber gesprochen, die über meine Begeisterung ganz erstaunt waren. Aber darüber läßt sich nicht streiten: da scheiden sich die Geister!*
Ich lese gern, von Balzac bis Romain Rolland, von Victor Hugo bis Hemingway. Einige Zeit lang war

ich wie ausgehungert nach Wissen und Kenntnissen. Auch hier haben meine Freunde mir geholfen... Ich hatte das Glück, Leute kennenzulernen, die mir über meine ›intellektuelle Armut‹ die Augen geöffnet haben, wenn ich so sagen darf. Und dann kam die Zeit des Autodidakten mit kistenweise Büchern, die ich verschlungen habe. Es war großartig, sie einfach hintereinander zu lesen, weil keine Disziplin darin lag; ich war vollkommen verfügbar, vollkommen offen. Ich tat das, weil ich es wollte, nicht aus Zwang.

Ich sehe fern wie jeder andere auch, habe ein Faible für große Reportagen und Sendungen mit soziologischer, historischer Richtung. Und dann versäume ich keine große Fußballübertragung, außer natürlich wenn ich ins Prinzenparkstadion gehe.

Im Radio höre ich mir die Nachrichten und ziemlich oft große klassische Konzerte an.

Musik liebe ich sehr. Ich möchte nicht so weit gehen, zu behaupten, daß ich ohne Musik nicht leben könnte, aber ohne Musik fühle ich mich nicht wohl. Ich brauche Musik. Jazz schätze ich sehr, aber vor allem klassische Musik und insbesondere Vivaldi, Mozart und Beethoven.

Ich beneide, das ist sicher, jene Leute, die drei Stunden lang vor den Tasten ihres Klaviers oder ihrer Staffelei verbringen können, ohne deswegen Paderewski oder Paul Gauguin sein zu wollen... Ich glaube, das muß etwas Wunderbares sein, ein Instrument zu nehmen, sich an ein Klavier zu setzen oder eine Gitarre in die Hand zu nehmen, und in etwas schwierigen Augenblicken jene Art außergewöhnliche Freude zu empfinden, die es bedeutet, ein Instrument zu spielen.«

Er hat niemals aufgehört, die aktuellen Probleme ganz aus der Nähe zu verfolgen. Manchmal gab er seiner Meinung Ausdruck. Vor allem über das Einwanderungsproblem:
»*Ich gebe zu, daß mich das alles ein bißchen stört, weil in alledem eine große Gefahr liegt, und zwar, daß wir alle, ungeachtet der Person, zu Verallgemeinerungen tendieren. Ich will damit sagen, daß unter den Einwanderern solche und solche sind. Ich verstehe nicht, wie man sich über einen Einwanderer aufregen kann — und ich weiß, wovon ich rede — der aus einem Land kommt, in dem die Leute vor Hunger krepieren, denn hier in diesem Land, in diesem von Gott gesegneten Land, gibt es alles, was man zum Leben braucht. Keiner muß hungern. Die Leute arbeiten, es sind anständige Leute. Aber es gibt eine Minderheit, die zur Unterwelt gehört, und der Scheinwerfer ist nur auf diesen unendlich kleinen Teil der Leute gerichtet. Okay: ich sehe nicht ein, warum wir diese Unterweltler bei uns behalten sollten, die aus dem Ausland kommen. Wir haben genug eigene!*«
Und über Drogenhändler:
»*Ich weiß genau, wenn ich morgen vor einer Schule einen Dealer sehen würde, der den Kindern Rauschgift verkauft: Ich garantiere Ihnen, ich würde eine Menge dafür geben, wenn man mich zwanzig Minuten lang in einem Raum mit ihm alleinließe!...*«

Lino Ventura hegt auch eine unheimliche Leidenschaft für die großen Maler.
»Sie können ihn genausogut etwas über Picasso wie über Velasquez fragen, er wird Ihnen antworten«, bezeugt Claude Pinoteau. »Dieser Lino, gebil-

det, ein Erzähler und Spaßvogel, vergißt die innere Unruhe, die ihm sein Beruf beschert. Er kümmert sich nicht mehr um die Drehbücher, die sich auf seinem Schreibtisch häufen, und unter denen er seinen nächsten Film aussuchen muß.«
Und dann hat er eine Leidenschaft, die er niemals verleugnet hat: den Sport.
Der Sport hatte einen sehr wichtigen Platz in meinem Leben, und hat ihn übrigens immer noch. Ich glaube, wenn man im Sport erzogen wurde, kann man ihn nicht einfach loswerden wie durch einen Wink mit dem Zauberstab.
Meine Frau sagte eines Tages zu mir: ›An dem Tag, an dem es bei uns im Haus nicht mehr nach Einreibemittel, Jodtinktur oder Umschlägen riecht, dann fängst du wirklich an, alt zu werden!‹
Ich verdanke dem Sport viel, und ich bin ihm auch sehr dankbar, weil er einen anders an das Leben herangehen läßt. Er verleiht einem eine etwas andere Mentalität, eine Kämpfer-Mentalität sozusagen, und vor allem ist er eine hohe Schule der Demut, und das ist sehr wichtig. Und dann ist da jenes undefinierbare Etwas: der Geruch der Umkleidekabinen, diese Art von Freude — ich weiß nicht, wie ich das sagen soll — mit den Kumpels um einen herum, wenn man gewonnen hat. Und auch heute noch, wenn ich mich mit meinen Sportsfreunden in den Umkleideräumen treffe, die alle alte Sportler sind, dann hat man den Eindruck, nochmal zwanzig zu sein, und das ist wunderbar!
Der Sport ist für mich, wenn sie so wollen, eine Notwendigkeit. Ich bin mit dem Sport groß geworden, ich habe mein ganzes Leben lang Sport gemacht, und er ist ein sehr wichtiges Ventil für mich. Eine

Freude. Wenn ich morgen nicht mehr auf den Sportplatz gehen könnte, ich glaube, ich wäre sehr unglücklich. Und dann ist da auch ein bißchen Wehmut. Der Geruch der Umkleideräume ist etwas, das Sie nicht so leicht vergessen, wenn Sie dort Ihr ganzes Leben verbracht haben. Wenn man sich plötzlich nach einem Spiel in den Kabinen wiederfindet, ganz schmutzig, dreckig und verschwitzt, mit den Freunden, die bei mir sind, alle in meinem Alter, Chirurgen, Piloten der Air France, Industrielle... dann werden wir wieder zu Jungs. Das ist sehr wichtig. Und gut!
Mir tun die jungen Leute leid, die weder die Freude kennen, die es bedeutet, mit einer Mannschaft einen Sieg zu teilen, noch die Bitterkeit einer Niederlage.
Früher spielte ich sonntagmorgens Fußball. Da waren auch oft Tennisspieler wie Nastase und Dominguez dabei. Ich habe hinten gespielt. Aber nach 25 Minuten bekam ich keine Luft mehr. Da haben sie mich mit dem Ball versetzt, wie einen Klotz, wie einen Baumstamm. Und da hätte ich um mich schlagen können, sie in der Luft zerreißen... Als sie begannen, wie die Mücken um mich herumzuschwirren, habe ich aufgehört!
Es macht mir auch unheimlichen Spaß, Boule zu spielen. Das ist ganz schön anstrengend, wenn Sie vier oder fünf Spiele am Tag machen!
Ich habe schon alle Sportarten ausprobiert: Ringen als Profi, Fußball. Ich spiele noch Tennis und habe mit Golf angefangen. Da ist alles eine Frage der Konzentration. Jeder gelungene Schlag ist ein Sieg über sich selbst.«
Eine andere Sportart, die Lino Ventura betreibt, ist

Radfahren. Obwohl Michel Audiard dies immer bestreitet, der ein anerkannter Spezialist in diesem Sport ist:
»Lino fährt Rad wie ein Briefträger«, sagte der Drehbuchautor. »Er bewegt sich per Rad fort. Denn Rad ist nicht gleich Rad. Es gibt Rennräder und Fahrräder. Und Fahrräder haben ein Rücklicht, eine Klingel... Lino fährt Fahrrad, aber er hat ein Rennrad, was total paradox ist. Er hat ein Rennrad, das ist unbestreitbar. Er besitzt also die äußeren Kennzeichen eines Rennradfahrers, aber sein Antritt: nein! Reden wir lieber von etwas anderem...«
Den Leistungssport beurteilt Lino mit dem Blick eines Fachmannes:
»Ich glaube, der Sport hat sich heute unheimlich verändert. Im hochklassigen Sport sind die Plätze teuer. Man redet auch heute noch von Amateursport, aber den gibt es nicht mehr. Es ist offensichtlich, daß die Milliarden vieles verändert haben.«
Er war natürlich ein großer Fan von Fußballübertragungen im Fernsehen. Das einzige Problem für ihn als einem in Frankreich lebenden Italiener waren die Spiele Frankreich — Italien...
»Oh là là, darüber erzähle ich Ihnen lieber nichts! Ich versuche, woanders hinzuschauen, weil ich will, daß beide Seiten gewinnen. Ich bin sehr froh, daß beim letzten Weltmeisterschaftsendspiel nicht Frankreich gegen Italien spielen mußte, weil ich nicht gewußt hätte, was ich tun sollte. Ich glaube, ich hätte es mir nicht angeschaut...«
Lino Ventura interessierte sich für alle Bereiche des Sports, und weil er in ihn sein ganzes Vertrauen setzte, empfand er hohe Wertschätzung für die großen Sportler. So erklärte er 1979 über Jean-Michel

Aguirre, den damaligen Kapitän der französischen Rugby-Nationalmannschaft:
»Jean-Michel Aguirre verkörpert für mich den großen Champion. Damit will ich sagen, daß es nicht genügt, die körperlichen, athletischen Eigenschaften zu besitzen. Was für mich einen großen Champion ausmacht, das sind vor allem die moralischen Qualitäten. Und in einem Sport wie Rugby kann man sehr leicht die Nerven verlieren — weil das ein sehr männlicher Sport ist, ein Sport mit Körperkontakt, ein Sport, bei dem trotz allem manchmal Schläge ausgeteilt werden und es Hiebe hagelt — da ist es sehr schwer, die Ruhe zu bewahren. Und ich habe noch nie gesehen, daß Jean-Michel eine böse Geste gemacht hätte, egal was geschah. Und das ist es, was für mich einen großen Champion ausmacht.
Herr Beckenbauer hat sich einmal zu einer schlimmen Geste hinreißen lassen, und er mußte es bitter bereuen, denn er wurde bei jedem Spiel ausgepfiffen: die Leute haben ihm das nicht verziehen.
Loyalität ist etwas sehr Wichtiges, wenn man ein großer Champion werden will. Wenn man das Glück hat, das Glück und die Ehre, das Trikot der französischen Nationalmannschaft zu tragen, darf man nicht vergessen, daß man für tausende von Leuten ein Halbgott ist, und dann muß man Beispiel sein. Man hat also kein Recht zu unüberlegten Reaktionen. Nun habe ich, wie Sie alle auch, Leute in diesem Trikot gesehen, die sich zu unverzeihlichen Gesten haben hinreißen lassen. Und dazu hat man kein Recht, wenn man das Nationalemblem trägt.
Ich habe nie Rugby gespielt, aber das ist ein Sport, den ich bewundere, und ich weiß, wenn ich Rugby gespielt hätte, dann hätte ich hinten gespielt, denn

dort ist man allein, man ist eine Art ›letztes Bollwerk‹, man muß sich stellen. Das ist die totale, absolute Verantwortung. Und darin liegt das Interessante, das Wunderbare, darin liegt das, was mich an diesen Männern beeindruckt: wenn sie die Verantwortung auf sich nehmen bis zuletzt.
Ich habe in meinem Leben eine Sportart betrieben, in der man eine echte Schule der Demut durchmacht, weil man da keine Entschuldigung hat. Man steht auf einer Matte, und vor einem steht der Gegner. Es gibt kein schlechtes Wetter, keinen glitschigen Ball, keinen Regen. Nein, da steht man vor einem Typ und ist ganz allein. Wenn man auf die Schultern gelegt wird, dann nur, weil der andere besser war! Man steht auf, gibt ihm die Hand, bedankt sich und geht sich umziehen. Da gibt es keine Entschuldigung, und glauben Sie mir, da kommt man ins Überlegen.
Ein Mann zu sein, das heißt zuerst einmal, eine bestimmte Zahl von Verpflichtungen auf sich zu nehmen, die samt und sonders zum Leben eines Menschen gehören. Aber ich glaube, es braucht eine große Portion Würde, um ein Mann zu sein, zumindest wie ich ihn ansehe, ich persönlich. Würde, das umfaßt eine Menge Dinge.
Meine ganze Jugend war geprägt von den Glanzleistungen von Mermoz, Guynemer und all den anderen. Ich bewundere diese Jungs mehr als die Astronauten, die auf dem Mond gelandet sind. Natürlich sind auch die mutig, aber sie hatten so viel technische Unterstützung! Ich will keinesfalls den Wert des Unternehmens der Leute schmälern, die zum Mond fahren, aber sie wurden meines Erachtens von einem starken technischen Sicherheitsnetz

unterstützt... Mit einem Planwagen die Anden zu überqueren, das war schon etwas anderes. Man war allein. Mußte durchkommen. Wie? Man wußte es nicht, ging aber trotzdem! Das war schön, bescheiden, unauffällig. Männer! Kein ›Ich‹... Darüber würde ich gern einen Film machen. Das gäbe einen großen Film. Aber sehr teuer, wie alle epochalen Filme. Stellen Sie sich nur mal vor: den ganzen Apparat wieder in Gang zu bringen!
Für mich zum Beispiel verkörperte Daurat den Mann an sich, mit allem, was dazugehört. Er war, in Anführungszeichen, ein ›ganzer Kerl‹. Ich habe mir immer gewünscht, Daurat einmal kennenzulernen, weil er für mich der Archetyp des Mannes war, wie er sein sollte, eine Art Condottiere, ein Menschenführer, der sich in jeder Hinsicht seiner Verantwortung stellte. Und es ist wahr, daß ich eine tiefe Bewunderung für diese Leute hege. Ich lasse mich von der Position eines Mannes in der Hierarchie keineswegs einschüchtern, Präsident, Vizepräsident zum Beispiel, das ist nicht wichtig. Für mich ist ein Mann erst etwas wert, wenn er etwas auf sich nimmt, wenn er etwas macht und sich, wenn auch nur manchmal, den Dingen stellt.
Es stimmt, ich habe eine ausgesprochene Vorliebe für Einzelgänger und Schweiger, das ist vielleicht mein Charakter, aber ich mag eben die Leute, die sich stellen...«

Ein Recht auf Leben

1965 gründeten Lino und Odette Ventura das »Comité Perce-Neige« (Aktion Schneeglöckchen), um geistig behinderten Kindern zu helfen.
»Wir haben ein Schneeglöckchen als Symbol gewählt, weil das Schneeglöckchen eine Blume ist, die durch Eis und Schnee hindurch wächst. Es ist eine Blume, die allem zum Trotz leben will, und auch diese Kinder wollen leben, trotz allem.«
Dieser Entschluß, mit offenen Karten zu kämpfen, war nicht leicht gefallen:
»Ich habe öffentlich gesagt: ich selbst bin Vater eines solchen Kindes. Ich habe lange überlegt, um mir klar darüber zu werden, ob ich es sagen sollte oder nicht. Und ich habe es einzig und allein deswegen getan, damit andere Eltern sich nicht schämen, so ein Kind zu haben. Durch die Dummheit der Gesellschaft werden diese Kinder wie Marsmenschen oder Zootiere betrachtet. Dagegen muß etwas getan werden, man kann sie retten, kann ihnen helfen. Am wichtigsten von allem ist, daß sie unbedingt wieder in die Gesellschaft integriert werden müssen. Wir müssen uns bewußt werden, daß dies eine moderne Geißel der Menschheit ist, die sich unter uns eingeschlichen hat. Dem muß man sich stellen. Und deswegen beschäftige ich mich damit.«

»Lino hat nie Ungerechtigkeit akzeptiert«, stellt sein Freund Alain Delon fest. »Und Linda betrachtete er als eine Ungerechtigkeit, die er nicht verdient habe. Ich schaute Odette an und sagte mir, daß das Leben manchmal ganz schön beschissen ist. Odette ist so schön, mit ihren einsachtzig, ihrer Wärme. Ich verstand sehr gut, daß sie das vierte Kind haben wollten, Clélia, um das Unglück abzuwenden...
Am Anfang hat er Lindas Existenz vor uns verheimlicht. Er hat sie uns später eingestanden: er empfand eine Art Schuldgefühl. Er sagte zu uns: ›Es kann nicht sein, daß mir das passiert...‹ Mit der Zeit begriff er, daß Linda in ihrem Unglück doch ein beschütztes und somit privilegiertes Kind war. Sie lebte in einer glücklichen Familie, ohne finanzielle Probleme. Das war der Knackpunkt. Seitdem dachte Lino nicht mehr an sich, sondern an die anderen. Die Gründung von Perce-Neige war eine Offenbarung, sie hat uns schließlich geläutert...«
»Mein Mann und ich«, bestätigt Odette Ventura, »haben begriffen, daß das Schlimmste für die Eltern in unserem Fall die Einsamkeit war. Einsamkeit, die wir selbst verspürt hatten. Ehe uns in unserem Kummer einzuschließen, haben wir uns lieber entschlossen, die Türen nach draußen zu öffnen, mit anderen betroffenen Eltern die Sorgen zu teilen, die ein behindertes Kind verursacht...«

Seit der Gründung der Aktion Schneeglöckchen hatte Frau Ventura die Funktion der Vorsitzenden dieses Vereins (ohne Erwerbszwecke) inne, während Lino durch die Gegend reiste.

»Ich bin irgendwie der Generalpächter, wie man zur Zeit der Könige gesagt hätte. Ich darf keine Gelegenheit versäumen, mit der Perce-Neige geholfen werden kann. Ich bin, wenn Sie so wollen, der Presseataché von Perce-Neige. Die Seele von Perce-Neige ist heute meine Frau, die zusammen mit vier oder fünf treuen Freunden das Gerüst von Perce-Neige bildet. Ohne meine Frau Odette wäre nichts so gekommen, wie es ist. Manchmal heißt es, eine Ehe ist wie ein Gespann von Zugpferden, ein gutes Gespann zieht den Wagen gut. Und ich glaube, daß wir ihn gemeinsam gut gesteuert haben.«

Lino Venturas erster Auftritt in der Öffentlichkeit zu diesem Thema fand am 7. Dezember 1965 im ORTF statt. Dies war gleichzeitig der Start der ersten Aktion in der breiten Öffentlichkeit: eine Kampagne in Rundfunk und Fernsehen, an der Jean Gabin, Georges Brassens, Pierre Tchernia und Joseph Kessel mitwirkten. Letztendlich kamen zwei Millionen Francs zusammen.

Die Organisation setzte alles daran, geistig behinderten Kindern zu helfen, die damals von der Gesellschaft vollkommen abgelehnt wurden.

»Als wir feststellten, daß es für diese Kinder außer psychiatrischen Einrichtungen absolut nichts gab«, erklärte Odette Ventura, »und auch nichts für jene, deren Eltern gestorben waren, habe ich mir gesagt: ich muß ein Haus bauen für meine Tochter und für die anderen, die ich kenne.«

»Als ich diese Operation startete, sprachen die Statistiken für sich: alle zwanzig Minuten wurde in Frankreich so ein Kind geboren!«

Hauptziel war also, eine Aufnahmestation für diese Kinder zu schaffen. Ein Ziel, das schwierig zu

erreichen war, weil es Zeit, Geld und Mut erforderte.
Gleichzeitig zeichnete sich ein riesiges Hindernis ab, das umgehend in Angriff genommen werden mußte, da es sich als überaus schädlich erwies: die Gleichgültigkeit, um nicht zu sagen die Verachtung.
»Ich halte das für ein riesiges Problem, und bis jetzt ist es mir mit der Unterstützung einiger Freunde nur gelungen, dieses Problem aus den eingefahrenen Gleisen und der moralischen Schande herauszuholen. Diese Dinge wurden nämlich verheimlicht, als ob sie ein Makel seien, dessen man sich schämen müsse. Ich weiß übrigens nicht, warum.
Ich habe den Comte de Paris gesehen, seine Schwiegertochter hat zwei behinderte Kinder und mußte sich wahrhaftig diesen schönen Satz anhören: ›Wenn man zwei solche Kinder hat, dann bleibt man besser daheim.‹ Der erste, der so etwas zu mir sagen würde...
Es gäbe eine ganze Menge über die Gleichgültigkeit zu sagen. Die Hölle, das muß nicht bei den anderen sein, das ist ein Problem, das morgen jeden von uns treffen kann, und ich finde, man müßte etwas mehr darüber nachdenken. Wir, die wir uns zivilisierte Menschen nennen, du lieber Gott! Ich denke, es wäre normal, wenn wir uns auch mit der Zukunft dieser Kinder beschäftigten, vor allem, wenn sie keine Eltern mehr haben. Denn darin liegt die größte Tragödie.«
Also beschloß der Verein im Jahre 1976, ein Grundstück von 4000 m² und ein Heim in der Siedlung Châtaigneraie in Sèvres zu kaufen.
»Es war Lino, der das Anwesen gekauft hat«, sagt

seine Frau. »Wir kannten die Schrecken der Bürokratie. In keinem einzigen Gesetzbuch war etwas darüber zu finden, da es ja noch kein Heim dieser Art gab, aber wir haben es mit Hartnäckigkeit und Liebe soweit gebracht. Es gibt keinen Grund, warum unsere Kinder weniger gut untergebracht sein sollten als die sogenannten ›normalen‹ jungen Leute...«

Der Erwerb des Heims bedeutete in der Tat noch lange nicht das Ende aller Probleme. Die Zustimmung, ja sogar die Hilfe der Behörden auf vielen Ebenen war erforderlich.

»Bevor ich ein Heim baue, muß ich erst einen Haufen Formalitäten erledigen. Zuerst brauche ich die Genehmigung des Staates, um das Heim zu bauen. So will es das Gesetz. Und das bedeutet immer Kämpfe mit Leuten, die meistens hinter einem Schreibtisch sitzen und das Problem total verkennen. Und dann müßte man einen anderen Kampf führen, um dieses Gesetz für diese Kinder zu humanisieren... Am Anfang habe ich sogar Minister beschimpft. Ich konnte nicht über das Problem reden, ohne zu weinen...

Eines Tages wandte ich mich an den Bürgermeister von Saint-Cloud:

›Ich brauche ein Büro.‹

Sie haben mir geantwortet:

›Wir haben keines.‹

Da habe ich gesagt:

›Okay, dann komme ich mit Stühlen und einem Schreibtisch auf den Platz, denn ich habe nicht die Mittel, eines zu kaufen.‹

Ich habe die tollsten Dinge gemacht... Bis ich meinen Wagen im Hof geparkt und die Treppe zum

*Büro eines Ministers hinaufgestiegen war, um mich mit ihm herumzustreiten, war niemand mehr da. Er war gewarnt worden: ›Achtung, da kommt der Verrückte wieder!‹...
Heute habe ich mich beruhigt. Früher oder später fallen die bürokratischen Schranken, also nehme ich darauf keine Rücksicht mehr.
Für Perce-Neige kämpfe ich genauso hart wie im Ring.«*
Dieses allzu oft gezeigte Unverständnis von Seiten der Behörden trug natürlich nicht dazu bei, Lino Ventura mit den Politikern auszusöhnen.
»Ich glaube trotz allem, daß die Politik eines Tages wieder moralische Grundsätze haben muß. Ich will damit sagen, daß es einfach nicht sein darf, daß man an die öffentliche Spendenbereitschaft appellieren muß, um zum Beispiel Essen für Bedürftige ausgeben zu können, während es eine ganze Reihe Politiker gibt, die praktisch ein Luxusleben führen.«
Glücklicherweise wurde Lino Ventura von engen Freunden unterstützt.
»Am Anfang war ich vollkommen allein. Wenn man an etwas herangeht, ist man in einem Teufelskreis. Man kann nicht mehr aufhören. Es fängt ganz klein an, und auf einmal hat man die Verantwortung und fühlt sich vollkommen davon eingenommen und hat kein Recht mehr, aufzuhören. Heute habe ich um mich herum eine Gruppe treuer Freunde, die freiwillig mitarbeiten. Perce-Neige hat immer größere Dimensionen angenommen und wurde quasi zum ›Ministerium für behinderte Kinder‹.« Die kämpferischen Bemühungen des Vereins beeindruckten so sehr, daß er am 25. November 1976 als gemeinnützig anerkannt wurde.

Damit war das finanzielle Problem jedoch nicht gelöst.
Denn ein Heim zu bauen kostet viel Geld.
Deswegen brachte Lino Ventura sein ganzes Gewicht in den Kampf mit ein, um Kundgebungen zugunsten von Perce-Neige zu organisieren. Mit den Jahren wurden die Ergebnisse, die oft aus spontanen Aktionen hervorgingen, ziemlich ermutigend.
Einige von zahlreichen Beispielen:
1980 veranstaltete Radio Monte Carlo das Spiel »Quitte ou Double« mit Zappy Max zugunsten des Komitees. Die gesamten, von den Kandidaten angehäuften Gewinne wurden der Stiftung zugedacht. Die Kandidaten waren alle bekannte Persönlichkeiten: Charles Aznavour, Jean-Paul Belmondo, Alain Delon, Jean-Pierre Elkabbach, Serge Lama, Françoise Dorin, Haroun Tazieff, Alain Bombard, Yehudi Menuhin, Bernard Blier, André Castelot, François de Closets, Jean-Claude Bourret, Michèle Morgan, Michel Platini, André Roussin, Bernard Pivot, Jean Amadou...
Nur wenige Stars lehnten es ab, der Einladung von Radio Monte Carlo nachzukommen. Zu ihnen gehörte Georges Brassens: Aus seiner Philosophie heraus lehnt er alle Glücksspiele ab. Alain Decaux traute sich nicht, seinen noch ganz frischen Ruf und sein Äußeres aufs Spiel zu setzen, Brigitte Bardot lehnte ab, weil sie die spitzen Bemerkungen der Leute fürchtete: »Da läßt sie also jetzt die Seehundbabys im Stich, um sich nur noch um behinderte Kinder zu kümmern...« Es fehlte auch Yves Montand, dessen Beziehungen zu Lino Ventura etwas abgekühlt sind, seit letzterer im vergange-

nen Jahr an einer französischen Filmwoche im Argentinien General Videlas teilnahm. Und was Mireille Mathieu betraf, so zog sie es vor, einen (dicken) Scheck zu schicken, anstatt auf die Fragen des Zappy Max Teams zu antworten.« *

Ein anderer bekannter Star war auch nicht dabei: Lino Ventura selbst zog es vor, zugunsten der anderen Stars im Hintergrund zu bleiben.

Letzten Endes zeitigte diese beispielhafte Aktion einen zweifachen Erfolg. Perce-Neige konnte nicht nur von den Star-Kandidaten 800 000 Francs kassieren, sondern Zuhörer sowie einige Gemeindeverwaltungen schickten zudem zahlreiche Geldspenden, die sich insgesamt auf 2,8 Millionen Francs beliefen!

In Verbindung mit in Amerika populären Initiativen ließ dieser Erfolg in Lino Ventura neue Ideen heranreifen.

»Die Amerikaner wissen mit Behinderten zu leben. Dean Martin und Frank Sinatra stellen sich in ein Fernsehstudio und sagen: ›Wir brauchen 10 Millionen Dollar. Wir haben Zeit‹, und singen! Die Ergebnisse erscheinen auf einem Rechner, die Beträge sind immer verdeckt. Ich würde gerne bei einem Fernsehsender so eine Sendung ins Leben rufen, ähnlich derjenigen, die Jerry Lewis einmal jährlich macht, wenn er den Sender vierundzwanzig Stunden lang für sich hat. Sein letzter Fernsehmarathon brachte die Kleinigkeit von 37 Millionen Dollar

---

* Franklin Didi, »Télé 7 jours«.

zugunsten einer Stiftung für behinderte Kinder ein. Hut ab, Mister Lewis! Ich bin zum französischen Fernsehen gegangen und habe ihnen das gleiche vorgeschlagen... Und mußte mich wie ein dreckiger kleiner Bettler rausschmeißen lassen!«

1981 (dem Jahr der Behinderten) hatte das Komitee zum ersten Mal auf der Pariser Messe einen Stand, auf dem Gegenstände ausgestellt wurden, die von jungen Behinderten angefertigt worden waren.

1982 bekam Michel Platini nach der Fußballweltmeisterschaft von einem der offiziellen Sponsoren dieser WM einen Kleinbus geschenkt. Ohne zu zögern spendete er ihn Perce-Neige.

Im Mai 1984 ließ Michel Drucker den Verein von seiner überaus großen Popularität profitieren. Er veranstaltete ein gigantisches Lotto, dessen erster Preis ein Renault 5 war. Diese Veranstaltung wurde gemeinsam von Europe und »Ouest France« organisiert.

1985 flog Lino Ventura nach Mailand und nahm persönlich an dem Spiel »Pentathlon« des Senders Cinq teil (neben Alain Souchon und Evelyne Bouix).

»Ich war dort, weil alles, was ich gewonnen habe, an Perce-Neige ging.«

Mit einem Scheck über 250 000 Francs kehrte er nach Frankreich zurück.

Vom 10. bis 13. Dezember 1985 wurden in Créteil Freundschaftsspiele zugunsten von Perce-Neige ausgetragen. Unter anderem nahmen dort teil: Jean-Paul Belmondo, Karen Chéryl, Michel Jazy, Catherine Alric, Jean-Claude Bourret...

Und viele mehr.

Das gesamte so gesammelte Geld war ausschließ-

lich und bis zum letzten Pfennig für die Eröffnung mehrerer Heime bestimmt.
»Wir sind acht und arbeiten alle ehrenamtlich. Ich kaufe nicht mal einen Kugelschreiber von dem Geld, das wir für die Kinder bekommen.«
Das erste dieser Heime wurde in Sèvres gebaut und nahm im Oktober 1982 die ersten Kinder auf.
»Vorher gab es nichts für diese Kinder. Solange die Eltern noch da sind, wird das Kreuz von den Eltern getragen, aber wenn die Eltern nicht mehr leben, weiß man nicht, wo sie enden werden.
Wenn jetzt die Eltern nicht mehr da sind, haben diese Kinder die Sicherheit, in ein Heim zu kommen. Sie werden beschützt, bemuttert, sie werden das Leben führen, das sie begründet haben. In jedem Heim, das ich gebaut habe, hat jeder Junge, jedes Mädchen sein eigenes Zimmer mit seinen Sachen, seiner kleinen Welt.«
Aber vor der Eröffnung tauchten neue Schwierigkeiten auf.
Als die Leute erfuhren, daß ein Heim für geistig behinderte Kinder bei ihnen eingerichtet werden sollte, versuchten fünfzig Familien (von dreihundert, die in diesem Viertel wohnten) Druck auf die Stadtverwaltung zu machen. Sie forderten ganz einfach, daß diese »Unerwünschten« anderswo wohnen sollten.
Zum großen Glück gab der Stadtrat nicht nach und sprach sich am 26. Oktober 1979 endgültig zugunsten des Projekts aus.
Diese Reaktion eines Teils der Anwohner überraschte Lino Ventura nicht über die Maßen; er hatte schon ganz andere Dinge erlebt.
»Ich möchte den Namen der Stadt nicht nennen,

aber eines Abends rief man mich an, weil zwölf solchen Kindern der Eintritt ins städtische Schwimmbad verwehrt worden war. Am nächsten Morgen um neun Uhr waren die zwölf Kinder im Schwimmbad, das können Sie mir glauben!
Ich habe diese Art von Verfemung sogar beim Bau der Heime angetroffen, aber darauf kann ich keine Rücksicht nehmen, ich habe keine Zeit, darauf Rücksicht zu nehmen! Weil ich mein ganzes Leben damit zubringen würde, den Leuten die Köpfe einzuhauen, was überhaupt nichts bringen würde — und dann erledigt es sich sowieso von ganz allein.«
Trotzdem könnte man bei diesen feindseligen Reaktionen manchmal die Geduld verlieren. Einige nahe Freunde Venturas lassen ihrer Wut freien Lauf.
So auch Guy Bedos.
»Gestern abend habe ich im ›Journal Télévisé‹ in Großaufnahme in das wahre Gesicht des tiefsten Frankreich geblickt: Spießbürger aus Sèvres, die dagegen sind, daß zu nahe bei ihren Bungalows ein Zentrum für geistig behinderte Kinder eingerichtet wird... Die haben Angst, daß sie sich anstecken... Das muß schon längst passiert sein — diese Idioten! Aber die können ihre Behinderung ja ausleben, mit Pferdewetten, Pastis, ›France-Dimanche‹, Fußball, Guy Kux, Danièle Gilbert... ich habe Odette und Lino Ventura angerufen, als Gründer von Perce-Neige, aber auch, und das vor allem, als die Eltern der kleinen Linda... Linos zornige Reaktion gestern Abend auf Antenne 2: ›Man müßte sich noch dafür entschuldigen, wenn man etwas Gutes tun will...‹ Für diese beiden bedeutet das fünfzehn Jahre Sorgen, über-

wundene Scham, Energie und einen Haufen Geld, und nun stolpern sie über das lebende Abbild von Hornochsen...«*

Trotz allem wurden die Heime gebaut. Nach Sèvres kam Audierre (Finistère), dann Hillion (Côte-du-Nord), danach weitere in den Pyrénées-Atlantiques, im Norden, im Var, in der Gegend um Lyon...

»Ich habe den Ehrgeiz, Frankreich mit diesen Heimen zu übersäen.«

Perce-Neige kümmert sich um den Bau dieser Heime, nicht um deren Leitung.

»Sobald das Heim einmal gebaut ist, und zwar ohne jede staatliche Hilfe, wird es vorschriftsgemäß in die Hände der staatlichen Sozialfürsorge übergeben, die dann die Leitung übernimmt.«

Um die Heime, die bald über ganz Frankreich verstreut sind, eröffnen zu können, mußte sich Lino Ventura mit den örtlichen Gemeindeverwaltungen auseinandersetzen.

»Was ich will, das ist Heime bauen. Ich will konkret sein. Ich möchte sagen können: ›Hier für dieses Heim brauche ich 800 Millionen. Ich habe bereits 300 oder 500 in der Kasse, mir fehlen noch 400 oder 500. Sie werden mir die beschaffen. Sie, die Stadtverwaltung, die Leute des Viertels usw. Und ich baue Euch das Heim.‹

Es ist jedenfalls nicht normal, daß eine Stadt oder ein Dorf heute zwar eine Schule, einen Sportplatz, ein Rathaus, ein Schwimmbad und eine öffentliche Bedürfnisanstalt besitzt, aber kein Haus für diese

---

* Guy Bedos, »En attendant la bombe«, Ed. Calmann-Lévy, 1980.

Kinder. Das darf nicht sein. Und wir nennen uns zivilisierte Menschen!«
In all diesen Jahren des unauffälligen, aber wirksamen Kampfes erreichte Lino Ventura auch ein paar schöne Erfolge.
»Ich muß sagen, daß mein schönster Lohn unter anderem darin bestand, daß ich eines Tages einen Brief von einer Mutter bekam, die mir schrieb: ›Lieber Herr Ventura, dank Ihnen kann ich heute mit meiner Tochter einkaufen gehen, ohne mich zu schämen‹...«
Er hat auch bemerkt, daß das humanitäre Bewußtsein Fortschritte gemacht hat.
»Ich glaube, die Leute werden sich mehr und mehr bewußt, daß es unheimlich viel Elend um uns herum gibt. Denn man darf nicht davor die Augen verschließen: Wenn man wie ich durch die Welt reist, merkt man, daß wir in Frankreich in einem von Gott gesegneten Land leben. Die Medien haben viel dazu beigetragen, Dinge bekanntzumachen, über die man vor ein paar Jahren noch nichts wußte. Die Leute werden sich dessen bewußt. Man könnte zwar einwenden, daß die Menschen sehr viel arbeiten müssen, aber trotz allem, für die Dinge, die es wert sind, sind sie immer zu haben.
Junge Leute reagieren auf das Problem der behinderten Kinder mit Betroffenheit. Viele sagen mir, daß sie samstags und sonntags Zeit hätten, um mit diesen Kindern spazieren zu gehen. Ich bekomme Spenden, Angebote, unentgeltlich zu arbeiten; Eltern kommen zu mir und bedanken sich unter Tränen.
Trotz der Kämpfe, die wir ausfechten müssen, trotz der Schwierigkeiten, trotz aller Widrigkeiten finden

wir immer wieder Menschen guten Willens in unserer Umgebung. Solange es solche Menschen gibt, die sich um die Gebrechlichen, die Kinder, die Alten kümmern, ist das wunderbar und ermutigend. Man fühlt sich etwas weniger allein, weil man bei alledem manchmal sehr einsam ist...«

Nach und nach gesellte sich zur Spendenbereitschaft auch das humanitäre Bewußtsein. Zahlreiche Vereine benutzten die großen Medien (Presse, Rundfunk, Fernsehen, Plakate) für Spendenaufrufe.

»Seit einiger Zeit sind auf einen Schlag wie durch eine Art Urknall dermaßen viele karitative Organisationen aus dem Boden geschossen, daß ich mich fast geniere, von Perce-Neige zu sprechen.

Ich glaube, daß wir in einer, wie ich hoffe, möglichst kurzen Zeit nicht mehr an die Barmherzigkeit aller appellieren müssen, und daß sich die Gesellschaft früher oder später bewußt wird, daß sie für diese Kinder verantwortlich ist, daß es an ihr ist, sich um sie zu kümmern. Wir nennen uns zivilisiert, also müssen wir auch konsequent sein...«

Bis dahin gibt es noch viele Klippen zu umschiffen.

»Man muß folgendes wissen: wenn ich acht Millionen Francs zusammen habe, muß ich eineinhalb Millionen für die Mehrwertsteuer abführen. Der Staat schämt sich nicht, diesen Kindern das Geld wegzunehmen, die es brauchen.«

Für alle diese Aktionen verdiente Lino Ventura mehr als eine Auszeichnung. Aber:

»Baudelaire pflegte zu sagen — es klingt ganz schön intellektuell, wenn ich Baudelaire zitiere, aber das ist das Einzige, was ich von ihm kenne, da können Sie sicher sein — »Wer seid ihr denn, daß ihr mich ehren wollt?«

Ich gestatte nicht, daß man mich auszeichnet. Ich finde das persönlich absolut idiotisch. Damit will ich die Leute, die sich einen Orden verleihen lassen, keineswegs verurteilen. Ich hatte einen Freund, der ein großer Chirurg war und einen französischen Orden bekam. Ich habe mich wirklich für ihn gefreut. Ich kannte ihn seit sehr vielen Jahren und habe gesehen, wie er sein Leben der Medizin geopfert hat. Er verdiente seinen Orden voll und ganz. Aber ich selbst würde es nicht ertragen, wenn man mich auszeichnet.
Übrigens stamme ich aus einer alten Anarchistenfamilie, ich kann mich keinem Orden unterordnen, das paßt nicht zu mir.«
So war es Odette Ventura, die, sehr zu Recht, am 12. Oktober 1987 aus den Händen des Premierministers Jacques Chirac das Kreuz der Ehrenlegion empfing...

Lino Venturas Tod traf natürlich alle diejenigen, die um das Komitee Perce-Neige versammelt waren, aber sein Werk konnte ihn überleben.
»Für uns«, erklärte Annie Bellet, die Leiterin eines Heims, »war er nicht der Schauspieler, den man auf der Leinwand sieht. Er war ein sehr sensibler, zartfühlender Mensch, der nicht viele Worte zu machen brauchte, um das auszudrücken, was er zu sagen hatte, und der vollständig die Probleme verstand, die uns zu schaffen machen. Er durchlebte wie alle anderen Eltern die Freuden und Ängste, eine solche Tochter zu haben. Und für die Heimbewohner, mit denen er so manche Mahlzeit eingenommen hatte, war er wirklich ein Idol und ihr Gott. Wenn er sie besuchte, hatte man den Ein-

druck, daß sie Lino Ventura als zweiten Vater betrachteten, und sie waren sich voll und ganz bewußt, daß es dank Herrn und Frau Ventura möglich geworden war, diese Heime zu gründen und daß es ein Glück war, so ein schönes Zuhause zu haben...
Heute stehen wir auf eigenen Beinen und machen weiter, was auch kommen mag. Das war es, was Herr Ventura wollte. Er hat für uns vorgesorgt...«

Ein Mann ging dahin

»Es gibt im Leben Menschen, die ich für mich die Stillen nenne, die sanft und friedlich auf jenes Ende zuzugehen scheinen, das das Alter ist. Ich dagegen habe den Eindruck, daß dies bei mir mit Getöse vonstatten gehen wird, mit einem schrecklichen Knall! Ich werde allen Leuten auf die Nerven gehen. Schon wenn man mich auf Diät setzt, ist mir das furchtbar: Ich werde sofort den Arzt wechseln!«
Nein.
Nein, Lino Ventura wurde nicht mit »Getöse« alt. Nein, er hat die anderen nicht genervt. Dazu hatte er keine Zeit...
Buchstäblich niedergestreckt von einem Herzanfall, was um so schlimmer war, als er unerwartet kam, starb er eines Abends im Herbst. Er starb, wie er gelebt hatte; ohne große Inszenierung, in den Augen den Abglanz der Scham eines Kindes, das diejenigen, die es liebt, nicht beunruhigen will.
Dieser Donnerstag, der 22. Oktober 1987 war für Lino Ventura fast »banal« verlaufen: mit seinem verrückten Gelächter, seinen Wutanfällen, seinem Lebenshunger, seinen Plänen.
Mittags hatte er in fröhlicher Runde mit César zusammen gegessen, der ihn zu neuen Kämpfen anspornte. Diesmal aus rein kulturellen Gründen.

Lino versprach, daß er versuchen wolle, den Kultusminister François Léotard telefonisch zu erreichen, was er am Nachmittag auch tat.
Den Nachmittag verbrachte er damit, in der Umgebung von Paris Verschiedenes zu erledigen. Am Abend kehrte er, immer noch in Begleitung eines Freundes, Jean Hamom, mit leichter Verspätung zu seiner Frau Odette in ihr Haus in Saint-Cloud zurück, dessen sanfte Gemütlichkeit so gut zu den Besitzern paßt.
Beim Abendessen faßte Lino sich plötzlich an den Hals. Ein kurzer Schmerz. Seine Umgebung glaubte an ein Unwohlsein, und der Schauspieler

Lino Ventura 1984 im Schweizer Fernsehen.

stand auf, um etwas an die frische Abendluft zu gehen, von der er sich Linderung versprach. Aber Odette entnahm seinem Gesichtsausdruck etwas anderes als nur einen gewöhnlichen Zwischenfall. Sie rief einen Arzt. Als dieser kam, fand er Lino Ventura ausgestreckt auf seinem Bett liegend vor, im ersten Stock. Er brauchte nur ein paar Sekunden, um zu sehen, daß der Zustand des Schauspielers ernst war, ernster, als seine Angehörigen es sich vorstellen konnten. Der Hausarzt rief den Krankenwagen... Dann führten die Männer im weißen Kittel eine Perfusion durch. Unglücklicherweise verlor er das Bewußtsein. Die Wiederbelebungsspezialisten taten ihr Bestes, aber als es ihnen nicht gelang, das Leben in diesem regungslosen Körper festzuhalten, beschlossen sie, ihn schnellstmöglich ins Krankenhaus zu bringen. Zu spät. Ein zweiter Anfall machte unwiderbringlich alle Hoffnungen zunichte. Nichts zu machen, wenn der Tod an die Tür klopft... Es war 22 Uhr 45.
Mit achtundsechzig Jahren erlosch das Lebenslicht einer Naturgewalt wie Lino Venturas abrupt.

Die Nachricht vom Tode des Schauspielers wurde noch am selben Abend bekanntgegeben. Sogleich strahlten die Fernsehsender — während die Programme weitergingen — als Untertitel einige Zeilen aus, die von dem tragischen Ereignis berichteten. Zur gleichen Zeit änderten die Tageszeitungen, von denen die meisten bereits ihre nächste Nummer abgeschlossen hatten, die Schlagzeilen, um auf der Titelseite über das Unglück zu berichten und sandten Lino einen letzten Gruß.
Am nächsten Tag stellten Rundfunk und Fernsehen

ihre Programme um, um Sondersendungen« über Lino Ventura einzuschieben. Etwas später zogen die Zeitschriften mit Sondernummern nach.
Diese spontane und massive Mobilmachung war ein Zeichen: ein Zeichen dafür, daß ein großer Mann gestorben war.

In der Nacht zum Freitag und am Freitagmorgen schritten viele Freunde durch das schwere Portal des Hauses in Saint-Cloud, um ihrem Kameraden den letzten Gruß zu erweisen: Alain Delon, Michel Sardou, Robert Hossein, Jean-Loup Dabadie, Pierre Tchernia, Gérard Oury, Michèle Morgan, Henri Verneuil, Charles Gérard, Jacques Chancel, Pierre Granier-Deferre, Jacques Deray, Michel Drucker, Charles Aznavour, François Chalais...
Alle hatten verschlossene Mienen, geschwollene Augen. Ihre Trauer war nicht gespielt.
In dieser Zeit äußerte die Familie Ventura den Wunsch, daß die Tausenden von anonymen Trauernden keine Blumen oder Kränze schicken, sondern ihr Mitgefühl und ihre Trauer in Form von Spenden für Perce-Neige bekunden sollten...

Am Samstag, den 24. Oktober, wurde Lino Ventura vormittags auf dem Friedhof von Val-Saint-Germain* (Essonne) beigesetzt, der kleinen Stadt, aus der seine Frau stammt. Dort ruht er nun neben seiner Mutter, die zwei Jahre vor ihm verstorben war. Ungefähr fünfzig Personen wohnten der Feier bei. Draußen hielten Ordnungskräfte Reporter und Neu-

---

* Einer der Wege, die zu dem Friedhof führen, heißt »Le Chemin des écoliers«...

gierige fern. Lino Ventura liebte die Zurückhaltung, bis in den Tod hinein...

Der Tod dieses großen Mannes vom Film rief natürlich Betroffenheit bei der Filmbranche, bei einigen Politikern und Lino Venturas Freunden hervor. Sie alle versuchten, ihn in ihren Reden zu würdigen:

»Ich war vor allem ein großer Bewunderer seines künstlerischen Talents, aber mehr noch als sein Talent schätzte ich seine menschlichen Qualitäten und die Hingabe, mit der er sich seinem Werk Perce-Neige widmete. Er ist ein großer Verlust für den Film. Er war ein Mann, der all jenen sehr nahe war, die sein Talent bewunderten. Ich bin sicher, daß die Franzosen ihn im Gedächtnis bewahren werden.«

Raymond Barre

»Ich bin fassungslos. Er war ein Mann, den ich sehr bewunderte. Ein sehr großer Schauspieler, und als Mensch, das wissen alle, eine ganz große Persönlichkeit. Ich persönlich verdanke ihm sehr viel, denn als ich *Classe tous risques* [Der Panther wird gehetzt] drehte, war er der Star, und er hat zugestimmt, daß ich sein Partner sein sollte. Wir waren sehr gute Freunde... Wir haben dann noch einen Film zusammen gemacht... Wir haben uns häufig gesehen... Es ist ein enormer Verlust, das ist sicher...

Wir haben *Cent mille dollars au soleil* [100 000 Dollar in der Sonne] zusammen gedreht, wir haben phantastische Tage in Marokko miteinander ver-

bracht, wo wir andauernd mit Bernard Blier Blödsinn gemacht haben...
Jedesmal, wenn ich Lino traf — und wir trafen uns oft zufällig in der Rue Marbeuf — gerieten wir in große Diskussionen über den Sport, über Fußball. Das war eine Leidenschaft, die wir beide teilten, und so etwas bringt die Menschen automatisch einander näher.
Lino liebte auch das Theater. Er besuchte seine Freunde im Theater, sah sich Robert Hirsch an, einen Haufen Leute. Er kam, um mich in »Kean« zu sehen. Er war ein Mensch, der das Theater sehr liebte, der das Theater sehr schätzte...
Er war ein Schauspieler, den ich sehr bewunderte. Ich fand ihn großartig. Und wie alle anderen auch glaube ich natürlich, daß das, was er für Perce-Neige getan hat — diese außerordentliche Hingabe, und all diese Kinder, denen dank ihm geholfen werden konnte — daß auch das weiterleben wird.
Ich bin sicher, daß er im Paradies ist.«

Jean-Paul Belmondo

»Lino liebte gute Arbeit, das schöne Werk, kein Fast-Food-Kino. Er brauchte etwas Faßbares, Konkretes, Worte, die etwas aussagten...
Als Mann aus dem Norden, auch wenn es sich um den Norden Italiens handelt, war er zartfühlend, sensibel bis zur Schmerzgrenze. Das Klischee des großen harten Mannes mit dem weichen Herzen ist keine Erfindung. Aber was soll man groß dazu sagen?
Wissen Sie, Lino war niemals hart. Diese Seite an ihm habe ich nie ernst genommen. Wir waren

immer Gegenspieler im Film, er und ich. Aber es war ein Vergnügen, wenn er einen verprügelte: so gut machte er das!«

Bernard Blier

»Wenn Lino Ventura ein bekannter Schauspieler, ja sogar ein Star, einer der wenigen französischen Stars war, dann deswegen, weil die Leute immer die Möglichkeit hatten, sich vollkommen mit ihm zu identifizieren. Ich finde, man könnte ihn mit einer Art französischen John Wayne oder Robert Mitchum vergleichen, insofern als es fast immer die Rollen waren, die ihm entgegenkamen, und nicht er seinen Rollen. Auch das begünstigte die Identifikation der Zuschauer mit seinen Figuren, weil die Leute ihn als einen von ihnen betrachteten, der es zu etwas besserem gebracht hatte als sie. Er war irgendwie ein bißchen das, was sie sich idealerweise zu sein gewünscht hätten, wenn sie mutiger, stärker, besser gewesen wären.«

Yves Boisset

»Ganz selten hat es eine Persönlichkeit des öffentlichen Lebens gegeben, die so wenig im Rampenlicht gestanden ist. Von ihm durfte man weder große Reden noch Vertraulichkeiten erwarten. Er tat seine Arbeit mit einem enormen Talent. Punkt. Das war alles.«

Philippe Bouvard

»Ich bin so bestürzt, weil niemand auf den plötzlichen Tod einer so starken Eiche, eines Mannes, der Gesundheit der Seele, des Geistes, des Körpers ausstrahlte, gefaßt war. Mir fehlen die Worte... Er war so feinfühlend, so zurückhaltend, so sehr, daß ich nicht einmal weiß, wie er es aufnehmen würde, daß wir so von ihm sprechen, nun, da wir ihn verloren haben. Ich kann Ihnen sagen, daß er ein großzügiger, aufrechter, brüderlicher und in seiner Ehrlichkeit völlig unberechenbarer Mann war. Mir fehlen einfach die Worte...«

Jean Carmet

»Ich bin fassungslos. Vor allem, weil wir noch die ganze Zeit über beim Essen Späße über den Tod gemacht haben. Er war sehr schön, sehr nett, sehr sanft, sehr zornig... er war wie immer. Er war ein guter Kerl.

César

»Unter der Schale aus Granit, hinter den schwieligen Händen des ehemaligen Boxers und der rauhen Stimme erzitterte ein äußerst sensibles Innenleben.
Ich glaube nicht, daß es einen anderen französischen Schauspieler gibt, über dessen Tod so viele Leute Trauer empfinden würden. Zuallererst würde ich mich fragen: warum? Er war ein großer Schauspieler, ein Darsteller, der alles das, was er zu tun hatte, wunderbar machte, aber neben dem Schauspieler gab es den Menschen, ohne den der Schauspieler nicht so viel Talent gehabt hätte. Wie er zu sagen pflegte: es gab Dinge, die er nicht machen konnte, aber leider gibt es viele Schauspieler, die nicht so Mensch sein können, wie er es gewesen ist.
Und schließlich war er ein Mann, der keine Feinde hatte, und das verblüfft mich um so mehr, als Heu-

chelei nicht seine Sache war: Wenn er jemanden nicht mochte, dann sprach er es offen aus. Er machte keinen Hehl aus seinen Gefühlen. Ich habe ihn ganz schön hart mit Leuten umgehen sehen, die er nicht mochte — meistens Politiker. Ganz schön hart durch sein Schweigen. Dieser Mann hatte eine Art, zu schweigen, mit der alles gesagt war.«

François Chancel

»Ein großer Künstler. Zweifellos einer der größten. Aber auch ein Mann mit Herz, offen für die Welt, für das Elend der anderen. Unheimlich großzügig. Ein Mann, der für unser Land viel getan hat. Ich denke auch an seine Frau, die ich sehr schätze und die auch ein exemplarischer Mensch ist durch ihr Herz und die Initiativen, die sie in allen Bereichen angegangen ist.«

Jacques Chirac

»Ich hatte ihn ›den Herzog von Parma‹ genannt, weil er Italiener war, und stolz darauf war, es zu sein. Ganz gegen seinen Ruf redete er sehr gern. Er war sehr lustig, sehr spielerisch...«

Michel Constantin

»Lino hatte mich morgens angerufen, und ich war nicht zuhause. Ich sollte ihn abends zurückrufen. Ich rief an, und seine Frau Odette sagte zu mir: ›Warte, ich rufe dich später an, Lino hat sich beim Essen nicht wohl gefühlt!‹... Er hatte einen schweren Herzanfall, der ihn davontrug wie die Sturmflut einen Seemann. Und wir bleiben zurück.«

Jean-Loup Dabadie

»Ich akzeptiere Linos Tod nicht, denn er ist jemand, den ich sehr liebe, und ich kann den Gedanken nicht ertragen, daß ich ihn nie mehr sehen werde. Ich habe jemanden verloren, der zu meiner Familie gehörte, und ich kann es einfach nicht akzeptieren.«

Mireille Darc

»Er war ein zutiefst, von Grund auf gesunder und von Grund auf reiner Mensch. Er hatte große moralische Werte.
Mein erster Gedanke gilt Odette und den Kindern, weil ich weiß, daß sie zutiefst bestürzt sind, und ich glaube, daß Lino, der einen innigen Familiensinn hatte, ihnen niemals so viel Schmerz bereiten wollte. Ich glaube, es ist das erste Mal, daß er ihnen wirklich weh tut.
Pascal Jardin schrieb in seinem Roman ›La guerre à neuf ans‹ einen Satz, den ich jedenfalls nie vergessen werde, so richtig ist er: ›Er sieht die Welt mit jenem Blick aus Stahl an, auf dessen tiefstem Grund man die Tränen der frühen Kindheit glänzen sieht‹. Auch in Linos Augen sah ich die Tränen der Kindheit glänzen...

Alain Delon

»Lino war uns allen ein Vorbild. Seine Geradheit und Anständigkeit war beispielhaft. Er war geradeaus in allem... Das Paradoxe ist, daß man von ihm sagte, er sei ein wenig verschlossen, weil er nie etwas sagte, nur um zu reden, obwohl er nicht auf den Mund gefallen war, wenn es sein mußte. Er konnte wunderbar erzählen.
Wenn man Linos Leben kennt, wenn man weiß,

was er gemacht hat, wenn man weiß, womit er sich beschäftigte, mit furchtbaren, wunderbaren Dingen... Er verlangte nie von uns, mitzumachen, wir waren es, die ab und zu gefragt haben: ›Brauchst du uns?‹ Es war fast eine Ehre für uns.«

Raymond Devos

»Ich möchte lieber von ihm als einem Freund reden, der wirklich absolut außergewöhnlich und etwas ganz Besonderes ist.
Ich sah ihn oft. Er kam häufig zu mir nach Boulogne. Er schaute auf dem Rückweg nach Saint-Cloud bei mir vorbei. Manchmal wollte er ein bißchen über eine Rolle oder einen Film, der ihm gefiel, reden, und ich glaube, daß er tatsächlich das Bedürfnis hatte, sich in einer Person wiederzufinden, die ihm genau entsprach, seinen Wünschen und Vorlieben. Er hatte keine Lust, noch einen Film mehr zu machen, noch eine Rolle mehr, nur um des Filmens willen.«

Jacques Deray

»Bei seinen italienischen Abenden muß man dabeigewesen sein. Wissen Sie, daß er an diesen Tagen immer extra früh aufstand, um seine Nudeln selbst zuzubereiten?
Lino hätte nicht gewollt, daß wir um ihn trauern. Er hatte viel zu viel Sinn für das Leben, für Humor und Großzügigkeit.«

Michel Drucker

»Er war ein Mann, den ich besonders schätzte, weil er ein wirklicher Mann war, voller Mut, ohne

Fehl und Tadel. Er war sehr männlich, sehr loyal, seinen Freunden sehr treu.
Er war komisch, unkompliziert, anspruchsvoll. Ein wunderbar lebendiger und sehr aufrichtiger Mensch...
Er war ein Mann des Volkes im schönsten Sinne des Wortes.«

Françoise Fabian

»Was mir von Lino bleibt, ist seine ehrlich gemeinte Großzügigkeit. Er scheute sich nie, einem die Hand zu geben, sei es beim Essen, beim Diskutieren, beim Kartenspielen, bei allem.
Das Bild, das in die Öffentlichkeit drang, entsprach ihm tatsächlich; das heißt, in den Charakteren, die er auf der Leinwand verkörperte, stellte er das dar, was er im Leben war. Er war wirklich so. Ich glaube, das haben die Leute an ihm geliebt, weil alle Charaktere, die er dargestellt hat, wunderbare Menschen waren.
Man redet viel von dem Mann, aber er bleibt mir auch als Kind in Erinnerung. In ihm war etwas von einem Kind, das heißt, mit seinen Späßen, seiner Zärtlichkeit, seiner Naivität, seiner Art zu spielen, zu scherzen, was mich sehr beeindruckt hat.«

Bernard Giraudeau

»Ich kann es nicht glauben: dieser Mann, strotzend vor Gesundheit, voller Kraft und Lebensfreude, mit dieser Fähigkeit, zu staunen, diesem Lerneifer...
Er war ein ungemein gebildeter Mann, von großer Sensibilität, ein Mann mit Lebensfreude, der unheimlich gerne lachte. Er konnte in sich eine Art Zartgefühl, das gleichzusetzen ist mit Distanz,

mit der Freude am Lachen, am Komischen, am Humor, an Ironie vereinen. Er liebte das Lachen, menschliche Wärme, Freundschaft, Treue. Und gleichzeitig gab er einem Sicherheit...
Er war ein Mensch, der auch Filme von anderen mochte, er freute sich über den Erfolg seiner Kollegen. Er war wirklich ein Vorbild.«

Roger Hanin

»Er war sehr warmherzig und unendlich zartfühlend, er liebte die Dinge des Lebens. Wer von seinen Freunden schätzte nicht die Riesenteller Spaghetti, die er persönlich mit äußerster Sorgfalt zubereitete und jedem servierte, wie ein ›Pate‹ seine Gäste mit feierlichem Wohlwollen bewirtet?
Er war ein großer Schauspieler. Er war ein ganz einzigartiger Mann, ganz außergewöhnlich, überaus bescheiden, zurückhaltend, der zusammen mit seiner Frau einen großen Teil seines Lebens der Aufgabe widmete, behinderten Kindern Gutes zu tun. Ich bewundere und achte seine Lebensweise und den Menschen sehr.
Wir müssen unbedingt dafür sorgen, daß sein Werk weiterlebt und weitergeführt wird, an dem ihm und seiner Frau Odette mehr als alles in der Welt gelegen war. Wir müssen weiterhin viel davon reden, damit jedermann dazu beitragen kann.«

Robert Hossein

»Im Vergleich zu den anderen Leuten seines Metiers, die eher extrovertiert sind, legte er ein ganz besonderes Verhalten an den Tag. Ich kann mich an den Gedanken, daß er tot ist, nicht gewöhnen. Irgendwo ist es gut, so schnell zu

gehen, wenn man gehen muß... Das sage ich mir immer vor, weil der Gedanke mir wirklich weh tut.«
Marlène Jobert

»Er war das erste Glied der Kette in der Liebe zu den Kindern. Er bleibt uns allen ein Vorbild.«
Jean-Luc Lahaye

»Ich denke, daß er recht hatte, sehr recht, sich zu schützen. Es war seine Wahl. Er hatte sich entschieden, zuhause zu bleiben. Er blieb zuhause, kümmerte sich um seine Stiftung, drehte Filme und lebte ansonsten in seiner Familie. Ich glaube, er hatte einen tiefen Respekt vor den wirklichen Werten und nicht vor all den Oberflächlichkeiten, mit denen man in diesem Beruf leben muß.
Ich kannte ihn ein bißchen. Wir haben einmal zusammen gegessen. Aber das hat, letztendlich, nicht viel geändert. Er ist so bekannt dafür, ein guter Kumpel zu sein, daß es mich nicht überrascht hat, festzustellen, wie sehr es stimmte, als ich ihn dann kennengelernt habe!
Es stimmt, man hat schon immer gesagt und geschrieben, daß er großzügig war und ein Herz hatte usw.... Es hat den Anschein, als sage man so etwas automatisch, aber es ist die Wahrheit, das ist alles. Auf der einen Seite ist ›ein großer Schauspieler‹ von uns gegangen, aber auf der anderen ist vor allem ein großer Mensch von uns gegangen.«
Christophe Lambert

»Er war einer der Giganten des französischen Films. Er ist in unsere Geschichte eingegangen. Er ist ein Mann, dem es mit viel Kraft, Humor, Zärtlichkeit und Gefühl gelungen ist, unvergeßliche Rollen zu verkörpern. Ich möchte noch etwas anderes sagen, das nur wenige Leute wissen: und zwar, daß sich hinter dieser beeindruckenden Fassade, diesem Mann mit der mächtigen Gangart, diesem etwas reservierten, sehr schüchternen, in gewisser Weise ein bißchen mürrischen Mann ein goldenes Herz verbarg. Ein Mann, der einen Teil seines Lebens den Kindern gewidmet hatte, und besonders behinderten Kindern. Er tat das sehr großzügig, aufmerksam, zartfühlend und diskret.«

Jack Lang

»Ich hatte ihn noch zehn Tage zuvor bei der Premiere von Robert Hosseins Stück im ›Palais des Sports‹ gesehen. Wir waren praktisch schon immer befreundet. Wenn man auf Lino Venturas Territorium kam — denn Lino war jemand, der um sich ein Territorium geschaffen hatte —, so kam man gerne und oft wieder, weil er ein Mensch war, der Sinn für Freundschaft hatte.
Er war ein Schauspieler, der zu der großen Tradition des französischen Films gehört, das heißt, in dieser Tradition stehen Leute wie Harry Baur, Raimu, Jean Gabin, dann Lino Ventura, Jean-Paul Belmondo... Das sind die Schauspieler der französischen Tradition, ich glaube, sie gehören zum Erbe des französischen Films, und der französische Film wäre nicht das, was er ist, ohne all die populären Filme, ohne jene Leute, die ich gerade aufgezählt habe. Er war ein Mensch wie du und ich, aus dem das Publikum stets gerne Kraft schöpfte. Und dann war er wirklich ein Star. Was ist ein Star? Das

sind Leute, mit denen man gerne zwei Stunden verbringt, selbst wenn sie nicht sehr gute Filme machen, während man die Größen nur in sehr guten Filmen sehen will...
Wenn das Publikum Lino so sehr liebte, dann deswegen, weil es genau wußte, daß der Typ, den er auf der Leinwand verkörperte, auch der Typ war, der er im Leben war. Er wußte genau, daß er kein konstruierter Schauspieler war. Er tat nicht nur so, als ob er mutig wäre, ein Herz hätte, den anderen zu Hilfe käme...
Von Zeit zu Zeit rief er mich an und sagte: ›Bist du im Büro? Kann ich kurz raufkommen?‹ Ich habe niemals nein gesagt, ihm niemals ausrichten lassen, ich wäre nicht da, weil fünf Minuten mit Lino, selbst zwischen Tür und Angel ein wunderbarer Sauerstoffstoß waren. Er war jemand, der unheimlich gerne lachte.«

Claude Lelouch

»Er war ein Mann wie Gabin, die gleiche Statur. Er war zur Popularität verurteilt.«

François Léotard

»Mit Lino Ventura ging ein großer Schauspieler und ein Mann mit Herz. Durch sein schauspielerisches Talent, seine Persönlichkeit und die Aktion, die er für die Behinderten durchgeführt hat, war er ein Vorbild an Menschlichkeit und Großzügigkeit.«

François Mitterand

»Er war ein sehr guter Freund. Er kam oft mit seiner Frau Odette, um ein paar Tage Urlaub in unserem Haus in Saint-Tropez zu machen. Und wir

befanden uns in der Gesellschaft eines ganz anderen Mannes, als ihn die Öffentlichkeit zu kennen glaubte. Privat war Lino ein witziger, geistvoller, geselliger Mensch. Er besaß vor allem eine erstaunliche Begabung, andere zu imitieren. Ihn zum Beispiel den Akzent der Auvergne nachmachen zu hören, war köstlich.
Wir sahen uns oft, denn wir fühlten uns wohl zusammen. Was mich jedoch nicht daran hinderte, eine Idee zu verfolgen; Ich war immer davon überzeugt, daß Lino eine echte komische Begabung besaß. Er träumte von einer Rolle als korsischer Patriarch, und wir waren dabei, einen Charakter dieser Art auszuarbeiten: urwüchsig, außerhalb des Gewöhnlichen...
Wir hielten ihn für unverwüstlich. Wir sahen ihn wie die Vanel älter werden, immer absolut zufrieden in seinen Rollen und im Leben.«

Gérard Oury

»Er war ein sehr großer Schauspieler. Wie den meisten Franzosen war er mir unheimlich sympathisch. Hinter seinem mürrischen Äußeren war er ein Mann mit großen Qualitäten, einem goldenen Herzen, und ein treuer Freund. Ich mochte ihn sehr. Er war wirklich ein außergewöhnlicher Mensch. Es ist ein großer Verlust sowohl für das Kino als auch für Frankreich. Er war ein ganzer Mann. Damit meine ich, daß er auch im Leben ein guter Kerl war.«

Charles Pasqua

»Ich bin sicher, daß alle Leute den gleichen Schmerz empfinden, weil er ein aufrechter, integrer

Mann war, was heutzutage nicht selbstverständlich ist.
Wenn Lino auch viele Freunde hatte, so war er doch ein einsamer Mensch, der irgendwie eine verletzte Seele hatte.«

Claude Pinoteau

»Lino bedeutet für mich Jahre und Jahre. Der erste Film, den ich mit ihm machte, war *Razzia sur la chnouf* [Razzia in Paris], sein zweiter Film, direkt nach *Touchez pas au grisbi* [Wenn es Nacht wird in Paris], und seitdem kamen *Les tontons flingueurs* [Mein Onkel, der Gangster], *Un taxi pour Tobrouk* [Taxi nach Tobruk], *La gifle* [Die Ohrfeige], *Le Silencieux* [Ich, die Nummer Eins], *Ne nous fâchons pas* [Nimm's leicht — nimm Dynamit], *La 7e cible* [in Deutschland nicht gelaufen]... Er war ein absolut phantastischer Schauspieler, der ein wunderbares Gerechtigkeitsgefühl besaß. Er war mehr als ein Schauspieler, weil er Ehrlichkeit und Wahrheit in seine Charaktere einbrachte...«

Alain Poiré

»Da mein Büro in dem Viertel liegt, wo die Kinos sind und wo auch Linos Schneider ist — denn Lino hatte eine große Eitelkeit: er wollte immer gut angezogen sein, und er pflegte zu sagen, daß nur Italiener einen Anzug schneidern können —, kam Lino gewöhnlich regelmäßig jeden zweiten, wenn nicht sogar jeden Nachmittag in meinem Büro vorbei. Er kam, um mit mir über Politik, über alles Mögliche zu reden...
Was man von Lino im Gedächtnis behalten muß: er ist ein Mann, der großes Zartgefühl besaß. Wenn

man ihn sah, glaubte man, es mit einem mürrischen Mann zu tun zu haben, der gegen alles und jedes gefeit ist, aber das ist nicht wahr. Er war kein Dickhäuter. Er war ein Mann, dessen harte Schale viele Risse hatte, und Lino Venturas Risse bestanden darin, daß er sehr, sehr feinfühlend war, ein ganz außerordentlich sensibler Mensch. Von einer Sensibilität, die noch vermehrt wurde durch die Tatsache, daß er sich um Perce-Neige kümmerte und daß er eine behinderte Tochter hatte, was sein ganzes Leben geprägt hat. Und dann besaß er lauter Prinzipien, die das Gegenteil waren zu der Persönlichkeit auf der Leinwand und zu der Persönlichkeit, wie die Leute ihn sich vorstellten. Im Gegenteil, wenn er sich aufregte, bekam er verblüffende Wutanfälle, und gleichzeitig brachte er einen zum Lachen.
Er hatte viel Sinn für Humor. Die Seite Linos, die jeder kennt, ist die eines gegen die Öffentlichkeit sehr zurückhaltenden Mannes. Und im Leben war er ein Typ, der gerne lachte, ein sehr sensibler Mann, der ganz eigene Vorstellungen hatte.«

Norbert Saada

»Er verkörperte so sehr Gesundheit, so viel Kraft, daß es ein Schock war... Furchtbar... Er hat immer sein Berufsleben von allem Übrigen getrennt, auf eine Weise, die ich für sehr klug und weitsichtig halte. Er war ein Mann, der viel arbeitete, der sich gern Mühe gab, der das Kino liebte, aber der sich immer viel Zeit für den Rest bewahrte, was ich persönlich phantastisch finde. Einer jener ganzen Männer, die in Wahrheit keine

Filmhelden, sondern Helden im richtigen Leben sind.«

Danièle Thompson

»Seltsam war der gemeinsame Nenner, den es zwischen allen Rollen gab, die Lino Ventura annahm, und dem Lino im Leben. Das heißt, alle Personen, sei es nun der Polizist, der Gangster oder der Familienvater, besaßen eine moralische Eleganz. Darin liegt der gemeinsame Nenner. Lino Ventura hätte zum Beispiel niemals J. R. gespielt.«

Henri Verneuil

Welches Bild wird sich die Öffentlichkeit von Lino Ventura bewahren? Zweifellos das Bild, das er sich selbst aufgebaut und sein ganzes Leben lang verteidigt hat: das eines »echten Kerls«...

Epilog

1974. Wie Millionen andere Jugendliche in diesem Jahr habe ich Isabelle Adjani in »La Gifle« (Die Ohrfeige) beneidet. Ich beneidete sie, weil sie einen Vater wie Lino Ventura hatte: stark, menschlich, lustig, verständnisvoll. Ich konnte nicht umhin, ihn mit meinem eigenen Vater zu vergleichen. Jenen gleichzeitig harten und warmherzigen Vater, der Humor mit Leichtigkeit handhabte und dessen Ohrfeigen, weil sie selten und gewaltig waren, dein ganzes Leben prägten.

1984. Als ich die ersten Bilder von den Dreharbeiten zu »Cent jours à Palerme« sah, war ich zutiefst betroffen von der äußerlichen Ähnlichkeit zwischen Lino Ventura und meinem eigenen Vater. Angesichts dieser Aufnahmen eines Schauspielers mit Schnurrbart und nach hinten gekämmten Haaren sah ich das getreue Abbild meines Vaters wieder vor mir. Verblüffend.

1987. Anfang August erfuhr ich durch einen nächtlichen Telefonanruf die furchtbare Nachricht: Mein Vater war von einem Herzanfall dahingerafft worden. Brutal und unerwartet riß ihn der Tod im Alter von 65 Jahren aus unserer Mitte... Kaum drei

Monate später: wieder eine Nacht, wieder ein Anruf, wieder ein Herzanfall, wieder ein Tod. Lino Venturas Tod... War es ein Zufall? Danach besuchte ich das Grab jenes Schauspielers, für den meine Bewunderung manchmal die Züge aufrichtiger Liebe annahm. Ohne zu wissen, warum, mußte ich beim Betreten dieses kleinen Friedhofs am Waldrand an jene englischen Friedhöfe denken, so still, so sauber, so weit entfernt vom Tod. Ich sah die schlichte Platte, unter der Lino Ventura ruht. Ich sah meinen Vater wieder vor mir. Und ich habe geweint...

Filmographie

Touchez pas au grisbi
(Wenn es Nacht wird in Paris)

1953, 1 h 34, Frankreich
Regie: Jacques Becker
Drehbuch: Jacques Becker, Maurice Griffe und Albert Simonin nach einem Roman von Albert Simonin
Dialoge: Albert Simonin
Mit: Jean Gabin, René Dary, Jeanne Moreau, Paul Frankeur, Dora Doll, Vittorio Sanipoli, Marylin Bufferd, Gaby Basset, Daniel Cauchy, Denise Clair, Angelo Dessy, Michel Jourdan, Paul Oettly, Dela Scala
Kinostart Paris: 18. 5. 1954

Razzia sur la chnouf
(Razzia in Paris)

1954, 1 h 45, Frankreich
Regie: Henri Decoin
Drehbuch: Henri Decoin und Maurice Griffe nach einem Roman von Auguste Le Breton
Dialoge: Auguste Le Breton

Mit: Jean Gabin, Marcel Dalio, Albert Rémy, Lila Kedrova, Magali Noël, Paul Frankeur, Jacqueline Porel, Pierre Louis, Alain Nobis, Roland Armontel, Françoise Spira, Michel Jourdan, Françoise Patrice, Marcel Bozzuffi
Kinostart Paris: 8. 4. 1955

La loi des rues
(Das Gesetz der Straße)

1956, 1 h 40, Frankreich
Regie: Ralph Habib
Drehbuch: Auguste Le Breton und Ralph Habib nach einem Roman von Auguste Le Breton
Dialoge: Auguste Le Breton
Mit: Raymond Pellegrin, Silvana Pampanini, Jean-Louis Trintignant, Jean Gabin, Fernand Ledoux, Josette Arno, Mary Marquet, Jean-Marc Tennberg, Louis de Funès, Jo Peignot, Roland Lesaffre, Robert Dalban
Kinostart Paris: 25. 4. 1956

Crime et Châtiment
(Schuld und Sühne)

1956, 1 h 47, Frankreich
Regie: Georges Lampin
Drehbuch: Charles Spaak nach einem Roman von Fjodor Dostojewski
Dialoge: Charles Spaak
Mit: Jean Gabin, Marina Vlady, Ulla Jacobson, Bernard Blier, Robert Hossein, Gaby Morlay, Gérard

Blain, Julien Carette, Roland Lesaffre, Yvette Etievant, Gabrielle Fontan, Albert Rémy, Jacques Dynam
Kinostart Paris: 5.12.1956

Le feux aux poudres
(Dem Satan ins Gesicht gespuckt)

1956, 1 h 38, Frankreich
Regie: Henri Decoin
Drehbuch: Jacques Robert, Albert Simonin und Henri Decoin
Dialoge: Albert Simonin
Mit: Raymond Pellegrin, Charles Vanel, Peter Van Eyck, Françoise Fabian, Dario Moreno, Lila Rocco, Albert Simonin, Marthe Mercadier, Pierre Louis, Michel Jourdan, Roland Armontel, Henri Cogan, Jacqueline Maillan
Kinostart Paris: 27.2.1957

Action immédiate
(Spione)

1956, 1 h 45, Frankreich
Regie: Maurice Labro
Drehbuch: Frédéric Dard, Yvan Audouard und Jean Redon nach einem Roman von Paul Kenny
Dialoge: Frédéric Dard
Mit: Henri Vidal, Barbara Laage, Jacques Dacqmine, Nicole Maurey, Jess Hahn, Harold Wolff, Margaret Rung, Raoul Billerey, Louis Arbessier
Kinostart Paris: 15.3.1957

Le rouge est mis
(Die Nacht bricht an/Die unheimlichen Vier)

1957, 1 h 25, Frankreich
Regie: Gilles Grangier
Drehbuch: Auguste Le Breton, Gilles Grangier und Michel Audiard nach einem Roman von Auguste Le Breton
Dialoge: Auguste Le Breton
Mit: Jean Gabin, Annie Girardot, Paul Frankeur, Jean Bérard, Marcel Bozzuffi, Gina Niclos, Albert Dinan, Antonin Berval, Thommy Bourdelle, Gaby Basset, Lucien Raimbourg, Jean-Pierre Mocky, Jacques Marin
Kinostart Paris: 12. 4. 1957

L'étrange M. Steve
(Auf schiefer Bahn)

1957, 1 h 35, Frankreich
Regie: Raymond Bailly
Drehbuch: Frédéric Dard und Raymond Bailly nach dem Roman »La revanche des médiocres« von Marcel G. Pretre
Dialoge: Frédéric Dard
Mit: Jeanne Moreau, Philippe Lemaire, Armand Mestral, Anouk Ferjac, Paulette Simonin, Jacques Varennes, Robert Rollis
Kinostart Paris: 28. 6. 1957

Trois jours à vivre
(Du hast noch drei Tage)

1957, 1 h 25, Frankreich
Regie: Gilles Grangier
Drehbuch: Gilles Grangier, Guy Bertet und Michel Audiard nach einem Roman von Pierre Vannette
Dialoge: Michel Audiard
Mit: Daniel Gélin, Jeanne Moreau, Aimé Clariond, Roland Armontel, Georges Flamant, Moustache, Evelyne Rey, Yannick Avril, Marcel Perez, Maurice Biraud
Kinostart Paris: 29.10.1957

Ces dames préfèrent le mambo
(Morphium, Mord und kesse Motten/Eddy küßt mit Blei)

1957, 1 h 40, Frankreich
Regie: Bernard Borderie

Drehbuch und Dialoge: Bernard Borderie
Mit: Eddie Constantine, Pascale Roberts, Véronique Zuber, Lise Bourdin, Jacques Castelot, Jean Murat, Christian Morin, Robert Perri, Joëlle Bernard, René Havard, Marcel Rouze
Kinostart Paris: 29.1.1958

Maigret tend un piège
(Kommissar Maigret stellt eine Falle)

1957, 1 h 56, Frankreich
Regie: Jean Delannoy
Drehbuch: Rodolphe Maurice Arlaud, Jean Delannoy und Michel Audiard nach einem Roman von Georges Simenon
Dialoge: Michel Audiard
Mit: Jean Gabin, Annie Girardot, Olivier Hussenot, Jean Dessailly, Alfred Adam, Lucienne Bogaert, Jeanne Boitel, Gérard Séty, Paulette Dubost, Dominique Davray, André Valmy, Pierre Louis, Jean Tissier, Jacques Hilling
Kinostart Paris: 29.1.1958

Ascenseur pour l'échafaud
(Fahrstuhl zum Schafott)

1957, 1 h 30, Frankreich
Regie: Louis Malle
Drehbuch: Roger Nimier und Louis Malle nach einem Roman von Noël Calef
Dialoge: Roger Nimier
Mit: Jeanne Moreau, Maurice Ronet, Yori Bertin, Georges Poujoly, Jean Wall, Ivon Petrovitch, Hubert Deschamps, Felix Marten, Jacques Hilling, Elga Andersen, Gérard Darrieu, Charles Denner, Jean-Claude Brialy
Kinostart Paris: 29.1.1958

Montparnasse 19
(Montparnasse 19)

1957, 1 h 55, Frankreich
Regie: Jacques Becker
Drehbuch und Dialoge: Henri Jansen und Max Ophüls (nicht im Vorspann genannt) nach dem Roman »Les Montparnos« von Michel Georges Michel
Mit: Gérard Philippe, Anouk Aimée, Lili Palmer, Léa Padovani, Gérard Séty, Lila Kedrova, Denise Vernac, Judith Magre, Marianne Oswald, Arlett Poirier, Jean Lénier, Jacques Marin, Françoise Perrot
Kinostart Paris: 4. 4. 1958

Le gorille vous salue bien
(Der Gorilla läßt schön grüßen)

1958, 1 h 35, Frankreich
Regie: Bernard Borderie
Drehbuch und Dialoge: Antoine L. Dominique und Bernard Borderie nach einem Roman von Antoine L. Dominique
Mit: Charles Vanel, Bella Darvi, Pierre Dux, René Lefevre, Robert Manuel, Jean Mercure, Jean-Roger Caussimon, André Valmy, Henri Crémieux, Jean-Pierre Mocky, Marie Sabouret, Yves Barsacq, Jean-Françoise Seiler
Kinostart Paris: 3. 9. 1958

Le fauve est laché
(Das Raubtier rechnet ab)

1958, 1 h 40, Frankreich
Regie: Maurice Labro
Drehbuch: Jean Redon, Claudet Sautet, Frédéric Dard, Françoise Chavanne
Dialoge: Jean Redon und Frédéric Dard
Mit: Estella Blain, Paul Frankeur, Alfred Adam, Françoise Chaumette, Nadine Alari, Jess Hahn, André Weber, Philippe Mareuil, Françoisee Honorat, Margo Lion, Anne Valon, Hy Yanowitz
Kinostart Paris: 21.1.1959

Sursis pour un vivant
(Guten Tag, ich bin Ihr Mörder)
(Originaltitel: Il Mistero della Pensione Edelweiss)

1958, 1 h 30, Italien/Frankreich
Regie: Victor Merenda
Drehbuch und Dialoge: Frédéric Dard nach »Thanatos Palace Hotel« von André Maurois
Mit: Henri Vidal, Dawn Adams, John Kitzmiller, Howard Vernon, Fortunia, Silvia Bagolini, Marco Gugliemi, Giacommo Furia, Benedetta Rutili
Kinostart Paris: 9.4.1959

Douze heures d'horloge
(Ihr Verbrechen war Liebe/... auch Tote zahlen den vollen Preis)

1958, 1 h 45, Frankreich
Regie: Geza Redvanyi
Drehbuch: Pierre Boileau, Thomas Narcejac und Louis Roncorini
Dialoge: René Lefevre
Mit: Eva Bartok, Hannes Messemer, Laurent Terzieff, Gert Fröbe, Suzy Prim, Guy Tréjan, Gil Vidal, Ginette Pigeon, Lucien Raimbourg, Jacques Bezard, René Worms, Annick Allières, Fernand Bercher
Kinostart Paris: 22. 4. 1959

Marie Octobre
(Marie Octobre)

1958, 1 h 30, Frankreich
Regie: Julien Duvivier
Drehbuch: Julien Duvivier und Jacques Robert nach dem Roman von Jacques Robert
Dialoge: Henri Jeanson
Mit: Danielle Darrieux, Bernard Blier, Paul Meurisse, Serge Reggiani, Paul Frankeur, Robert Dalban, Noël Roquevert, Daniel Ivernel, Paul Guers, Jeanne Fusier-Gir
Kinostart Paris: 24. 4. 1959

Un témoin dans la ville
(Der Mörder kam um Mitternacht)

1959, 1 h 30, Frankreich
Regie: Edouard Molinaro
Drehbuch: Gérard Oury, Thomas Narcejac, Pierre Boileau, Edouard Molinaro und Alain Poiré
Dialoge: André-Georges Tabet
Mit: Franco Fabrizzi, Sandra Milo, Jacques Berthier, Daniel Ceccaldi, Robert Dalban, Jacques Jouanneau, Micheline Luccioni, Françoise Brion, Dora Doll, Janine Darcey, Jean Daurand, Gérard Darrieu, Billy Kearns
Kinostart Paris: 6. 5. 1959

125 Rue Montmartre
(Tatort Paris)

1959, 1 h 25, Frankreich
Regie: Gilles Grangier
Drehbuch: André Gillois, Jacques Robert und Gilles Grangier nach dem Roman von André Gillois
Dialoge: Michel Audiard
Mit: Robert Hirsch, Andréa Parisi, Jean Dessailly, Dora Doll, Alfred Adam, Lucien Raimbourg, Valéry Vivin, Paul Mercey, Gaston Modot, Henri Crémieux, Pierre Collet, Christian Lude, Jean Juillard, Pierre Mirat
Kinostart Paris: 9. 9. 1959

Le chemin des écoliers
(Die Schüler)

1959, 1 h 30, Frankreich
Regie: Michel Boisrond
Drehbuch und Dialoge: Jean Aurenche und Pierre Bost nach einem Roman von Marcel Aymée
Mit: Françoise Arnoul, Bourvil, Alain Delon, Jean-Claude Brialy, Pierre Mondy, Paulette Dubost, Sandra Milo, Madeleine Lebeau, Micheline Luccioni, Pierre Collet, Jean Brochard, Christian Lude
Kinostart Paris: 23. 9. 1959

Classe tous risques
(Der Panther wird gehetzt)

1959, 1 h 50, Frankreich
Regie: Claude Sautet
Drehbuch: José Giovanni, Claude Sautet und Pascal Jardin nach dem Roman von José Giovanni
Dialoge: José Giovanni
Mit: Sandra Milo, Jean-Paul Belmondo, Marcel Dalio, Jacques Dacqmine, Michel Ardan, Simone France, Stan Krol, Claude Cerval, Aimé de March, Corrado Guarducci, Charles Blavette, René Genin, Michèle Meritz
Kinostart Paris: 23. 6. 1960

Herrin der Welt
(Les mystères d'Angkor)

1960, 3 h, Deutschland/Frankreich/Italien
Regie: William Dieterle
Drehbuch: Jo Eisinger und H. G. Peterson
Dialoge: Pascal Jardin (frz. Fassung)
Mit: Matha Hyer, Carlos Thompson, Gino Cervi, Micheline Presle, Sabu, Wolfgang Preiss, Carlo Giustini, Carl Lange, Hans Nielsen, Charles Begnier, Léon Askin, Valéry Inkijinoff
Kinostart Paris: 12.10.1960

Un taxi pour Tobrouk
(Taxi nach Tobruk)

1961, 1 h 35, Frankreich
Regie: Denys de la Patellière
Drehbuch: René Havard, Denys de la Patellière und Michel Audiard
Dialoge: Michel Audiard
Mit: Charles Aznavour, Hardy Krüger, Maurice Biraud, Germain Cobos und der Stimme von Roland Ménard
Kinostart Paris: 10.5.1961

La fille dans la vitrine
(Mädchen in Schaufenstern)
(Originaltitel: La ragazza in vetrina)

1960, 1 h 35, Italien/Frankreich
Regie: Luciano Emmer
Drehbuch: Luciano Emmer, Pier Paolo Pasolini, Rodolfo Sonego und Ennio Flaiano
Dialoge: José Giovanni
Mit: Marina Vlady, Bernard Fresson, Magali Noël
Kinostart Paris: 12. 5. 1961

Les lions sont lachés
(Vor Salonlöwen wird gewarnt)

1961, 1 h 35, Frankreich
Regie: Henri Verneuil
Drehbuch: France Roche nach dem Roman von Nicole
Dialoge: Michel Audiard
Mit: Jean-Claude Brialy, Claudia Cardinale, Danielle Darrieux, Michèle Morgan, Darry Cowl, Denise Provence, Daniel Ceccaldi, Jean Ozenne, François Nocher
Kinostart Paris: 20. 9. 1961

Le roi des Truands
(Originaltitel: Il Re di Poggioreale)
(in Deutschland nicht gelaufen)

1961, 1 h 30, Italien
Regie: Duilio Coletti
Drehbuch: Fante, Petrilli und Mangioni
Mit: Ernest Borgnine, Yvonne Sanson, Keenan Wynn, David Opatoshu, Salvo Randonne, Christian Gaioni, Aldo Guiffre, Sergio Toffani, Marc Cartier
Kinostart Paris: 26. 11. 1963

Le bateau d'Emile
(Madeleine und der Seemann)

1961, 1 h 35, Frankreich
Regie: Denys de la Patellière
Drehbuch: Denys de la Patellière und Albert Valentin nach einer Novelle von Georges Simenon
Dialoge: Michel Audiard
Mit: Anni Girardot, Michel Simon, Pierre Brasseur, Jacques Monod, Edith Scob, Joëlle Bernard, Roger Dutoit, Roger Pelletier, Etienne Bierry, André Certes, Jean Solar, Jacques Hilling, Guy Humbert, Jean Gabin
Kinostart Paris: 3. 3. 1962

Les petits matins
(Wir bitten zu Bett)

1961, 1 h 35, Frankreich
Regie: Jacqueline Audry
Drehbuch: Stella Kersova
Dialoge: Pierre Pelegri
Mit: Agathe Aems, Arletty, Gilbert Bécaud, Francis Blanche, Bernard Blier, Pierre Brasseur, Jean-Claude Brialy, Darry Cowl, Daniel Gélin, Fernand Gravey, Robert Hossein, Michel Le Royer, Pierre Mondy, Noël-Noël, Andréa Parisy, Françoise Périer, Claude Rich
Kinostart Paris: 16. 3. 1962

Le Jugement Dernier
(Das jüngste Gericht findet nicht statt)
(Originaltitel: Il Giudizio Universale)

1961, 1 h 38, Italien
Regie: Vittorio de Sica
Drehbuch und Dialoge: Cesare Zavattini
Mit: Fernandel, Georges Rivière, Paolo Stoppa, Anouk Aimée, Melina Mercouri, Vittorio Gassman, Vittorio de Sica, Silvana Mangano, Jack Palance, Alberto Sordi, Ernest Borgnine, Akim Tamiroff, Jimmy Durante, Nino Manfredi
Kinostart Paris: 9. 5. 1962

Le diable et les dix commandements
Sketch: »Tu ne tueras point«
(Der Teufel und die Zehn Gebote)

1962, 2 h, Frankreich
Regie: Julien Duvivier
Drehbuch: Julien Duvivier und Maurice Bessy nach der Novelle von David Alexander
Dialoge: René Barjavel
Mit: Charles Aznavour, Maurice Biraud, Henri Vilbert, Maurice Teynac und Michel Simon, Lucien Baroux, Françoise Arnoul, Micheline Presle, Mel Ferrer, Claude Dauphin, Fernandel, Alain Delon, Danielle Darrieux, Madeleine Robinson, Georges Wilson, Jean-Claude Brialy, Louis de Funès, Noël Roquevert
Kinostart Paris: 14. 9. 1962

Die Dreigroschenoper
(L'opéra de quat'sous)

1962, 1 h 30, Deutschland/Frankreich
Regie: Wolfgang Staudte
Drehbuch: Wolfgang Staudte und Gunter Weisenborn nach dem Stück von Bertold Brecht und Kurt Weill
Mit: Curd Jürgens, Hildegard Knef, Gert Fröbe, Hilde Hildebrand, June Ritchie, Marlene Warrlich, Walter Giller, Henning Schlüter, Hans Reiser, Siegfried Wischnewski, Sammy Davis jr.
Kinostart Paris: 21. 2. 1968

Carmen 63
(Originaltitel: Carmen di Trastevere)
(in Deutschland nicht gelaufen)

1963, 1 h 35, Italien/Frankreich
Regie: Carmine Gallone
Drehbuch: Carmine Gallone, Drudi Delby und Giuseppe Mangione nach der Oper von Georges Bizet und der Novelle von Prosper Mérimée
Mit: Giovanna Ralli, Jacques Charrier, Dante di Paolo, Florenze Florentini, Luigi Giuliani, Enzo Liberti, Giuliano Persica, Renato Terra
Kinostart Paris: 14. 8. 1963

Les tontons flingueurs
(Mein Onkel, der Gangster)

1963, 1 h 45, Frankreich
Regie: Georges Lautner
Drehbuch: Albert Simonin und Georges Lautner nach »Grisbi or not Grisbi« von Albert Simonin
Dialoge: Michel Audiard
Mit: Bernard Blier, Francis Blanche, Claude Rich, Pierre Bertin, Robert Dalban, Jean Lefevre, Sabine Sinjen, Horst Franck, Charles Régnier, Mac Ronnay, Venantino Venantini, Jacques Dumesnil, Philippe Castelli
Kinostart Paris: 27. 11. 1963

Les bandits/La charge des rébelles
(Originaltitel: Llanto por un bandito)
(Cordoba)

1963, 1 h 40, Spanien/Italien/Frankreich
Regie: Carlos Saura
Drehbuch und Dialoge: Carlos Saura, Mario Camus und Louis Daquin
Mit: Francisco Rabal, Lea Massari, Philippe Leroy, Manuel Zaro, Silvia Solar, Fernando Sanchez Polack, José Manuel Martin, Augustin Gonzales
Kinostart Paris: 1976

Cent mille dollars au soleil
(100 000 Dollar in der Sonne)

1963, 2 h 10, Frankreich
Regie: Henri Verneuil
Drehbuch: Henri Verneuil, Michel Audiard und Marcel Jullian nach »Nous n'irons pas en Nigeria« von Claude Veillot
Dialoge: Michel Audiard
Mit: Jean-Paul Belmondo, Bernard Blier, Andréa Parisi, Reginald Kernan, Gert Fröbe, Doudou Babet, Pierre Mirat, Anne-Marie Cofinet, Pierre Collet, Paul Bonifas, Henri Lambert, Christian Brocard
Kinostart Paris: 17. 4. 1964

Le monocle rit jaune

1964, 1 h 40, Frankreich
Regie: Georges Lautner
Drehbuch: Rémy, Jacques Robert und Albert Kantoff
Mit: Paul Meurisse, Marcel Dalio, Oliver Despax, Robert Dalban, Edward Meeks, Barbara Steele, Lily Hong Kong, Pierre Richard
(Kurzauftritt von Lino Ventura)
Kinostart Paris: 17. 9. 1964

Les barbouzes
(Mordrezepte der Barbouzes)

1964, 1 h 45, Frankreich
Regie: Georges Lautner
Drehbuch: Albert Simonin und Michel Audiard
Dialoge: Michel Audiard
Mit: Bernard Blier, Francis Blanche, Mireille Darc, Charles Millot, Jess Hahn, André Weber, Violette Marceau, Robert Secq, Robert Dalban, Noël Roquevert, Françoise Giret, Gérard Darrieu, Philippe Castelli
Kinostart Paris: 10. 12. 1964

L'arme à gauche
(Schieß, solange du kannst)

Regie: Claude Sautet
Drehbuch und Dialoge: Claude Sautet, Charles Williams, Fouli Elia und Michel Levine nach »A ground« von Charles Williams
Mit: Sylvia Koscina, Léo Gordon, Alberto de Mendoza, Antonio Martin, Jean-Claude Bercq, Jack Leonard, Antonio Casas, José Jaspe, Angel del Pozo
Kinostart Paris: 18. 6. 1965

La métamorphose des cloportes
(Ganoven rechnen ab)

1965, 1 h 42, Frankreich
Regie: Pierre Granier-Deferre
Drehbuch: Albert Simonin nach einem Roman von Alphonse Boudard
Dialoge: Michel Audiard
Mit: Irina Demick, Pierre Brasseur, Charles Aznavour, Maurice Biraud, Georges Geret, Françoise Rosay, Annie Fratellini, Daniel Ceccaldi, Georges Chamarat, Hélène Dasté, Jean Carmet, François Dalou
Kinostart Paris: 1. 10. 1965

Les grandes gueules
(Die großen Schnauzen/Einer bleibt auf der Strecke)

1965, 2 h 08, Frankreich
Regie: Robert Enrico
Drehbuch: Robert Enrico und José Giovanni nach »Le Haut Fer« von José Giovanni
Mit: Bourvil, Marie Dubois, Jean-Claude Rolland, Jess Hahn, Henia Suchar, Reine Courtois, Nick Stéphani, Roger Jacquet, Marc Eyraud, François Vibert, Mick Bresson, Michel Constantin, Paul Crauchet, Henry Czarniak, Pierre Frag
Kinostart Paris: 22. 10. 1965

Ne nous fâchons pas
(Nimms leicht — nimm Dynamit)

1965, 1 h 40, Frankreich
Regie: Georges Lautner
Drehbuch: Marcel Jullian, Jean Marsan, Georges Lautner und Michel Audiard
Dialoge: Michel Audiard
Mit: Jean Lefevre, Mireille Darc, Michel Constantin, Thommy Duggan, André Pousse, Mick Besson, Thierry Thibaud, Robert Dalban, Serge Sauvion, Sylvia Sorrente, Marcel Bernier, France Rumilly
Kinostart Paris: 20. 4. 1966

Avec la peau des autres
(Die Haut des anderen)

1966, 1 h 40, Frankreich
Regie: Jacques Deray
Drehbuch: José Giovanni, Jacques Deray und Georges Bardawill
Mit: Jean Bouise, Marilu Tolo, Jean Servais, Wolfgang Preiss, Adrian Howern, Karin Bel, Louis Arbessier, Charles Régier, Guy Mairesse, Mino Doro, Reinhardt Koldehoff, Ellen Bahl, Paul Pavel
Kinostart Paris: 24. 8. 1966

Le deuxième souffle
(Der zweite Atem)

1966, 2 h 20, Frankreich
Regie: Jean-Pierre Melville
Drehbuch: Jean-Pierre Melville nach dem Roman von José Giovanni
Dialoge: Jean-Pierre Melville und José Giovanni

Mit: Paul Meurisse, Raymond Pellegrin, Christine Fabrega, Paul Frankeur, Marcel Bozzuffi, Denis Manuel, Jean Negroni, Michel Constantin, Pierre Zimmer, Pierre Grasset, Raymond Loyer, Albert Dagnant
Kinostart Paris: 2. 11. 1966

Les aventuriers
(Die Abenteurer)

1967, 2 h, Frankreich
Regie: Robert Enrico
Drehbuch: José Giovanni, Robert Enrico und Pierre Pelegri nach dem Roman von José Giovanni
Dialoge: José Giovanni und Pierre Pelegri
Mit: Alain Delon, Joanna Shimkus, Serge Reggiani, Paul Crauchet, Hans Meyer, Odile Poisson, Jean Lambier, Guy Delorme, Raoul Guylard, Irène Tunc, Roland Fleury, Thérèse Quentin, Valery Inkijinoff
Kinostart Paris: 13. 4. 1967

Le rapace
(Im Dreck verreckt)

1967, 1 h 45, Frankreich
Regie: José Giovanni
Drehbuch und Dialoge: José Giovanni nach einem Roman von John D. Carrick
Mit: Rosa Furman, Aurora Clavel, Xavier Marc, Enrique Lucero, Carlos Lopez Figueroa, Augusto Benedico, Marco Antonio Anzante, Farnecio de Bernal
Kinostart Paris: 24. 4. 1968

L'armée des ombres
(Armee im Schatten)

1969, 2 h 20, Frankreich
Regie: Jean-Pierre Melville
Drehbuch und Dialoge: Jean-Pierre Melville nach dem Roman von Joseph Kessel
Mit: Paul Meurisse, Jean-Pierre Cassel, Simone Signoret, Claude Mann, Paul Crauchet, Christian Barbier, Alain Libolt, Alain Dekok, Alain Mottet, Jean-Marie Robain, Denis Sadier, Marco Perrin, Colin Mann, Serge Reggiani
Kinostart Paris: 12. 9. 1969

Le clan des siciliens
(Der Clan der Sizilianer)

1968, 2 h 05, Frankreich
Regie: Henri Verneuil
Drehbuch: Henri Verneuil, José Giovanni und Pierre Pelegri nach einem Roman von Auguste Le Breton
Dialoge: José Giovanni
Mit: Jean Gabin, Alain Delon, Irina Demick, Amadeo Nazzari, Daniele Volle, Marc Porel, Yves Lefebvre, Sidney Chaplin, Elisa Cegani, Karen Blanguernon, Edward Meeks, Yves Brainville, Jacques Duby, André Pousse
Kinostart Paris: 5. 12. 1969

Dernier domicile connu
(Der Kommissar und sein Lockvogel)

1969, 1 h 35, Frankreich
Regie: José Giovanni
Drehbuch: José Giovanni nach »The Last Known Adress« von James Harrington
Dialoge: José Giovanni
Mit: Marlène Jobert, Michel Constantin, Paul Crauchet, Philippe March, Jean Sobieski, Alain Mottet, Béatrice Arnac, Germaine Delbat, Monique Mélinand, Bianca Saury, Marcel Perez, Pierre Frag, Hervé Sand, Dominique Zardi
Kinostart Paris: 25. 2. 1970

Fantasia chez les ploucs
(in Deutschland nicht gelaufen. Nachträglicher Titel: Die Filzlaus kehrt zurück)

1970, 1 h 40, Frankreich
Regie: Gérard Pirès
Drehbuch und Dialoge: Gérard Pirès nach einem Roman von Charles Williams
Mit: Jean Yanne, Mireille Darc, Jacques Dufilho, Georges Demestre, Nanni Loy, Georges Beller, Rufus, Gigi Bonnos, Monique Tarbès, Pierre Huberty, Alain Delon
Kinostart Paris: 15. 1. 1971

Boulevard du rhum
(Die Rum-Straße)

1971, 2 h 05, Frankreich
Regie: Robert Enrico
Drehbuch: Robert Enrico und Pierre Pelegri nach einem Roman von Jacques Pecheral
Mit: Brigitte Bardot, Guy Marchand, Clive Revill, Bill Travers, Hunt Powers, La Polanca, Jess Hahn, Joue Turner, Marc Dudicourt, Cathy Rosier, Vicente Roca, Ursula Kübler, Tanya Lopert, Antonio Casas, Marc Eyraud, Andreas Voutsinas
Kinostart Paris: 13.10.1971

L'aventure c'est l'aventure
(Die Entführer lassen grüßen)

1972, 2 h, Frankreich
Regie: Claude Lelouch
Drehbuch und Dialoge: Claude Lelouch und Pierre Uytterhoeven
Mit: Jacques Brel, Charles Denner, Charles Gérard, Aldo Maccione, Nicole Courcel, André Falcon, Juan Luis Buñuel, Gérard Sire, Yves Robert, Prudence Harrington, Xavier Gélin, Elie Chouraqui, Jean Collomb, Madly Bamy
Kinostart Paris: 4.5.1972

Joe Valachi: I segreti di cosa nostra
(Die Valachi-Papiere)

1972, 1 h 50, Italien
Regie: Terence Young
Drehbuch: Stephen Geller, Dino Mauri und Massimo da Rita nach dem Buch von Peter Maas
Mit: Charles Bronson, Jill Ireland, Amadeo Nazzari, Joseph Wiseman, Angelo Infanti, Mario Pilar, Walter Chiari, Fred Valleca, Giacomo de Michelis, Anny Freeman, Gérard O'Loughlin, Sylvester Lamont
Kinostart Paris: 6. 12. 1972

Le silencieux
(Ich — die Nummer Eins)

1972, 1 h 40, Frankreich
Regie: Claude Pinoteau
Drehbuch: Claude Pinoteau und Jean-Loup Dabadie nach einem Roman von Francis Ryck
Dialoge: Jean-Loup Dabadie
Mit: Lea Massari, Suzanne Flon, Léo Genn, Robert Hardy, Pierre Michel Le Comte, Bernard Dhéran, Lucienne Legrand, André Falcon, Pierre Zimmer, Robert Crouzet, Robert Party, Pierre Collet, Jean Collomb
Kinostart Paris: 23. 2. 1973

La raison du plus fou
(in Deutschland nicht gelaufen)

1972, 1 h 24, Frankreich
Regie: François Reichenbach
Drehbuch: François Reichenbach und Raymond Devos
Dialoge: Raymond Devos
Mit: Raymond Devos, Alice Sapritch, Jean Carmet, Paula Moore, Paul Préboist, Pierre Richard, Julien Guiomar, Christian Barbier, Pierre Tornade, Marthe Keller, Roger Hanin, Sophie Desmarets, Robert Dalban, Yves Robert
(Kurzauftritt von Lino Ventura)
Kinostart Paris: 12. 4. 1973

La bonne année
(Ein glückliches Jahr)

1973, 1 h 55, Frankreich
Regie: Claude Lelouch
Drehbuch und Dialoge: Claude Lelouch und Pierre Uytterhoeven
Mit: Françoise Fabian, Charles Gérard, André Falcon, Claude Mann, Frédéric de Pasquale, Bettina Rheims, Lilo de la Passadière, Gérard Sire, Silvano Tranquilli, Rémy Julienne, Georges Staquet, Elie Chouraqui
Kinostart Paris: 13. 4. 1973

Le far west
(in Deutschland nicht gelaufen)

1973, 1 h 30, Frankreich
Regie: Jacques Brel
Drehbuch, Bearbeitung und Dialoge: Jacques Brel und Paul Andréota
Mit: Jacques Brel, Gabriel Jabbour, Danièle Evenou, Michel Piccoli, Charles Gérard, Claude Lelouch
(Kurzauftritt von Lino Ventura)
Kinostart Paris: 30. 5. 1973

L'emmerdeur
(Die Filzlaus)

1973, 1 h 20, Frankreich
Regie: Edouard Molinaro
Drehbuch und Dialoge: Francis Veber nach seinem Stück »Le contrat«
Mit: Jacques Brel, Caroline Cellier, Nino Castelnuovo, Jean-Pierre Darras, André Valardy, Michèle Gamino, Angela Candile, Piere Forget, Xavier Depraz, Lisa Braconnier, Pierre Collet
Kinostart Paris: 20. 9. 1973

Les durs
(Originaltitel: Uomini Duri)
(Zwei Fäuste des Himmels)

1974, 1 h 32, Italien/Frankreich
Regie: Duccio Tessari
Drehbuch: Luciano Vincenzoni und Nicola Badalucco
Dialoge: Georges Dutter und John Alarimo
Mit: Isaac Hayes, Fred Williamson, Paula Kelly, William Berger, Luciano Salce, Vittorio Sanipoli, Jacques Herlin, Jess Hahn, Lorella del Duca, Thurmann Scott, Mario Erpichini, Guido Leontini
Kinostart Paris: 31. 5. 1974

La gifle
(Die Ohrfeige)

1974, 1 h 45, Frankreich
Regie: Claude Pinoteau
Drehbuch: Jean-Loup Dabadie und Claude Pinoteau
Dialoge: Jean-Loup Dabadie
Mit: Annie Girardot, Isabelle Adjani, Nicole Courcel, Francis Perrin, Jacques Spiesser, Michel Aumont, Robert Hardy, Xavier Gélin, Nathalie Baye, Georges Wilson, Robert Dalban, Richard Berry, André Dussolier, Charles Gérard
Kinostart Paris: 23. 10. 1974

La cage
(Der Ehekäfig)

1975, 1 h 35, Frankreich
Regie: Pierre Granier-Deferre
Drehbuch: Pierre Granier-Deferre nach dem Stück »La mort d'une baleine« von Jack Jaquine
Mit: Ingrid Thulin, Dominique Zardi, William Sabatier, Sophie Sam, Jean Turlier
Kinostart Paris: 11. 6. 1975

Adieu poulet
(Adieu Bulle)

1975, 1 h 25, Frankreich
Regie: Pierre Granier-Deferre
Drehbuch und Dialoge: Francis Veber nach dem Roman von Raf Vallet
Mit: Patrick Dewaere, Victor Lanoux, Julien Guiomar, Françoise Brion, Claude Rich, Pierre Tornade, Claude Brosset, Michel Peyrelon, Jacques Rispal, Gérard Herold, Jacques Serres, Michel Beaune
Kinostart Paris: 10. 12. 1975

Cadavres exquis
(Originaltitel: Cadaveri Eccellenti)
(Die Macht und ihr Preis)

1976, 2 h 05, Italien
Regie: Francesco Rosi
Drehbuch: Francesco Rosi, Tonino Guerra und Lino Januzzi nach »Il Contesto« von Leonardo Sciascia
Mit: Fernando Rey, Max von Sydow, Charles Vanel, Marcel Bozzuffi, Alain Cuny, Tino Carraro, Paolo Bonnacelli, Renato Salvatori, Tina Aumont, Luigi Pistilli, Maria Carta, Paolo Graziosi, Anna Proclemer
Kinostart Paris: 26. 5. 1976

La grande menace
(Originaltitel: The Medusa Touch)
(Der Schrecken der Medusa)

1978, 1 h 45, Großbritannien
Regie: Jack Gold
Drehbuch: John Brileu nach einer Novelle von Peter Van Greenaway
Mit: Richard Burton, Lee Remick, Harry Andrews, Marie-Christine Barrault, Michael Hordern, Gordon Jackson, Derek Jacobi, Michael Byrne, Jeremy Brett, Robert Lang, Alan Badel
Kinostart Paris: 22. 11. 1978

Un papillon sur l'épaule
(in Deutschland nicht gelaufen, SAT-1-Titel: Mord in Barcelona)

1978, 1 h 35, Frankreich
Regie: Jacques Deray
Drehbuch, Bearbeitung und Dialoge: Jean-Claude Carrière und Tonino Guerra nach »The Velvet Well« von John Gearon
Mit: Claudine Auger, Paul Crauchet, Jean Bouise, Nicole Garcia, Laura Betti, Xavier Depraz, Roland Bertin, Dominique Lavanant, Jose Ruiz Lifante, Jacques Maury, Jeanine Mestre
Kinostart Paris: 3. 5. 1978

L'homme en colère
(Mann in Wut)

1979, 1 h 45, Frankreich/Kanada
Regie: Claude Pinoteau
Drehbuch: Jean-Claude Carrière, Claude Pinoteau, Charles Israël
Dialoge: Jean-Claude Carrière
Mit: Angie Dickinson, Laurent Malet, Donald Pleasance, Hollis McLaren, Chris Wiggins, Lisa Pelikan, Peter Hicks, Sony Forbes, Vlasta Vrana, Edouard Carpentier
Kinostart Paris: 14. 3. 1979

Les séducteurs
(Sundy Lovers)
Sketch: »Paris«

1980, 2 h 05, Frankreich/Italien
Regie: Edouard Molinaro
Drehbuch und Dialoge: Francis Veber
Mit: Catherine Salviat, Robert Webber, Pierre Douglas, Madeleine Barbulée, Gérard Crocce, Michèle Montel, Gino da Ronch und Roger Moore, Gene Wilder, Ugo Tognazzi, Rosanna Podesta, Sylvia Koscina, Catherine Spaak
Kinostart Paris: 17.12.1980

Garde à vue
(Das Verhör)

1981, 1 h 30, Frankreich
Regie: Claude Miller
Drehbuch: Claude Miller und Jean Herman nach »A table« von John Wainwright
Dialoge: Michel Audiard
Mit: Michel Serrault, Romy Schneider, Guy Marchand, Elsa Lunghini, Jean-Claude Penchenat, Pierre Maguelon, Matthieu Schiffmann, Michel Such, Patrick Depeyrat, Yves Pignot, Didier Agostini, Roger Giffard
Kinostart Paris: 23.9.1981

Espion lève-toi
(Der Maulwurf)

1981, 1 h 38, Frankreich
Regie: Yves Boisset
Drehbuch: Michel Audiard, Claude Veillot und Yves Boisset nach dem Roman von Georges Markstein
Mit: Michel Piccoli, Bruno Cremer, Bernard Fresson, Krystyna Janda, Hein Bennent, Marc Mazza, Beate Kopp, Roger Jendly, Christian Baltauss, Dieter Moor, Philippe Brizzard, Kurt Bigger
Kinostart Paris: 27.1.1982

Les misérables
(Die Legion der Verdammten)

1982, 2 h 50, Frankreich
Regie: Robert Hossein
Drehbuch: Robert Hossein und Alain Decaux nach dem Roman von Victor Hugo
Dialoge: Alain Decaux
Mit: Michel Bouquet, Evelyne Bouix, Velentine Bordelet, Emmanuel Curtil, Frank David, Hervé Furic, Christiane Jean, Fernand Ledoux, Candice Patou, Paul Préboist, Robin Renucci, Françoise Seigner, Louis Seigner, Roger Hanin, Corinne Dacla, Armand Mestral, Dominique Davray
Kinostart Paris: 20.10.1982
Ausstrahlung im Fernsehen in mehreren Teilen

Le ruffian
(Der Rammbock)

1982, 1 h 47, Frankreich
Regie: José Giovanni
Drehbuch und Dialoge: José Giovanni nach seinem Roman
Mit: Bernard Giraudeau, Claudia Cardinale, Beatrix Van Til, Pierre Frag, Auguste Schellenberg, James E. Davis jr., Danyl Wahayenni Martin, Mick Alkerton, Robert Bouchard, Brian Bowson
Kinostart Paris: 12. 1. 1983

Cent jours à Palermo
(Originaltitel: Cento Giorni a Palermo)
(Hundert Tage von Palermo)

1983, 1 h 40, Italien
Regie: Giuseppe Ferrara
Drehbuch: Giorgio Arlorio, Piergiovanni Anchisi, Giuseppe Ferrara, Riccardo Iacona und Pepuccio Tornatore
Mit: Giuliana de Sio, Lino Troisi, Arnoldo Foa, Stefano Satta Flores, Adalberto Maria Meri, Accursio Di Le, Anita Zagaria, Aldo Sarullo, Maria Lo Sardo, Giuseppe Lo Presti
Kinostart Paris: 25. 4. 1984

La 7e cible
(in Deutschland nicht gelaufen)

1984, 1 h 48, Frankreich
Regie: Claude Pinoteau
Drehbuch: Jean-Loup Dabadie und Claude Pinoteau
Dialoge: Jean-Loup Dabadie
Mit: Lea Massari, Jean Poiret, Elisabeth Bourgine, Béatrice Agenin, Jean-Pierre Bacri, Robert Hoffmann, Erick Demarestz, Roger Planchon, Karol Zuber, Lina Volonghi, Annick Alane, Francis Lemaire
Kinostart Paris: 19.12.1984

Vengeance
(Originaltitel: Sword of Gideon)
(dtsch. Vidoetitel: Das Gesetz des Terrors)

1986, 2 h 50, USA
Regie: Michael Anderson
Drehbuch: Chris Bryant nach dem Buch von George Jonas
Mit: Rod Steiger, Michael York, Steven Bauer, Laurent Malet, Robert Joy, Peter Dvorskuy, Collen Dewhurst
Fernsehfilm in zwei Teilen, ausgestrahlt auf Canal + im Mai 1987

La rumba
(in Deutschland nicht gelaufen)

1987, 1 h 35, Frankreich
Regie: Roger Hanin
Drehbuch: Roger Hanin und Jean Curtelin
Dialoge: Jean Curtelin
Mit: Roger Hanin, Michel Piccoli, Niels Arestrup, Patachou, Guy Marchand, Corinne Touzet, Sophie Michaud, Valérie Pascale, Karim Allaoui, Michael Denard, Stéphane Jobert
(Kurzauftritt von Lino Ventura)
Kinostart Paris: 18. 2. 1987

Maledetto ferragosto
(in Deutschland nicht gelaufen)

1987, Italien
Regie: Francesco Massaro

Bibliographie

Bücher

Philippe Barbier: »Alain Delon« (Éd, PAC, 1982)
Guy Bedos: »En attendant la bombe« (Éd Calmann-Lévy, 1980)
Roger Boussinot: »Encyclopédie du Cinéma« (Bordas, 1980)
Michel Ciment: »Le dossier Rosi« (Éd. Stock, 1976)
Gilles Colpart: »Lino Ventura« (Éd. PAC, 1979)
Michel Constantin: »Ma grande gueule« (Solar, 1973)
Philippe Durant: »Gérard Philippe« (Éd. PAC, 1983)
Philippe Durant: »Jean-Paul Belmondo« (Éd. PAC, 1984)
Charles Ford: »Historie du cinéma français contemporain« (Éd. France-Empire, 1976)
Gilles Grangier: »Flash Back« (Presses de la Cité, 1977)
François Guérif: »Le cinéma policier français« (Éd. Henry Veyrier, 1981)
Robert Hossein: »Nomade sans tribu« (Fayard, 1981)
Jean-Pierre Jeancolas: »Le cinéma des Français« (Éd. Stock, 1979)
Rémy Julienne: »Silence on casse« (Flammarion, 1978)

Philippe Labro: »Tous célèbres« (Éd. Denoël-Filipacchi, 1979)
Jacques Lorcey: »Bourvil« (Éd. PAC, 1981)
Louis Malle: »Louis Malle par Louis Malle« (Éd. de l'Athanor, 1979)
Pascal Merigeau: »Annie Girardot« (Éd. PAC, 1978)
Paul Meurisse: »Les éperons de la liberté (Éd. Robert Laffont, 1979)
Jean-Claude Missiaen et Jacques Siclier: »Jean Gabin« (Éd. Henry Veyrier, 1977)
Joelle Montserrat: »Jacques Brel« (Éd. PAC, 1982)
Rui Nogera: Le cinéma selon Melville« (Éd. Seghers, 1973)
Alain Penso: »Patrick Dewaere« (Éd. PAC, 1981)
Jean Quenval: »Jacques Becker« (Éd. Seghers, 1968)
Maurice Ronet: »Le métier de comédien« (Éd. France-Empire, 1977)
Georges Sadoul: »Dictionnaire de films« (Éd. du Seuil, 1965)
Philippe Setbon: »Charles Bronson« (Éd. PAC, 1983)
Simone Signoret: »La nostalgie n'est plus ce qu'elle était« (Éd. du Seuil, 1976)
Didier Vallée: »Lino Ventura« (Solar, 1980)
Meinhoff Zurhorst/Lothar Just: »Lino Ventura« (Wilhelm Heyne Verlag, München 1984)

Zeitungen/Zeitschriften
Casting: Nr. 4, (Oktober 1987)
Cinéma français: Nr. 37, (August/September 1980)
Ciné-Magazine: Nr. 1, (Oktober 1976)
Clap-Magazine: Nr. 9, (Oktober 1984)

L'Express: Nr. 1384, (16. — 22. Januar 1978)
Le Figaro: vom 15. November 1978
 vom 12. November 1983
 vom 23. März 1984
Le Figaro-Magazine: vom 14. März 1981
Le Figaro TV: vom 15. Mai 1987
Le Film français: Nr. 1722, (28. April 1978)
 Nr. 1929, (7. Januar 1983)
 Nr. 1976, (20. Januar 1984)
 Nr. 2013, (30. November 1984)
France-Soir Magazine: vom 19. September 1981
 vom 14. Oktober 1987
 vom 19. September 1983
Impact: Nr. 5, (November 1986)
Le Journal du Dimanche: vom 25. Oktober 1987
Le Matin: vom 26. April 1984
Le Parisien Libéré: vom 24. Oktober 1987
Paris-Match: Nr. 2006, vom 6. November 1987
Le Point: Nr. 388, (12. März 1979)
Polar: Nr. 17, (Februar 1981)
Première: Nr. 13, Januar 1978
 Nr. 45, Dezember 1980
 Nr. 48, März 1981
 Nr. 54, September 1981
 Nr. 58, Januar 1982
 Nr. 60, März 1982
 Nr. 67, Oktober 1982
 Nr. 70, Januar 1983
 Nr. 88, Juli 1984
Le Quotidien de Paris: vom 26. April 1984
 vom 27. April 1984
La Revue du Cinéma: Nr. 393, (April 1984)
Studio: Nr. 4, (Juni 1987)
Télé Ciné Vidéo Nr. 945, (September 1984)

Télé Poche: Nr. 945, (16. November 1983)
Télé 7 Jours: Nr. 1326, (15. März 1986)
Télé Stars: Nr. 375, (10. Dezember 1983)
  Nr. 433, (14. Januar 1985)
  Nr. 497, (7. April 1986)
  Nr. 543, (23. Februar 1987)
Travelling: Nr. 2, (März 1984)
Vidéo International: Nr. 5 (April 1983)
La Voix du Nord: vom 27. Januar 1982
  vom 24. Oktober 1987

Radiosendungen
»Découvertes«
von Jean-Pierre Elkabbach
Europe 1, 26. November 1983

»Le 8 — 9«
von Jean-Pierre Elkabbach
Europe 1, 23. Oktober 1987

»Le journal de 12 h 30«
Europe 1, 23. Oktober 1987

»Le journal de 13 heures«
RTL, 23. Oktober 1987

»M. Cinéma«
von Michel Denisot und Rémo Forlani
RTL, 24. Oktober 1987

Fernsehsendungen

»Portrait de Lino Ventura«
von Dominique Varenne
TF 1, 17. April 1977/27. Juni 1983

»Les rendez-vous du dimanche«
von Michel Drucker und Rémy Grumbach
TF 1, 30. April 1978

»Le Grand Échiquier«
von Jacques Chancel
Antenne 2, 31. Mai 1979

»Champs-Élysées«
von Michel Drucker
Antenne 2, 9. Januar 1983

»Direct«
von Philippe Gildas
Canal Plus, 4. Dezember 1985

»La vie de famille«
von Patrick Sabatier und Rémy Grumbach
TF 1, 10. Oktober 1986

»Cinémas, cinémas«
von Michel Boujut, Claude Ventura und Anne Andreu
Antenne 2, März 1987

»Grand Public«
von Patrick Sabatier und Rémy Grumbach
TF 1, 15. Mai 1987

»Michel Audiard, 40 ans de cinéma«
von André Halimi (1985)
Antenne 2, September 1987 (Wiederholung)

»Lahaye d'honneur«
von Jean-Luc Lahaye, Bob Otovic und Gérard Pédron
TF 1, 25. September 1987

»Le journal de 13 heures«
von Yves Mourousi und Marie-Laure Augry
TF 1, 23. Oktober 1987

»Le journal de 13 heures«
von William Leymergie
A 2, 23. Oktober 1987

»Bonsoir Lino«
von Yves Mourousi
TF 1, 23. Oktober 1987

Bildquellennachweis

Alle Fotos mit freundlicher Genehmigung der Cinémathèque Suisse, 20th Century Fox Films, Imperial Films, Monopole Pathé Films, United Artists, Europa Films, Park Films und der Télévision Suisse Romande.

Das tragische Leben der großen Schauspielerin

Als Band mit der Bestellnummer 61 122 erschien:

Am 29. Mai 1982 starb in Paris Romy Schneider. Damit fand eine Karriere, die in den 50er Jahren mit den Sissi-Filmen wie ein Märchen begonnen hatte, ein tragisches Ende.

Zum Verlieben und Verschenken

Tanz, Musik, Chanson, Varieté: Die Frau, deren Kunst Millionen begeistert, erzählt mit Charme und Esprit.
288 Seiten, 54 Abbildungen.

LÜBBE

Der Megastar der achtziger Jahre

Als Band mit der Bestellnummer 61 135 erschien:

Das Buch, auf das alle Michael-Jackson-Fans gewartet haben. Randvoll mit interessanten News aus seinem Leben und seiner Welt. Mit weit über 100 Abbildungen in Farbe und Schwarzweiß.

Die aktuelle Biographie

Als Band mit der Bestellnummer 61099 erschien:

Der »Kommissar« brachte ihm den internationalen Durchbruch, »Jeanny« einen Riesenskandal, mit »Amadeus« erklomm er als erster deutschsprachiger Sänger die Spitze der US-Hitliste: Falco.

Mit vielen, zum Teil farbigen Fotos

Madonna — der weibliche Superstar der Disco-Generation

Als Band mit der Bestellnummer 61 113 erschien:

Sie ist nicht schön, aber sexy. Sie setzt international Mode-Trends. Sie hat auch als Schauspielerin Erfolg. Sie komponiert und textet selbst. Sie ist der internationale Superstar der Pop- und Rockmusik!